城市复杂系统模拟技术

CitySPS 平台

赵鹏军 著

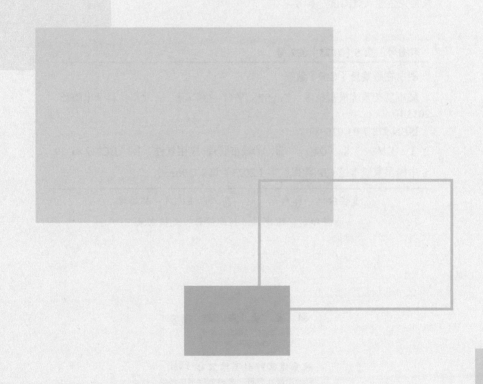

科学出版社

北　京

内 容 简 介

本书介绍了北京大学赵鹏军教授团队研发的博雅智城·CitySPS 平台。该平台聚焦城市系统的精确计量、精准预测和精细模拟，综合运用地理学、城乡规划学、交通工程学、经济学、系统科学等基础理论，量化解析城市运行规律，构建城市全系统计量模型，具有支撑城市规划、建设、管理和运营等多样治理需求的综合技术能力。该平台开发是对城市理论的完善、城市模拟技术的创新、城市决策科学化和城市治理能力现代化手段的提升，也是研发我国自主产权的智慧城市软件的重大突破。

本书可供城乡规划学、地理学、交通工程学、管理学、环境科学、系统科学、计算机科学等学科领域的科研人员、政府管理人员、高等院校师生以及相关企业人员阅读、参考。

审图号：京 S〔2023〕037 号

图书在版编目（CIP）数据

城市复杂系统模拟技术：CitySPS 平台/赵鹏军著. —北京：科学出版社，2023.10

ISBN 978-7-03-076387-7

Ⅰ. ①城… Ⅱ. ①赵… Ⅲ. ①城市管理-应用软件 Ⅳ. ①C912.81-39

中国国家版本馆 CIP 数据核字（2023）第 175961 号

责任编辑：郭允允　赵　晶／责任校对：郝甜甜
责任印制：徐晓晨／封面设计：无极书装

科 学 出 版 社 出版
北京东黄城根北街 16 号
邮政编码：100717
http://www.sciencep.com

北京建宏印刷有限公司 印刷
科学出版社发行　各地新华书店经销

*

2023 年 10 月第 一 版　　开本：787×1092　1/16
2023 年 11 月第二次印刷　　印张：16 1/2
字数：400 000

定价：168.00 元
（如有印装质量问题，我社负责调换）

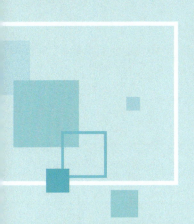

作 者 简 介

　　赵鹏军，英国社会科学院院士，北京大学博雅特聘教授，北京大学校学术委员会委员，北京大学城市规划与设计学院院长，北京大学城市与环境学院教授。国家杰出青年科学基金获得者、自然资源部科技创新领军人才（国土空间规划领域）。现任国际地理联合会（IGU）交通地理委员会副主席，国际 SSCI 期刊 *Cities：The International Journal of Urban Policy and Planning* 主编，英国剑桥大学土地经济系客座教授，自然资源部陆表系统与人地关系重点实验室主任等。主要从事交通地理学和城乡规划学研究。

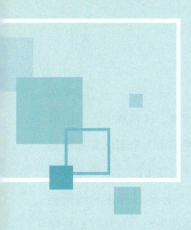

前　言

　　2022 年是人类发展史的重要标志年，在 2022 年，全球人口突破 80 亿，其中超过 45 亿的人口居住在城市。城市贡献了全球 80% 的 GDP，同时，排放了全球 75% 的温室气体。城市在给人类提供生存空间、社会福祉、文明进步、文化繁荣的同时，自身也面临着人口拥挤、住房紧张、交通拥堵、环境污染、疾病传播等"城市病"问题。城市已成为全球可持续发展的主战场。如何缓解城市问题已成为学界、政界、产业界所关注的前沿科学问题、关键决策难题和重要产业发展议题，也成为与老百姓日常生活密切相关的民生话题。

　　2022 年 11 月，第四届世界科技与发展论坛发布了由来自 10 余个国家和地区涵盖生物学与生命科学、能源科学、环境科学、城市科学、先进制造、材料与微纳米科学、人工智能与信息科学、地球科学以及社会科学等多个领域的科学家所评选的"2022 年度人类社会发展十大科学问题"，其中三个问题是关于城市的问题（如何构建绿色、高效的城市废弃资源的再利用体系？如何构建高速、立体、网络、智能的人类宜居城市形态？如何优化城市布局和功能来降低资源消耗？）。探究城市问题解决方案，已远远超出单一学科的研究范畴，需要诸多学科共同努力。

　　城市是一个复杂生命体。这个生命体有地貌、气候、水文、人、植物、动物、土壤等要素，有人口流、运输流、能源流等"血液"，有以居住区、工业区、生态区等功能区为主的"肌体"，有道路、电力、绿廊等基础设施构成的"骨骼"，有水、空气、土地、矿产、粮食等资源"营养供给"，也有垃圾、污水、大气污染物等废物排放。这个生命体具有生长、衰败（收缩）、生病、更新、自适应等生命过程。城市各个要素、流、功能、设施、环境等之间相互联系、相互作用，共同形成城市复杂系统。

对"城市病"的监测、诊断、治疗需要统筹考虑，不能"头疼医头""脚疼医脚"，要从以单一职能部门为主的解决方案向多部门协同解决转换。这客观上需要对城市复杂生命体开展系统的精准模拟与预测。城市系统模拟与预测技术为全面认知和统筹治理城市问题提供了重要支撑，是城市研究的前沿领域，也是智慧城市的技术难点。已有城市模型存在全系统分析能力不足，缺少对城市复杂巨系统整体运行规律的解析能力，尤其是忽略了城市复杂系统的本质，对城市各子系统之间动态影响、互联互馈规律认识不足，无法全面精确地反映城市运行特征的问题；现有城市模型致力于数据可视化、数字孪生、城市单一子系统信息化等工作，数理计算模型匮乏，缺少城市系统预测与解析能力，难以对城市发展趋势做出预测和预警；已有模型应用场景单一，缺乏城市系统决策支撑，无法满足同时模拟土地、人口、交通等全系统的决策需求，导致智慧城市软件的应用受限，不易落地和推广。

近年来，随着窄带物联网（narrowband internet of things，NB-IoT）、5G、大数据、人工智能等新兴技术的快速发展，城市决策已进入"智慧决策应用"时期，对城市模拟软件提出了"平台集成""AI+白箱模型""时空计算""仿真推演"等系列新需求。由万物互联走向万物智联，更加强调城市复杂性、科学决策、预测预警。新一代的智慧城市模拟软件应具有"信息底座""知识赋能""智慧决策"等综合优势，才能满足日益复杂的城市模拟仿真与全场景智慧决策需求。

本书介绍了北京大学赵鹏军教授团队研发的博雅智城·CitySPS 平台（city simulating & planning system，CitySPS），该平台是面向城市与区域治理的智能决策系统。研发团队历时 3 年精心打磨，在国家自然科学基金项目的支持下，依托自然资源部陆表系统与人地关系重点实验室，融合地理学、城乡规划学、交通工程学、经济学、系统科学等理论，聚焦城市系统的定量化模拟、科学评估和协同优化，研发能够支撑城市规划、建设、管理和运营等多样治理需求的综合技术平台。该平台构建时空大数据等多源数据库，量化解析城市土地、交通、人口、产业等子系统的运行状态、发展趋势及其相互作用规律，以"城市全系统计量模型"为技术内核，融合城市机理模型（"白箱模型"）和数据驱动模型（"黑箱模型"），实现城市系统的精确计量、精准预测和精细模拟。

该平台是智慧城市应用软件，旨在创新智慧城市关键核心技术，推动智慧城市由"数字化、信息化"阶段向"智慧化"阶段跨越。该平台集数字平台、业务平台、决策平台于一体，推动城市治理精细化、科学化、智能化变革。其核心内涵是"科学计算，决策赋能"，聚焦决策中枢功能，推动场景应用落地，挖掘数字底座价值。在技术定位上，该平台体现出融合型架构、模块化组织、高性能计算、自主可控性等特点；在客户定位上，服务对象包括政府部门、规划院与设计院、房地产行业、智慧城市平台建设服务商等相关部门或机构，提供多种服务模式和部署方式。该平台在功能方面，包含城市计算、城市预测、城市决策三大核心功能，支持辅助城市治理、模拟开发建设等多类型典型应用场景。该平台具有面向决策的平台定位、全面系统的原理架构、量化精确的方法等主要优势。从数据、信息、知识和智慧四个方面赋能城市信息模型，为面向五级三类国土空间规划实施监测的国土空间信息模型提供城市模型与模拟技术。

本书包括四部分内容，共 13 章。第一部分（第 1 ～ 4 章）介绍了博雅智城·CitySPS 平台的科研与技术意义，该平台对完善城市复杂系统理论、突破城市系统模拟技术瓶颈、促进智慧城市平台的决策应用等具有重要价值。第二部分（第 5 ～ 9 章）从理论构建、模型表达、量化方法等方面，对该平台的科学机理进行了详细介绍。第三部分（第 10 ～ 12 章）介绍了该平台的系统集成、高性能计算、软件开发、可视化等技术体系。第四部分（第 13 章）介绍了该平台的应用及推广。

总之，博雅智城·CitySPS 平台是城市复杂系统模拟研究的成果，涵盖了城市运行规律的量化测定、城市系统的数学建模、城市计算的高性能技术研发、城市决策的系统化评价等多个方面，该平台开发是对城市理论的完善、城市模拟技术的创新、城市决策科学化和城市治理能力现代化手段的提升，也是研发我国自主产权的智慧城市软件的重大突破。目前，平台已完成北京、深圳等地的应用部署，并上线 demo 版，针对虚拟城市提供城市计算与模拟的完整流程体验。读者可以免费注册使用（https://demo.cityspsindex.cn）。

本书得到国家自然科学基金项目（41925003、42130402）的资助。在项目研究和本书写作过程中得到北京大学研究生、博士后和科研人员万丹、陈霄依、吴秀琛、司子黄、王祎勃、王良蛟、庞亮、赵东一、党雪薇、徐永健、李不悔、周俊辉、吴岳峰、闫帅晨、李娟、陈睿、崔彦哲、陈宇婷、万婕、郭武鑫、许佳时等协助，在此一并表示感谢。

作　者
2023 年 1 月

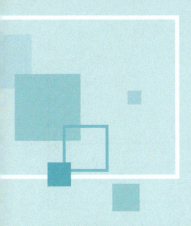

目　录

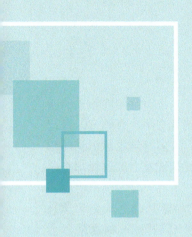

第 1 章

城市复杂系统

1.1 复杂系统理论与复杂性科学

复杂系统理论是系统科学的前沿，是复杂性科学的主要研究任务。2021 年，被授予诺贝尔物理学奖的三位科学家分别是美国日裔科学家真锅淑郎、德国科学家克劳斯·哈塞尔曼（Klaus Hasselmann）以及意大利科学家乔治·帕里西（Giorgio Parisi）。真锅淑郎和 Hasselmann 等（2003）为地球气候建立了物理模型，量化其变异性并可靠预测全球变暖；Parisi 和 Shankar（1988）发现了原子到行星尺度物理系统中无序和涨落（disorder and fluctuation）之间的相互影响。以上研究都指向了复杂系统认知这一共同主题。

在自然界和人类社会中，普遍存在着各类复杂系统，大到全球气候、电网、交通、通信、城市社会和经济组织网络、生态系统，小到生物个体、大脑甚至活细胞，都可以看作是复杂系统。雪花、树叶脉络、建筑、城市路网都由各个相互依赖的组元构成，表现出不同的复杂性。

各种复杂系统中的随机现象，其实都受到某种隐藏的物理规则支配（Bertalanffy，1968；Button，1976）。复杂系统这一概念本身也从大众的一般感性认知经历漫长演进，逐步成为专业的研究内容。如图 1-1 所示，城市的两个子系统人口流动和路网环境都属于复杂系统，使用量化模拟的技术手段可以探究两个复杂系统的空间相互作用和影响程度。

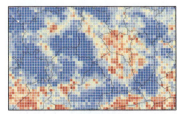

(a) 人口流动量

(b) 路网可达性

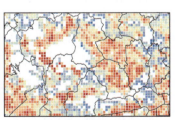

(c) 人口流动-路网可达性耦合度

图 1-1 城市人口流动-路网复杂系统的关联

1.1.1　复杂系统理论的发展

现代复杂系统的研究缘起可以追溯至 19 世纪建立起来的统计力学。直到 20 世纪初，基于基础物理学的还原论还是解释一切现象的法则。然而，许多科学家意识到还原论虽然解释了极大或者极小的事物，但在很多接近人类尺度的复杂现象上的解释却苍白无力。

随后的几十年里，一些物理学家和数学家逐渐尝试在新的科学基础上从交叉学科的角度来解释这些现象，如控制论、协同学以及复杂系统科学。以赛亚·梅西基金会在 20 世纪 40 年代赞助的一系列交叉科学会议探讨了计算机和生物的相似性。数学家 Wiener（1950）发起了控制和通信的理论——控制论（cybernetics）的讨论。一般认为，复杂系统理论第一阶段始于 20 世纪 40 年代美籍奥地利生物学家 Bertalanffy 创立的一般系统论。Bertalanffy（1968）主张系统是由相互作用的组分集合而来的，组分通过相互作用一起产生出某种形式的系统及行为。在其出版的《一般系统论：基础、发展和应用》（*General System Theory*: *Foundations*, *Development*, *Applications*）一书中提出了开放系统模型、人类科学中的系统等若干概念。这一理论很快被生物学家 Maturana 和 Varela（1991）等学者应用于生物领域。他们强调系统自我构建（autopoiesis）的过程：一个生物细胞不断产生新的部件替换原有结构，从而实现系统的自我构建。

第二阶段是指 20 世纪六七十年代的进阶发展。耗散结构理论、协同学、突变论、混沌理论、分形理论的出现都从时间维度研究了系统从无序到有序、从一种有序结构到另一种有序结构的变化过程，研究方法涉及物理实验或模型、数学模型、计算机模型等。系统理论被德国斯图加特大学教授、著名物理学家赫尔曼·哈肯（Hermann Haken）及物理化学家和诺贝尔奖获得者伊利亚·普利高津（Ilya Prigogine）教授等学者引入物理和化学领域，以解释物理系统的自组织。Haken（1977）提出了解释非热力学平衡的开放系统中模式和结构的形成及自组织的协同学。Prigogine（1975）明确了耗散结构的概念，并且强调了其在非平衡的热力学系统中的作用，并因此赢得了 1977 年的诺贝尔化学奖。1972 年，菲尔兹奖获得者法国数学家 Thom（1974）在《结构稳定性和形态发生学》（*Stabilité Structurelle et Morphogenèse*）一书中提出并且解释了突变论。耗散结构理论、协同学、突变论相对于"老三论"系统论、控制论和信息论，成为 20 世纪 70 年代以来系统理论的"新三论"。

复杂系统理论第三阶段的标志是美国圣塔菲研究所（SFI）系列研究成果的产生。该机构成立的初衷是为了适应科学的综合和统一，专门从事复杂性研究。

1984 年成立的美国圣塔菲研究所是研究各种高度复杂和相互作用的系统的研究中心。其前所长理论物理学家 West（2018）自 1993 年起开始研究生物学的隐藏法则，进而将这种思维延展到城市科学和公司科学。在其著作《规模：复杂世界的简单法则》（*Scale*: *The Universal Laws of Growth*, *Innovation*, *Sustainability*, *and the Pace of Life in Organisms*, *Cities*, *Economies*, *and Companies*）中强调了复杂系统的万事万物都存在着统一的规模法则。Holland（1996）发表的《隐秩序：适应性造就复杂性》（*Hidden Order*: *How Adaptation Builds Complexity*）中提出了复杂适应系统（complex adaptive system，CAS）理论，并推出了适应系统理论的软件——SWARM。

在我国，钱学森等（1990）自 20 世纪 80 年代创立了开放的复杂系统的概念，并且推动发展了系统学，即从定性到定量的综合集成方法。1990 年，我国将系统科学设为理学一级学科，将复杂系统、灾变形成、预测和控制视为重大战略需求的基础研究重点、研究项目。

总之，复杂系统理论的发展主要经历了三个阶段：始于 20 世纪 40 年代 Bertalanffy 创立的一般系统论；20 世纪六七十年代是进阶发展的第二阶段，出现了耗散结构理论、协同学、突变论、混沌理论、分形理论；第三阶段则以美国圣塔菲研究所的研究成果产生为标志。

1.1.2　复杂系统的概念与特征

尽管创立至今已近百年，复杂性科学目前仍然被认为是一个处于发展阶段、远未达到成熟的学科。按照曾在美国圣塔菲研究所工作的科学家 Mitchell（2009）在其书《复杂性：导览》（*Complexity: A Guided Tour*）中的定义，复杂系统可以理解为由没有中央控制和简单操作规则的、产生复杂的集体行为、能够进行复杂的信息处理以及通过学习或进化进行适应的大型网络组成，也可以理解为表现出非平凡涌现和自组织行为的系统。不过复杂系统没有统一的定义。因为不同的复杂性科学对复杂性的定义不同，如混沌学派主张复杂系统就是混沌系统，或美国圣塔菲研究所强调其具有自适应的演化能力。

复杂系统一般具备以下主要特征：①非线性。非线性是复杂系统最为重要的特征之一。系统的每个部分、每个层次都相互关联和相互制约。这种相互作用是非线性的。系统中各部分之和不可代替整体，整体大于各部分之和。低层次的规律不能说明高层次的规律（Ludwig et al.，1997；Rutter et al.，2017）。②动态性。动态性指系统随着时间变化，系统和环境相互作用，不断调节，出现新的整体特征。③开放性。开放性指系统与外部相互关联、相互作用，不断与外界进行物质、能量和信息的交换。复杂系统只有在开放的条件下才能形成。④积累效应。复杂系统在运动过程中，小的状态变化会被快速累积和扩大，最终导致系统行为发生巨大的变化。⑤结构自相似性。系统的组成部分与整体之间存在某种方式的相似性。例如，英国海岸线蜿蜒曲折、不规则，但局部形态和整体形态是相似的（Mandelbrot，1967；Woermann，2011）。⑥尺度依赖。美国新英格兰复杂系统研究所所长 Bar-Yam 特别强调复杂度依赖于尺度，不同研究尺度下的复杂度是不同的。整个系统及其子系统都要与环境的行为集及其子集在尺度上匹配（Siegenfeld and Bar-Yam，2020）。⑦相变和临界现象。相变是指物理系统所处的状态，在不同物理背景条件下发生转变的现象。物质在不同相之间转换，同时系统的比热系数在临界点时与压缩率趋于发散，基于本征微观态的理论研究未知序参量的非平衡复杂系统的相变与临界点问题（Sun et al.，2021）。⑧复杂的集体行为。系统中每个组件通常遵循相对简单的规则，没有中央控制或领导者。正是大量组成部分的集体行动导致复杂的、难以预测的、不断变化的行为模式（Mitchell，2009）。⑨信号和信息处理。

所有这些系统都产生和使用来自其内部和外部环境的信息和信号。⑩自适应性。系统会通过学习或进化过程改变它们的行为，以提高生存或成功的机会。⑪层次结构性。层级是系统的一般组织方式，理想的层级没有横向连接。每个组元都直接或间接受到公共节点管辖。此外，复杂系统还有不稳性、路径依赖、层次结构性、不确定性、分叉、突现性、不可预测性、非平衡、混沌等特征。

1.1.3　复杂系统的常用分析方法与典型应用方向

复杂性科学的核心问题是其自我组织行为是如何产生的。相对于人类日常感官的范围，复杂系统往往太大、太小、太快或者太慢，隐藏在空间中难以被检测。但学者们可以通过仪器、形式主义和实验实践组合的方法，发现其复杂的运行机制（Krakauer，2019）。

研究复杂系统的主要方法有两类。第一类是涌现。涌现可以理解为系统在临界基础上出现的质的突破。运用计算机技术模拟系统中组元的个体行为，让这些个体在虚拟环境中相互作用，使得整体系统的复杂性行为"涌现"出来。虽然许多宏观性质可以用组元的平均行为来描述，但某些物理现象（如相变）的宏观性质不能通过对系统组元的平均化来理解。复杂度取决于尺度。有效的系统需要在各个尺度上都与环境复杂性相匹配。因此，多尺度方法是研究复杂系统的新思路。在森林系统方面，Hidalgo 等（2007）和他的同事用复杂网络描绘了产业森林。在生态系统领域，Hu 等（2022）发现掌握少量群落尺度的控制变量、温度和压强等少数涌现的状态变量，就可以学习复杂生态系统的行为和相变。

第二类是控制。运用智能控制技术，通过几个系统的指标量累计学习系统运作的规律，积累经验，进而探索系统运作的规律。然后，运用此规律对系统进行控制，从而改变系统的运行状况。智能控制技术实现对不确定环境中复杂过程的有效控制涉及控制理论、计算机科学、人工智能、信息论等多个领域的知识，模糊逻辑、神经网络、进化计算、机器学习、群体智能等人工智能技术已经广泛应用于电网、机器人、多智能体等复杂系统中（Chen et al.，2019）。

此外，在分析数据或创建组织结构时，标准方法需要考虑相互依赖性的重要性以及这些相互依赖性带来的复杂性，需要通过将数据分析或组织结构与系统内的自然划分相匹配。由于复杂系统的行为发生在多个尺度上，因此在复杂系统的分析方法上也必须是多尺度的。只有这些经过反复试验和大量输入而变得复杂的系统，才显示出解决超出人类理解极限的问题所必需的复杂性（Siegenfeld and Bar-Yam，2020）。

复杂系统科学已经应用于社会系统和政策（Byrne，2002；Bankes，2002）、系统动力学（Sterman，2010）、进化动力学（Sachs et al.，2004）、网络科学（Börner et al.，2007）、管理（Weick，1995；Stacey，1996）、城市科学（Bettencourt and West，2010）、经济物理学（Mantegna and Stanley，1999）以及非线性动力学和混沌（Strogatz，1994；Gleick，2008）等领域。

1.2　复杂系统的模拟技术

1.2.1　建模与仿真技术的发展脉络

建模与仿真技术，被认为是继科学理论与实验研究之后，第三种认识世界和改造世界的工具，是解决复杂系统（如环境生态系统、社会经济系统等）问题的有效技术途径（刘兴堂等，2007）。建模与仿真技术的基础理论和技术包括模型理论、信息技术、相似原理等，以物理设备和计算机系统为工具，构建虚拟或实体模型，对系统级研究对象进行规律研究、测试与实验、参数重构与再设计等活动。目前，建模与仿真技术广泛应用于社会、经济、军事、生活服务等多个领域（刘晓平等，2008）。

1. 技术演进过程

建模与仿真技术发端于 20 世纪 50 年代，整体而言，经历了从工程到系统、从物理领域到社会领域的演进过程。

建模与仿真技术诞生于工程技术领域。第二次世界大战后期，其率先应用于火炮、导弹飞行控制、宇宙飞船轨道演算等领域。20 世纪 70 年代，其逐步扩展到多项工业领域，出现了汽车模拟器、工业过程的建模与仿真系统等，建模与仿真技术逐步走向成熟（王子才，2005）。

20 世纪末和 21 世纪初，复杂系统研究逐步深入，建模与仿真技术在这一领域得到广泛应用。一方面，与简单系统相比较，复杂系统具有适应性、涌现性、演化性、开放性等特征，复杂性研究本身对整体性研究框架和方法提出迫切需求。复杂性问题的固有内涵，即需要打破还原论思维体系下不同学科门类的原有界限，关注系统的整体属性。而建模与仿真技术从诞生之初就具备整体论的基因与技术模式，融合和发展了控制论、系统工程、计算机技术、多媒体技术等不同领域的理论和技术体系。另一方面，经过将近一个世纪的发展，建模与仿真技术也不再是其他某一学科领域的分支，而是发展成为相对完整的综合性专业体系，成为通用性、战略性技术。就学科自身发展需求而言，复杂系统研究领域提供了广泛和深刻的应用场景，支撑学科发展走向深入。因此，建模与仿真技术逐步成为当前复杂性研究的主要工具，进入了以研究复杂系统为主的新阶段。

2. 复杂系统建模与仿真的发展趋势

近年来，复杂系统建模与仿真技术的发展呈现出以下趋势特点。

（1）研究对象表现出多层级系统级联特征（陈竹梅，2021）。作为建模与仿真对象的复杂系统本身，逐渐演变成由多个子系统组成的体系（system of systems），自身层级结构越来越复杂，子系统按照不同层级组织，多层级系统之间级联耦合，各子系统均具有自主演化和决策能力。同层级的子系统、不同层级的上下级系统之间体现出智能协同的特点，其不确定性、适应性、涌现性、演化性、开放性等特征得到进一步强化。

（2）数学建模与计算复杂度高。对于复杂系统的研究，既要定性，又要定量。其中，以定量方式对复杂系统的机理和演进趋势进行数量化的分析和判断，可能具备更大的理论价值和实践价值。在量化分析的过程中，复杂系统自身具备的特性，如非线性、随机扰动、结构和参数的不确定性等，导致其数学模型一般具备高阶、多维、多层次、多输入和多输出等特点，构建难度相对较高；同时，计算机对模型进行参数估计和迭代计算时，往往也面临涉及变量多、迭代次数多、计算复杂度高等问题，因此对计算支持系统的高性能计算能力提出了较高的要求（葛蔚等，2016）。

（3）社会经济系统的领域拓展。随着研究逐步深入，以人为主体的社会-经济系统逐步成为仿真技术研究的重点与难点（董淑英和王学义，2007；齐磊磊和贾玮晗，2018）。与其他类型的复杂系统相比，社会经济系统存在一些固有特性：系统中的微观个体一般都能够独立决策，并具有一定的适应、学习能力；个体的交互方式一般是非线性的；个体决策的集合最终体现出宏观规律性的机制较为复杂。复杂适应系统理论的建立和发展为以上问题的分析奠定了理论和方法论基础，使得复杂系统研究迅速拓展到社会经济系统领域，如复杂交通系统、军事作战系统、复杂医疗系统等。

1.2.2　复杂系统建模与仿真技术的内涵

1. 计算主义的哲学基础

复杂系统的行为和演进趋势是否具有可计算性、是否遵循某种特定的算法规则，是我们是否可以使用计算机建模与仿真方法进行系统模拟的哲学基础（齐磊磊，2015）。就是说，当一个复杂系统完全由算法支配时，即它是可计算的，在科学研究和工程实践中，就可以应用建模与仿真方法对该系统进行分析。支持自然系统和社会系统运行的本质规律，都与某种数据结构具有实质上的同构关系或同态关系，这与计算主义（computationalism）哲学的观点相同（齐磊磊，2015）。因此，在底层认知层面，计算主义是复杂系统建模与仿真的基础前提。

古希腊哲学家毕达哥拉斯曾提出，数是万物的本原。近代科学史上，伽利略将数学应用于自然科学的各种研究中。计算主义观点的直接提出者是 17 世纪的唯物主义哲学家霍布斯，他认为政治、社会以及人类的相互作用都是可以计算和推理的。计算主义发展至今，分化为强和弱两种纲领（齐磊磊，2016）。强纲领将宇宙的本质与计算本身高度等同，将宇宙中发生的一切，即自然界和人类社会中存在的事物和现象都视为计算机运算的结果。从某种意义上说，强计算主义是科学主义的极端。例如，美国企业家埃隆·马斯克认为，人类本质上生活在巨大的矩阵（matrix）之中。而弱纲领则认为，在认识论和方法论的意义上，"计算"是人类看待世界的方式或视角，数学和计算可以用来研究物质世界，归纳出近似的规则和算法，但计算过程具有某种不完备性和不可判定性。

本书倾向于将计算机的建模与仿真方法看作是认识论和方法论上的计算主义。事实上，对现实复杂系统进行虚拟建模与仿真，是人类计算技术爆炸式发展背景下，计算主义哲学进一步发展的必然结果。可以预见，这一趋势必然朝着更大规模和更深层次演进。

2. 物理学的方法论沿革

物理学家王竹溪曾说："统计物理学既是物理学，也是方法论"。20 世纪 80 年代，众多复杂性科学的研究先驱，如普利高津、巴克、哈肯等，都长期从事统计物理学方面的工作，因此复杂性科学在早期也被视为统计物理学的一个分支。梳理物理学（尤其是统计物理学）与复杂性科学的发展脉络，会发现两者在研究视角、研究领域、研究思维等方面存在一定的相似性。物理学的方法论在复杂系统研究领域得到一定程度的传承和发展，构成复杂系统研究方法的重要基础。

（1）研究视角从微观层面到宏观层面的统一。统计物理学最初的研究对象是理想气体，理想气体是典型的多体系统，即由极大数量粒子或单元组成的整体。统计物理学的核心理念在于建立系统微观态和宏观态的相互关系，即从系统的微观性质出发，推导出系统的宏观性质，从而架设系统研究中微观视角与宏观视角之间的桥梁。而复杂系统建模与仿真技术的研究对象，也是大量基本单元构成的复合体系，在研究视角层面，挖掘系统内部个体作用方式与宏观规律性之间的关联作用机制。

（2）研究领域从自然系统到社会系统的融合。在统计物理学、社会物理学等学科的不断推动下，人们对社会系统的认知不断加强。19 世纪法国社会学家奥古斯特·孔德提出"社会物理学"的观点，他将社会视为自然的一部分，同样遵循自然法则进化发展，自然科学所普遍使用的经验研究手段也可以用于获得社会领域知识。现代社会的结构变迁为社会系统的建模与仿真提供了学理基础。随着个体获取信息、感知社会的能力逐步增强，人与人之间、人与社会系统之间的联系和相互作用逐步增强，社会个体的行为方式表现为近似的类粒子行为，使得研究社会行为的形成经历、预判社会系统的演进方向成为可能。对经济-社会群体的一般性规律进行研究和归纳发现，如网络和传播交流系统、犯罪系统、移民系统，都呈现其固有规律。而统计物理学、社会物理学等学科的发展则为社会系统的研究提供了认知手段，推动了复杂系统研究从自然系统到社会系统的逐步融合。

（3）研究思维从确定性到不确定性的转变。统计物理学使用概率和统计学方法作为主要手段来研究物理学系统，如热力学研究一般基于如下假设：孤立系统微观态（microstate）出现的概率相等。统计物理学向严谨的物理学研究中引入"不确定性"思维，是统计物理学在方法论上的重大突破。这一思想与当时物理学界的主流思想相抵触，因为大多数物理学家坚持将经典力学用于分子运动分析，试图对系统中所有分子的状态信息（位置、速度）做出完备的描述。统计物理学此后的发展也基本围绕概率分布和统计学解释这一主线展开。如今，对于复杂性的理解和研究，复杂系统的建模与仿真方法通常也是基于系统微观尺度的不确定性展开的，概率成为复杂系统建模与仿真研究的基础性概念（高远，2021）。在概率图模型、元胞自动机等复杂系统建模的主流方法中，对概率性事件的关注成为复杂系统研究的重要思维模式之一。

3. 技术的优势与价值

复杂系统的建模与仿真技术在工程研发和科学研究等领域不断发展和完善，体现出不可替代的优势与价值。

工程研发领域一般需要对复杂物理系统的各种特性和动态响应模式进行深入分析。建模与仿真技术在对复杂物理系统进行研究的过程中，在实验效率、安全性、场景复现性、场景覆盖度等多个环节，相对物理实验而言，具备明显优势。以自动驾驶技术的研发为例，计算机模拟场景测试是对线下道路测试的必要补充。安全性是自动驾驶技术需要关注的核心指标之一，对极端案例（corner case）安全响应反复测试，才能有效评估和提升自动驾驶系统的性能边界。路边自行车横穿马路、道路上出现各类罕见对象等交通场景，在线下测试时都面临难以复现、存在安全隐患等问题。而通过在建模与虚拟仿真中重建该场景，可以进行全天候全时段不限次数的测试训练，以最低成本、最低安全风险和最高效率完成自动驾驶系统的功能验证。

在科学研究领域，实验是研究复杂系统最重要的方法之一。然而，对复杂系统进行研究往往面临各种现实困难，尤其是在社会科学中，社会学实验往往面临可行性与伦理性的双重挑战。现在，通过复杂系统建模与仿真方法，人们可以利用计算机建立虚拟的"人工社会"，修改其中的规则与参数，达到社会学试验的目的。比较经典的社会学实验"糖域"模型，即运用复杂系统建模与仿真方式，对社会系统中广泛存在的现象，如财富累积、市场机制、环境变迁等进行研究，获得了关于社会发展演进机制的丰富成果。

1.2.3　复杂系统的主要建模方法

复杂系统的建模方法主要有元胞自动机、人工智能与机器学习、多智能体建模、复杂网络理论、系统动力学等。

1. 元胞自动机

元胞自动机（cellular automata，CA）是一类广泛采用的复杂系统模型框架，可以通过计算机实验模拟多类型的自然现象和社会现象。元胞自动机一般由 5 个基本组件构成，包括元胞状态、元胞空间、邻居、时间步骤和转换规则，可以通过规则的设定，对复杂系统的时间空间发展演进过程进行模拟。元胞自动机在复杂系统的多个研究领域得到广泛应用，如在地理学研究中，元胞自动机应用于土地利用变化模拟和未来情景预测，成为土地利用规划方案研究时一种有效的空间分析工具（赵莉等，2016；穆莉平等，2022）。

2. 人工智能与机器学习

复杂系统建模、预测和优化等领域面临诸多挑战，人工智能同建模与仿真技术的深度融合为解决此类问题带来了新的机遇（洪流，2022）。机器学习是现阶段人工智能领域的重点研究方向之一，通过非显式的计算机程序学习数据经验以优化算法，从而实现对复杂系统的量化分析和演化预测。模型是机器学习的核心要素，如人工神经网络（artificial neural network，ANN）即机器学习中广泛应用的一类典型模型，可应用于回归任务、模式识别控制、图像识别、机器翻译、语音识别等多领域（张驰等，2021）。目前，机器学习在复杂系统建模领域得到广泛应用，如针对气候（贺圣平等，2021；Rolnick et al.，2023）、金融（赵琪等，2020）、物联网（internet of things，IoT）（王振东等，2021）、社会网络（张宗新和吴钊颖，2021）等复杂系统的模拟与仿真。机器学习技术在解决复杂非线性问题等方面表现出较大优势，成为下一代系统仿真工具研发的关键技术之一。

3. 多智能体建模

多智能体建模（agent based model，ABM）是一种自下而上的系统建模方法，通过若干独立的"智能体"（agent）组合来模拟整体系统的运行逻辑（Liao et al.，2022；Shin and Bithell，2023；Tong et al.，2023）。智能体之间存在微观作用机制，不断相互作用产生影响，从而决定了系统的宏观状态。与传统经济学或流行病学等领域常用的自上而下的固定方程式方式不同，通过个体的相互作用，系统可以产生极大的丰富性和自发性，从而为复杂系统研究提供个体角度的微观观测视角，以及理解现实多样性的可能性。

4. 复杂网络理论

复杂网络理论用于研究复杂系统的结构、动力学特性以及功能（Watts and Strogatz，1998；Barabasi and Albert，1999）。复杂网络理论以图论为研究基础，用于描述复杂系统的结构特征和内部联系。复杂网络理论的研究内容主要包括节点重要性分析、社团结构检测、网络传播动力学等方向。目前，复杂网络理论广泛应用于对多种类型复杂系统的结构刻画，如社会网络的意见形成和策略博弈、万维网、蛋白质和基因网络、大脑网络、社会竞争与合作网络等方面。

5. 系统动力学

1958 年，科学家福瑞斯特将自然科学的理论（如系统论、控制论、信息论等）与经济学进行综合与交叉，在系统工程学的基础上，将信息反馈概念应用于企业管理领域，从而提出系统动力学理论。从本质上讲，系统动力学是基于系统思维的计算机模型方法，在把握系统内部结构、参数及总体功能的前提下，建立计算模型，对系统的特性与行为进行分析（许光清和邹骥，2006）。系统动力学能够有效描述系统组成，准确表达系统结构，在探索系统动态特性方面具有显著优势，建模过程也相对简单易行。

1.3　城市复杂系统概念与特征

1.3.1　城市系统的构成

现代城市主要由产业构成、人口和职能三个基本要素以及市政和公共设施、人造与自然景观和建筑等其他次要要素构成。从城市规划的角度来划分，城市系统的主要影响要素类型有生态和建成环境、经济与产业、人口与社会、文化和历史以及信息技术五类。这五个类型的要素作为城市的子系统，相互影响和相互制约，组成整体的城市系统（谭纵波，2005；吴志强和李德华，2010）。

生态和建成环境是指人类活动的各种自然外部条件，主要包括地形、地质、土壤、水文、气候、植被、动物、微生物等生态环境，关系到社会和经济持续发展。生态文明建设和经济高质量发展均为我国重要的战略举措。党的十八大以来，人与自然的关系、生态环境保护与经济社会协调发展已经成为生态文明建设的重要内容。环境污染和生态失衡经济成为社会可持续发展的不利因素，也直接影响了人类生活质量。

建成环境的三个组成部分是土地利用模式、城市规划和设计、交通系统（Handy et al.，2002；Frank et al.，2003；曹新宇，2015）。美国明尼苏达大学公共事务学院教授曹新宇（2015）等学者认为，土地利用模式可以按照社会活动的空间特性划分为工业区、商业区和住宅区等，也可以根据不同种类的土地利用划分为居住、经贸、绿地、行政办公和工业用地。城市规划和设计则是指都市内种种因素的区域部署，以及街巷和公共区域的功能和吸引力。交通系统指的是各种交通基础设施（如自行车道、公共交通、人行道等）及其能提供的服务质量。因此，建筑、道路交通、管线、服务设施、娱乐设施、不同类型的土地利用甚至三废、噪声等人工环境，人口分布，服务设施都属于建成环境的范畴。

建成环境是人类文明的产物，同时也为人类提供了活动空间，因此直接影响了居民的健康和幸福感。建成环境要与民众需求相适宜，以防交通堵塞、污染等城市问题。因此，建成环境与居民行为的关系不但是城市规划的重点课题之一，而且对各类居民主体的生活有重大现实意义。目前，相关专业学者已经在建成环境和各类交通行为研究理念的关系探讨方面做了大量的研究（Frank et al.，2003；林雄斌和杨家文，2015；孙斌栋和但波，2015）。在城市规划领域，建成环境包括密度、混合度、设计公交邻近度、目的地可达性和到市中心的距离五项要素。交通行为主要包括出行方式、频率、距离、时间、目的地和出行链六项要素。

经济与产业是人类在城市生活中的重要活动。产业结构演变、经济和产业与人口和建成环境有密切联系。例如，经济联系强度同各城市人口和各城市之间距离的关系被量化解析。而总人口、生育率和迁移率等因素对就业水平影响机制分析方面，也是近年来讨论的重要话题。当下学者有很多以量化的方式研究城市要素之间的经济联系，且具有重要的实践意义（王德忠和庄仁兴，1996；李国平等，2001；刘承良等，2007）。

人口与社会要素主要包括人口规模、人口结构、人口密度、就业岗位、家庭收入等社会和经济元素。

据《2022 年世界城市报告》（*World Cities Report 2022*）显示，截至 2020 年，世界人口已达到 78 亿，而且一半以上的人口居住在城市。29% 的人口居住在城镇和人口密集地区，只有 22% 的人口居住在农村地区（Khor et al.，2022）。不断增长的人口为城市带来生机与发展动力，同时产生中心集聚的现象，对交通、生活设施提出了新的要求，也产生了巨大的经济、社会和环境影响。人口总量偏多造成人均 GDP 和资源占有量不足。然而，更不利的信息是人口结构失衡，主要表现在性别比例结构失衡、年龄结构失衡、区域结构失衡和城乡结构失衡。这些不利因素都将会给就业岗位、社会养老、城市承载力社会发展带来巨大压力（宁吉喆，2021；童玉芬，2021）。

因此，对人口与就业、交通、区域设施承载力的耦合关系进行探讨和对未来城市数据的预测则显得尤为重要。例如，空间人口数量和密度直接影响未来居住用地、公共事业用地以及零售业用地的需求；就业岗位是各种经济部门用地需求的基础；人口结构方面，按照年龄、性别、文化和经济水平等分组的不同，人群对各类服务和土地利用的需求有明显差别；在不同要素类型之间，人口与社会要素也和其他要素类型如自然资源需求互相制约。各要素之间互相影响和互相制约，需要数学分析建模，探索人口与建成环境的关系，试图通过合理的方法，如城市疏解和建立多中心的城市结构等方法，以应对一系列社会难题（廖顺宝和李泽辉，2003；吴文恒等，2006）。

此外，传统文化和历史影响城市形态与规模的形成。文化和历史不仅体现在城市外观形象，也不仅局限于美学层面，而且体现在其社会意义。长期以来，城市形态和规模的形成和演化受到了历史文化的影响。例如，中国古代城市受到以《周礼·考工记》为代表的儒家礼教和风水理论规划思想的影响。城市是一个文化聚集地，历史文化和传统习俗是城市发展的重要因素。在城市的建设和演化过程中，人们往往会在保留传统文化的基础上进行创新，形成城市独特的文化氛围、建筑风格和城市形态。即使在现代社会，纽约城市大学布鲁克林学院和研究生中心社会学教授 Zukin（2012）认为文化是城市发展的根本动力。尤其在全球化城市竞争的背景下，文化策略已经成为当今城市生存的关键所在，体现了对城市居民的人文关怀，展示了城市的个性特色与城市文化积淀。2022 年 7 月，在《"十四五"新型城镇化实施方案》中，我国政府结合城市化发展的现状，将文化传承作为新型城镇化道路建设的宗旨之一，特别强调历史文化传承和人文城市建设的重要性。

信息技术要素则是指基于时空大数据，依据国土空间规划的功能分区，运用建筑信息模型（building information modeling，BIM）、地理信息系统（geographic information system，GIS）、物联网和机器学习等新兴信息技术，挖掘手机信令大数据中的居民出行特征，分析出行模式，预测未来城市各项指标，逐步实现智能的可持续发展的未来城市规划途径。大数据的优点在于具有更广的覆盖范围、更细的时空尺度和更低的成本，为揭示城市系统中各要素的关联提供了可能。

1.3.2　城市复杂系统概念与特征

生命体具有复杂、自组织和整体性等基本特征，而城市也具有这些特征。城市是受人类影响最集中、最深刻，地理环境变化最大的区域，是人类最伟大的发明和创造之一，是政治、经济、文化、教育、科技和信息的区域中心，是人力、资本、基础设施高度聚集，人流、资金流、物资流、能量流、信息流纵横交错的开放的复杂巨系统。现代系统理论的发展为城市研究带来新的视角，对城市的科学研究正在从"作为机器的城市"的思维转变为"作为有机体的城市"的思维（Batty，2012b）。

随着人类生产力的发展，城市规模爆炸式增大，功能和结构日趋复杂，各种问题随之产生，认知和顺应城市发展规律，提升城市生活福祉，也成为城市建设活动中至关重要的环节。与复杂系统的认知过程相类似，将城市系统中的各类要素构成、外在现象与内在规律视为整体，进而形成相对完整的理论和方法论，也经历了较长的摸索和发展阶段。

传统观念中，城市被视为一个简单的系统。例如，19 世纪末，Howard（1965）提出的田园城市理念，也将城市看成由人口数量和工作数量两个变量相互作用的简单性系统。20 世纪 30 年代，美国为了从大萧条中复苏，采用"大基建"快速推进城市化，并且依照《雅典宪章》进行功能纯化的分区，如住宅区和工业区，导致城市向郊区无序蔓延。这是一种无计划的、分散的、低密度的、机动车依赖的发展，导致了交通拥堵、能源浪费、环境破坏、阶层分化和中心区衰败等一系列问题。

从经济学的角度来说，英国交通专家 Button（1976）将城市定义为在有限空间内住房、劳动力、土地、运输等各个经济市场相互交织在一起的网状系统。从社会学角度来说，美国社会学家芝加哥学派代表人物 Park 将城市视为由各种礼俗和传统融合各种思想和情感构成的系统。美国新闻工作者 Jacobs 对城市问题与有序复杂性问题进行类比后提出，城市的多样性需要与传统空间的混合利用相互支持，并写出《美国大城市的死与生》一书。如何理解城市的复杂性和多样性，从而满足人们的生活需求，是一个长期的课题。

20 世纪 60 年代，奥地利建筑师 Alexander（2013）以集合论为基础构建了"半网络"（semi-lattice）模型。与传统的城市"树形结构"系统模型不同，Alexander 尝试在层级系统之间构建联系，反映城市的多样性。随后，耗散结构理论、协同学、突变论等自组织理论，混沌理论、分形理论如雨后春笋般涌现，形成城市研究复杂性范式。

英国伦敦大学学院教授 Hillier（2007）从整体论与系统论的角度，基于拓扑学提出的空间句法理论，主张研究城市空间形态，探索街道网络与人类社会活动之间的复杂性关系。伦敦大学学院高级空间分析中心的创始主任 Batty（2007）提出了当前有关空间模型、标度和网络理论的观点。来自美国圣塔菲研究所的芝加哥大学生态学和进化学教授 Luis Bettencourt 是城市科学的先驱。按照他的文章 *Growth，Innovation，Scaling，and the Pace of Life in Cities*，城市中人类的行为与城市规模休戚相关。他和团队应用标度理论，通过对美国城市物理结构参数进行描述强调了"标度律"的特征，探索了复杂系统方法应用于城市规划的动因和潜能（Bettencourt et al.，2007；Bettencourt and West，2010）。

伦敦大学学院高级空间分析中心的复杂性科学教授 Arcaute 等（2009）探索了蚁群的自组织。她的研究重点之一是城市和城市系统。城市呈现出许多涌现行为，如分工和专业化等社会动物的特征。这些特征是在局域层面上通过不同机制和约束进行信息交流的结果。就人类社会而言，人们的互动不断受到路径依赖的调节，并通过混合和记忆进行微调，从而形成超越人类生存基本需求的机制。任何与学习相关的过程都是如此，在学习过程中，人们的集体知识不断更新，产生了预料之外的创新，创造了超越物质、文化和政治边界的新社区和活动，影响了整个地球甚至更远。例如，20 世纪 60 年代末和70 年代初，一个信息领域（在数学意义上）渗透到不同的学术领域，导致复杂性科学背后的一般思想同时出现在许多不同的学科中。这个领域对应通过直接或间接交互的信息流（flow of information）。过去，信息流受到传输速度的强烈调节，这也制约了城市发展。例如，街道网络是分形结构，这些分形结构是通过重要地点间的相互作用随时间推移强化而共同形成的。现在已经能够开发出在地球上任何距离即时传递大量信息的方法。然而，正如最近我们所看到的那样，面对面的互动仍然是创新的关键，而城市是通过思想融合实现这些创新的核心。

此外，一些复杂系统研究者，如 Wasserman 和 Faust（1994）、Scott（1988）和Watts（2004）在社交网络方面取得了研究成果。Watts（2004）认为，复杂系统理论为社交网络领域的研究注入了活力。随着理论的发展和计算机技术的进步，Salingaros

（2008）结合小世界网络和熵值等理论，提出了城市网络理论模型，强调了涌现出的城市整体复杂性。他认为，可以将城市系统分模块研究。这些模块由尺度相同而功能相异的节点丰富了内部和外部的连接。不同尺度空间上的城市模块彼此连通、默契配合，构成了城市形态。

城市复杂系统可以从不同的视角，按照不同标准和需求，分类和归纳出不同的子系统框架体系。它们相辅相成、相互制约，如人体系统一样，一个器官出现疾病，往往影响其他器官的正常运行。

例如，图 1-2 描述了城市复杂系统中土地利用和交通两个子系统的相互作用和动态循环的特征。土地利用和交通是出行行为和个体决策的聚合显现。图 1-2（a）是 Hansen（1959）提出的土地利用-交通相互作用环。土地利用功能类型通过影响居民的工作和生活等出行活动，产生空间上交通流的变化和交通需求的变化，作用于交通供给，新的交通供给模式导致基础设施和区位可达变化性，进而影响到土地利用，形成闭环。Wegener 和 Fürst（2004）在此基础上纳入对投资者开发的区位决策、城市开发建设的实际动态过程，并且增加了交通流时间空间配置与拥堵水平对区位可达性的影响等细节内容，诠释了更复杂的土地利用和交通两个子系统的相互作用关系，如图 1-2（b）所示。

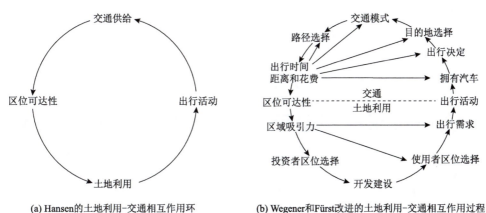

(a) Hansen的土地利用-交通相互作用环　(b) Wegener和Fürst改进的土地利用-交通相互作用过程

图 1-2　土地利用-交通的相互作用和动态循环特征（赵鹏军和万婕，2020）

当前应用较为广泛的土地利用与交通系统一体化模型包括类一体化模型，如 ITLUP 模型、LILT 模型、MEPLAN 模型、TRANUS 模型、DELTA 模型、UrbanSim 模型等，它们都试图对这两个复杂子系统相互作用和相互制约的关系进行量化模拟，以助力城市规划，实现城市交通与土地利用之间的协调发展。

综合以上研究，结合复杂系统的一般认知，城市系统的复杂性主要体现在如下方面：①城市复杂系统包含巨大数量的要素；②城市中的各种要素存在着相互作用关系；③城市要素间的相互作用非常丰富，系统中的任何要素影响相当多的其他要素，同时也被影响；④城市要素间的作用体现出显著的非线性特征；⑤城市要素间的相互作用通常存在一定的空间效应，最邻近区域之间的相互影响往往相对较大；⑥城市要素间的相互作用存在反馈环；⑦城市多是与周边环境互动的无法确定边界的开放系统；⑧远离平衡态；⑨时间动态性；⑩系统要素仅响应局域信息。

1.4　城市复杂系统研究进展

1.4.1　学术成果统计

根据 Scopus 文献数据库检索结果，城市复杂系统研究共计已有 23856 篇文献，包括 15249 篇期刊文章、5293 篇会议论文、458 本书、1486 个书中章节和 1014 篇综述文章等。如图 1-3 所示，自 20 世纪 90 年代开始，城市复杂系统研究论文的发表量逐年上升。意大利马切拉塔大学的 Salvati L.、英国伦敦大学学院的 Batty M.、意大利 Kore University of Enna 的 Freni G.、特拉维夫大学的 Portugali J.、北京大学的陈彦光（Chen Y. G.）等学者在这一领域贡献了诸多科研成果（图 1-4）。发表文章数量最多的几个国家依次是美国、中国、英国、意大利和德国（图 1-5），主要涉及的学科领域有社会科学（19.7%）、工程学（14.9%）、计算机科学（12.8%）、环境学（11.3%）等。

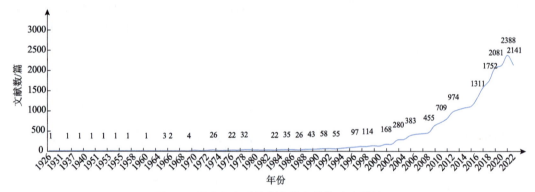

图 1-3　城市复杂系统研究按年份统计文献数

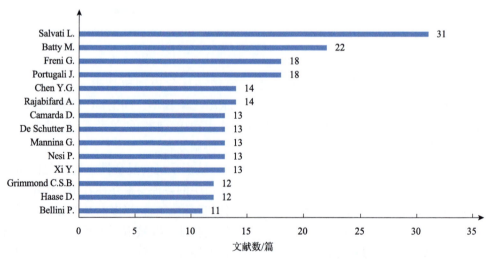

图 1-4　城市复杂系统研究按作者统计文献数

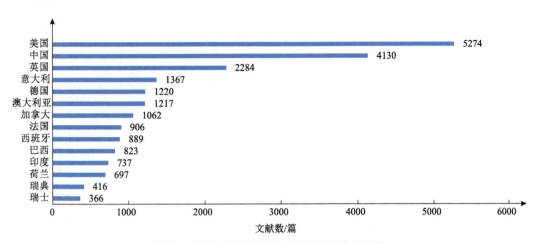

图 1-5　城市复杂系统研究按国家统计文献数

1.4.2　总体研究概况

国外针对城市复杂系统模拟技术的研究，从 20 世纪 60 年代开始，经历了理论萌芽期（20 世纪 60～70 年代）、模型发展期（20 世纪 80 年代）、软件应用期（20 世纪 90 年代至 21 世纪初）和高速发展期（21 世纪 10 年代至今）四个阶段，出现了 UrbanSim、AnyLogic、TRANSIMS、ILUTE、Landis-II 和 SimMobility 等较为成熟的城市复杂系统模拟软件（表 1-1）。

表 1-1　城市复杂系统模拟软件

模型名称	模型理论	开发语言	时空精度	应用领域	开发机构/公司
UrbanSim	ABM、LUTI 理论、交通需求模型	Python 语言	年度或月度/街区或街道尺度	模拟城市发展和规划方案对居住、交通、商业等方面的影响	美国加利福尼亚大学伯克利分校城市与区域规划系、UrbanSim 公司
ILUTE	ABM、土地利用变化模型、交通需求模型和环境影响评估模型	Java 语言	小时/社区	评估城市土地使用和交通策略对环境、经济和社会方面的影响	加拿大多伦多大学
UrbanFootprint	CA 模型、交通模型、土地利用模型、环境模型、风险模型	Python 语言	年度/1m 以下	模拟城市土地使用、基础设施需求和交通系统，应用于城市增长预测和决策支持等领域	美国 Calthorpe Associates 公司
Landis-II	CA 模型、ABM、基于规则的建模、土地利用变化模型	C#语言	年度/几十米	模拟预测风、火、病虫害及采伐等干扰因素、森林管理、土地利用变化对森林景观的影响	美国威斯康星大学麦迪逊分校、美国农业部林务局、不列颠哥伦比亚省政府等共同开发
LEAM	ABM、CA 模型、土地利用变化模型、空间计量经济学和系统动力学等理论	Python 语言、Java 语言	小时/社区或街道	模拟评估地区经济、生态和社会系统之间的空间和动态相互作用对土地利用的变化	美国伊利诺伊大学厄巴纳-香槟分校

续表

模型名称	模型理论	开发语言	时空精度	应用领域	开发机构/公司
AnyLogic	离散事件动态系统、系统动力学模型、ABM	Java 语言	微秒级别	交通事故模拟、交通流仿真模拟、人口迁移预测、路径规划、公共政策测试	美国 The AnyLogic Company 公司
SimMobility	ABM、交通流模型、微观交通模拟、人口-就业模型	C++语言	秒/路段	模拟评估城市居民的出行行为、交通流动情况以及城市中各种交通模式的运营	新加坡-麻省理工学院研究与技术联盟（SMART）未来城市交通研究小组
TRANSIMS	CA 模型、ABM、出行行为模型、路网网络分析	C++语言	分钟/路段	模拟城市交通系统的行为和性能、预测城市交通需求和流量、评估交通策略和规划方案	美国能源部阿贡国家实验室

1.4.3 最新研究进展与产业化现状

近年来，相关研究新的成果和进展表现为：高性能计算推动城市复杂系统模拟更加高效，高精度数据支撑城市复杂系统模拟尺度更加精细，多学科交叉促进城市复杂系统模拟场景应用更加多样。其市场规模正在大幅增长，欧洲、北美洲和亚太地区具有较高发展潜力。全球信息技术研究和咨询机构国际数据公司（International Data Corporation，IDC）发布的《全球智慧城市市场预测与分析》报告指出，到 2024 年，全球智慧城市和城市模拟市场规模将达到 15800 亿美元。市场研究公司 MarketsandMarkets 发布的报告显示，在未来 5 年内，全球城市分析和预测解决方案市场规模预计从 2020 年的 76 亿美元增长到 2025 年的 165 亿美元，预测期间的复合年增长率为 16.8%。

国外城市系统模拟领域的发展趋势主要涉及以下三个方面：①技术上，机理模型与机器学习模型深度结合，达到精准、精细、精确的模拟预测能力。②产业上，应用领域持续扩展，产值前景庞大，全球城市系统模拟市场规模将在未来几年内持续增长，优化城市空间效率，为政府节省开支。③使用上，趋向用户友好，具备高普及率，低代码/零代码开发已成为新趋势，吸引更多非专业用户研究及使用。

国外从事相关研究的代表性机构和公司包括美国加利福尼亚大学伯克利分校、德国 PTV Group 公司、麻省理工学院媒体实验室和荷兰代尔夫特理工大学智慧城市研究中心等。表 1-2 列举了上述机构的主要技术特点和代表性成果。

表 1-2　国外从事相关研究的代表性机构/公司

机构/公司名称	主要技术特点	代表性成果
美国加利福尼亚大学伯克利分校	可视化技术、大数据分析技术、Python 编程语言和开源的软件库开发技术，基于 ABM 的模型原理模拟市场运作、地产开发和人口流动等多方面反映城市复杂性的问题	研发的 UrbanSim 软件用于波特兰大都市区域的模型模拟，这个模型包含超过 1500 个建筑物、138 个小区和 4000 多个工作机会，并可模拟未来 25 年的城市增长趋势

续表

机构/公司名称	主要技术特点	代表性成果
德国 PTV Group 公司	公司开发的 VISSIM 软件使用微观仿真方法，可以精确模拟现实世界中的道路、交通信号灯、行人、公交车等特征，并可用于预测和优化城市交通系统运作	VISSIM 曾被用于巴西里约热内卢奥运会的交通准备工作，包括制定所有场馆以及主要街道和高速公路的最优交通策略，并帮助解决奥运会造成的交通拥堵问题
麻省理工学院媒体实验室	将深度学习、人工智能等先进技术应用于数据分析、城市交通运行控制与管理、公共服务等方面	开发人机交互的 CityScope 项目，其可量化模拟城市破坏性干预措施对城市的影响，包含城市性能量化（交通出行、日照、人群时空分布等）、城市模型构建及模拟、实时预测三大量化分析功能
荷兰代尔夫特理工大学智慧城市研究中心	集成存储、处理和可视化多源数据，并且通过复杂生态系统的仿真来提升城市的可持续发展	对阿姆斯特丹空气质量、可靠性和交通堵塞的实时监测，以及彼得斯堡和旧金山的城市发展策略预测

近年来，随着城市规模的扩张，城市现代化加剧和产业结构演变也使得城市功能逐渐复杂。城市间各个要素之间的联系更加紧密，交汇成为复杂的网络。网络中各个系统不仅相互联系，还相互制约，相互作用越来越大，互动方式越来越多，整体结构越来越复杂。

此外，城市与外部环境的交流也日趋复杂。城市作为开放的耗散结构系统，远离平衡态，需要不断地与周围环境交换能量、物质和信息，输入输出产品，保证系统的有序和良性循环，如同人体一样需要新陈代谢来维持生命。城市是在全国大系统中的一个子系统，与乡村和其他城市在经济、自然资源、人口和历史文化等方面也是互相影响和互相制约的。城市系统会因为这些不断的互动而发生持续的振动。按照耗散结构理论，外部的正熵流会增加系统的无序状态，使得系统变化保持旧平衡，外界的负熵流会激化系统的变化，破坏旧平衡，使得系统产生更加复杂有序的新平衡。

因此，对现代城市的研究和治理遵从复杂巨系统的规律，考虑全要素及其复杂关系具有重要的现实意义。

城市复杂系统研究是应对我国日益增长的城市问题的挑战的理性选择。我国正处于大规模城镇化、增量发展到存量发展的全方位转变、国土空间规划体系构建与城市规划智能发展的进程中，也面临着严峻的城市问题考验。城市各个子系统犬牙交错，纷纭杂沓，在政策机制和治理方式等方面都面临重大变革，这是传统的分解简化的城市管理方法难以应对的。

城市复杂系统研究是符合我国国情的以大城市为主导的城市群发展的有效途径。解决当今城市问题不能局限在单个城市或者区域，而要考虑区域之间的互相作用和与外部环境的影响，以系统的思维和量化的方法把握城市系统真正的动态规律。另外，城市复杂系统研究可以预警和有效控制重大公共事件，如疫情的溯源和防控、洪涝灾害等。

城市复杂系统研究也是城市学科创新的方向。自 20 世纪中叶以来，城市设计学科的复杂系统理论逐步向物理、生物、生态等自然科学领域和社会经济领域拓展与融合。

Batty（2013）在《新城市科学》（*The New Science of Cities*）一书中基于复杂性科学描述新范式的构成，谈到集聚与疏散、物理主义、系统方法、复杂性理论、相互作用与流和网络、进化与突变等关键词，这无疑为未来城市研究与规划设计指明了方向。城市复杂适应系统的认知让创新的城市实践突破了传统理论的藩篱，适应当今社会的发展需要，是推动城市学科创新的重要方向。

因此，用相互关联的综合性思维和系统的观点来认知和分析城市问题尤为关键。

除了一般复杂系统的特征之外，城市系统的复杂性还来源于如下方面：①城市系统本身具有层级结构，下层单元构筑上层结构，各层之间交互规则不同。②城市的总体发展由众多单元交互决定。③城市发展过程中存在各种政治因素、人为因素、随机因素和偶然事件的影响和干预，特别是人的参与，使其演进过程更为复杂。

那么，如何基于复杂城市系统探索研究城市问题?

对于城市的研究方法可以从多种维度开展，包括视觉维度、认知维度、功能维度。其中，视觉维度侧重对城市空间几何特征与视觉特征的表达与评价，认知维度侧重对城市环境的感知与分析，功能维度侧重对城市建成区域的功能识别、分析与评估（董寰和戴运来，2021）。

城市系统具有多层次、复杂性、开放性等特点，所以很难在欧氏空间的基础上深入研究。随着计算机网络等相关技术的迅速发展，各类计算模型在城市研究中的应用不断扩展，主要经历了以下三个阶段：描述城镇体系以及城市内部空间结构的静态模型、宏观动态城市模型（如 Lowry 模型）和城市动态演化模型（田井涛，2009）。

其中，其综合性、跨学科性和方法论的普适性基于复杂系统理论的元胞自动机（CA）、遗传算法（genetic algorithm，GA）和复杂适应系统（CAS）在传统城市研究中起到很大作用。

然而，传统的城市研究往往建立在小样本量经验性观察以及控制变量的单一要素分析的基础上，难以对城市现象与规律做出全局的把握与阐释。数据时代的到来与以机器学习算法为代表的新一代人工智能技术的发展，突破了原有研究方法的局限，为科学研究带来了第四代"数据密集型"研究范式。城市研究逐渐形成了新的方法体系，基于多源开放数据与传统统计调研数据的共用，以空间统计分析作为中流砥柱，结合定量分析与定性分析，不仅在时空尺度上更精细地描绘了城市的实时运行动态，还在分析视角上提供了认知城市子系统关联性的多元交叉维度。对多源数据的有效利用将推动人们对城市的多元感知与认知，并促进对城市发展规律的挖掘与凝练（龙瀛和张恩嘉，2019）。

各领域学者针对城市问题提出了极有创造力的数据研究方法，新数据环境与量化分析方法下的研究方向可总结为实时感知、多重网络分析、新移动与区位模型、城市路径风险分析、人群行为轨迹分析以及新交通需求管理工具六类方向（Batty，2012a）。但是，数据驱动的城市研究与实践也存在一定的局限性。在理论层面，数据导向的研究往往过于关注对城市发展现象的描绘，缺乏对研究结论的凝练与泛化；在实践层面，多源数据常被直接应用于多个相互平行的专项规划，缺乏对不同城市子系统间相互关联的清晰认知与探讨，难以形成综合性、整体性的空间方案与政策视角，需要集成城市系统模型与人工智能技术，以支持多源数据背景下的城市规划与设计决策（杨天人等，2021）。

　　因此，城市领域专家进一步提出了信息时代的城市研究方法论，包括物质空间（空间分布、形态、结构）与活动空间（包括经济空间和社会活动空间），促进城市物质空间的优化；相关关系与因果关系结合，解析城市现象的复杂机制；宏观结合微观的全尺度研究，进而从城市复杂系统的角度建立新的技术体系，实现对城市复杂系统中人、企、房、车、城市部件等各类要素的统一管控，解决城市级复杂场景下的数据感知、控制、调度、计算等核心问题，为各类社会主体提供全域、全场景的数据服务，推动城市管理向分布式、智能化、全响应的模式转变（秦萧和甄峰，2017）。

　　尽管有上述技术方法支撑，城市复杂系统的实践中在数据和技术方面依然存在如下难题，为数字化甚至孪生化城市复杂巨系统带来困扰。

　　首先，在数据方面的难题包括：①数据需求量大，难以保证全域数据感知完整性；②数据多元，难以实现高效、有序、低成本流通；③数据规模大，难以精准快速定位；④行业壁垒及隐私性和安全性要求，限制多数据源的联合建模与协同计算；⑤数据缺乏，城市级复杂场景的数据动态耦合难以实现；⑥各系统关系复杂，难以实现分级分权协同调度和构建复杂动态关系；⑦城市场景处于复杂变化和成长中，缺少多模态数据和场景之间的自动匹配和迭代。

　　其次，在技术方面也存在诸多挑战，主要体现在：①城市级复杂场景计算；②多主体的协同计算；③数据和场景的动态匹配。

　　构建城市数据资源体系，打通领域之间的壁垒，从领域层面到体系化设计的转变是城市复杂系统全要素计算和管理的必经之路。

　　随着网络及社会感知技术的快速发展，城市人地关系的广度和深度进一步深化，城市复杂性进一步加深，目前及未来一段时期，地理学视角下的城市复杂性研究仍然存在诸多科研难题。面向城市复杂系统的社会计算系统架构可以为大规模多模态城市数据的控制、调度和计算问题提供一种解决思路。然而，城市系统本身的复杂性、成长性及相关场景（如疫情防控）的"零容错"特征，对该系统在准确、高效、通用、安全、延展等方面提出了极高的要求。随着数据的要素化流通，技术在升级、场景在下沉、关系在迭代，如何在数字世界和物理世界之间通过一套统一的逻辑形成有效的衔接和动态的匹配，是未来相当长一段时期内的着力点和破局点。

参 考 文 献

曹新宇. 2015. 社区建成环境和交通行为研究回顾与展望：以美国为鉴. 国际城市规划, 30(4): 46-52.

陈竹梅. 2021. 系统思维视角下网络信息体系发展演进及时代特征探讨. 中国电子科学研究院学报, 16(8): 746-755.

董寰, 戴运来. 2021. 浅谈城市研究方法的体系及展望//中国城市规划学会. 面向高质量发展的空间治理——2021 中国城市规划年会论文集. 成都：中国城市规划年会.

董淑英, 王学义. 2007. 复杂社会系统研究的系统模型方法. 计算机仿真, (12): 260-263.

高远. 2021. 一种复杂系统分析及仿真的新方法框架. 上海: 上海大学.

葛蔚, 郭力, 李静海, 等. 2016. 关于超级计算发展战略方向的思考. 中国科学院院刊, 31(6): 614-623.

贺圣平, 王会军, 李华, 等. 2021. 机器学习的原理及其在气候预测中的潜在应用. 大气科学学报, 44(1): 26-38.

洪流. 2022. 复杂系统管理中的仿真方法研究: 挑战与机遇. 系统管理学报, 31(6): 1035-1040.

李国平, 王立明, 杨开忠. 2001. 深圳与珠江三角洲区域经济联系的测度及分析. 经济地理, 21(1): 33-37.

廖顺宝, 李泽辉. 2003. 基于人口分布与土地利用关系的人口数据空间化研究——以西藏自治区为例. 自然资源学报, 18(6): 659-665.

林雄斌, 杨家文. 2015. 北美都市区建成环境与公共健康关系的研究述评及其启示. 规划师, 31(6): 12-19.

刘承良, 余瑞林, 熊剑平, 等. 2007. 武汉都市圈经济联系的空间结构. 地理研究, 1: 197-209.

刘晓平, 唐益明, 郑利平. 2008. 复杂系统与复杂系统仿真研究综述. 系统仿真学报, 20(23): 6303-6315.

刘兴堂, 刘力, 宋坤, 等. 2007. 对复杂系统建模与仿真的几点重要思考. 系统仿真学报, (13): 3073-3075.

龙瀛, 张恩嘉. 2019. 数据增强设计框架下的智慧规划研究展望. 城市规划, 43(8): 34-40.

穆莉平, 杨威, 侯鲲. 2022. 地理元胞自动机模型研究进展. 长春师范大学学报, 41(6): 53-59.

宁吉喆. 2021. 第七次全国人口普查主要数据情况. 中国统计, 5: 4-5.

齐磊磊. 2015. 从计算机模拟方法到计算主义的哲学思考——基于复杂系统科学哲学的角度. 系统科学学报, 23(1): 14-18.

齐磊磊. 2016. 从强计算主义到弱计算主义——走出"万物皆数"之梦. 学术研究, (11): 35-41.

齐磊磊, 贾玮晗. 2018. 复杂社会系统的研究方法——从计算机模拟到复杂应答过程理论. 系统科学学报, 26(1): 34-38.

钱学森, 于景元, 戴汝为. 1990. 一个科学新领域——开放的复杂巨系统及其方法论. 自然杂志, (1): 3-10.

秦萧, 甄峰. 2017. 大数据与小数据结合: 信息时代城市研究方法探讨. 地理科学, 37(3): 321-330.

孙斌栋, 但波. 2015. 上海城市建成环境对居民通勤方式选择的影响. 地理学报, 70(10): 1664-1674.

谭纵波. 2005. 城市规划. 北京: 清华大学出版社.

田井涛. 2009. 城市系统发展模式的复杂性理论与应用. 天津: 天津大学.

童玉芬. 2021. 中国人口的最新动态与趋势——结合第七次全国人口普查数据的分析. 中国劳动关系学院学报, 35(4): 15-25.

王德忠, 庄仁兴. 1996. 区域经济联系定量分析初探——以上海与苏锡常地区经济联系为例. 地理科学, 16(1): 51-57.

王振东, 张林, 李大海. 2021. 基于机器学习的物联网入侵检测系统综述. 计算机工程与应用, 57(4): 18-27.

王子才. 2005. 仿真科学的发展及形成. 系统仿真学报, (6): 1279-1281.

吴文恒, 牛叔文, 郭晓东, 等. 2006. 中国人口与资源环境耦合的演进分析. 自然资源学报, 21(6): 853-861.

吴志强, 李德华. 2010. 城市规划原理(第四版). 北京: 中国建筑工业出版社.

许光清, 邹骥. 2006. 系统动力学方法: 原理、特点与最新进展. 哈尔滨工业大学学报(社会科学版), (4): 72-77.

杨天人, 金鹰, 方舟. 2021. 多源数据背景下的城市规划与设计决策——城市系统模型与人工智能技术应用. 国际城市规划, 36(2): 1-6.

张驰, 郭媛, 黎明. 2021. 人工神经网络模型发展及应用综述. 计算机工程与应用, 57(11): 57-69.

张宗新, 吴钊颖. 2021. 媒体情绪传染与分析师乐观偏差——基于机器学习文本分析方法的经验证据.

管理世界, 37（1）: 170-185.

赵莉, 杨俊, 李闯, 等. 2016. 地理元胞自动机模型研究进展. 地理科学, 36（8）: 1190-1196.

赵鹏军, 万婕. 2020. 城市交通与土地利用一体化模型的理论基础与发展趋势. 地理科学, 40（1）: 12-21.

赵琪, 徐维军, 季昱丞, 等. 2020. 机器学习在金融资产价格预测和配置中的应用研究述评. 管理学报, 17（11）: 1716-1728.

Alexander C. 2013. A city is not a tree//Larice M, Macdonald E. The Urban Design Reader. London: Routledge: 172-186.

Arcaute E, Christensen K, Sendova-Franks A, et al. 2009. Division of labour in ant colonies in terms of attractive fields. Ecological Complexity, 6（4）: 396-402.

Bankes S C. 2002. Tools and techniques for developing policies for complex and uncertain systems. Proceedings of the National Academy of Sciences, 99（suppl_3）: 7263-7266.

Barabasi A L, Albert R. 1999. Emergence of scaling in random networks. Science, 286（5439）: 509-512.

Batty M. 2007. Cities and Complexity: Understanding Cities with Cellular Automata, Agent-based Models, and Fractals. Cambridge: MIT Press.

Batty M. 2012a. Building a science of cities. Cities, 29: S9-S16.

Batty M. 2012b. A generic framework for computational spatial modelling//Agent-based Models of Geographical Systems. New York: Springer: 19-50.

Batty M. 2013. The New Science of Cities. Cambridge: MIT Press.

Bertalanffy L V. 1968. General System Theory: Foundations, Development, Applications. New York: George Braziller.

Bettencourt L, West G. 2010. A unified theory of urban living. Nature, 467（7318）: 912-913.

Bettencourt L M, Lobo J, Helbing D, et al. 2007. Growth, innovation, scaling, and the pace of life in cities. Proceedings of the National Academy of Sciences, 104（17）: 7301-7306.

Börner K, Sanyal S, Vespignani A. 2007. Network science. Annual Review of Information Science & Technology, 41（1）: 537-607.

Button K J. 1976. Urban Economics: Theory and Policy. New York: Springer.

Byrne D. 2002. Complexity Theory and the Social Sciences: An Introduction. New York: Routledge.

Chen J, Chen B M, Sun J. 2019. Complex system and intelligent control: Theories and applications. Frontiers of Information Technology & Electronic Engineering, 20（1）: 1-3.

Eirini S. 2021. Scale: The Universal Laws of Growth, Innovation, Sustainability, and the Pace of Life in Organisms, Cities, Economies, and Companies. New York: Penguin Random House USA Ex.

Frank L, Engelke P, Schmid T. 2003. Health and Community Design: The Impact of the Built Environment on Physical Activity. Washington D C: Island Press.

Gleick J. 2008. Chaos: Making A New Science. New York: Viking Penguin.

Haken H. 1977. Synergetics. Physics Bulletin, 28（9）: 412.

Handy S L, Boarnet M G, Ewing R, et al. 2002. How the built environment affects physical activity: Views from urban planning. American Journal of Preventive Medicine, 23（2）: 64-73.

Hansen W G. 1959. How accessibility shapes land use. Journal of the American Institute of Planners, 25（2）: 73-76.

Hasselmann K, Latif M, Hooss G, et al. 2003. The challenge of long-term climate change. Science, 302（5652）: 1923-1925.

Hidalgo C A, Klinger B, Barabási A L, et al. 2007. The product space conditions the development of nations. Science, 317（5837）: 482-487.

Hillier B. 2007. Space is the Machine: A Configurational Theory of Architecture. Cambridge: Cambridge

University Press.

Holland J H. 1996. Hidden Order: How Adaptation Builds Complexity. Massachusetts（US）: Addison Wesley Longman Publishing Co. , Inc.

Howard E. 1965. Garden Cities of Tomorrow. Cambridge: MIT Press.

Hu J, Amor D R, Barbier M, et al. 2022. Emergent phases of ecological diversity and dynamics mapped in microcosms. Science, 378（6615）: 85-89.

Khor N, et al. 2022. World Cities Report 2022: Envisaging the Future of Cities. Nairobi: UN-Habitat.

Krakauer D C. 2019. Worlds Hidden in Plain Sight: The Evolving Idea of Complexity at the Santa Fe Institute, 1984-2019. Santa Fe: SFI Press.

Liao C Y, Chen X, Zhuo L, et al. 2022. Reopen schools safely: Simulating COVID-19 transmission on campus with a contact network agent-based model. International Journal of Digital Earth, 15（1）: 381-396.

Ludwig D, Walker B, Holling C S. 1997. Sustainability, stability, and resilience. Ecology and Society, 1（1）: 1-24.

Mandelbrot B. 1967. How long is the coast of Britain? Statistical self-similarity and fractional dimension. Science, 156（3775）: 636-638.

Mantegna R N, Stanley H E. 1999. Introduction to Econophysics: Correlations and Complexity in Finance. Cambridge: Cambridge University Press.

Maturana H R. 1980. Autopoiesis: Reproduction, heredity and evolution//Autopoiesis, Dissipative Structures and Spontaneous Social Orders, AAAS Selected Symposium 55（AAAS National Annual Meeting, Houston TX, 3-8 January 1979）. Boulder, USA: Westview Press: 45-79.

Maturana H R, Varela F J. 1991. Autopoiesis and Cognition: The Realization of the Living. New York: Springer Science & Business Media.

Mitchell M. 2009. Complexity: A Guided Tour. Oxford: Oxford University Press.

Parisi G, Shankar R. 1988. Statistical Field Theory. Boston: Addison-Wesley Pub. Co.

Park R E, Burgess E W. 2019. Introduction to the Science of Sociology. Glasgow: Good Press.

Prigogine I. 1975. Dissipative structures, dynamics and entropy. International Journal of Quantum Chemistry, 9（S9）: 443-456.

Rolnick D , Donti P L, Kaack L H, et al. 2023. Tackling climate change with machine learning. ACM Computing Surveys（CSUR）, 55（2）: 1-96.

Rutter H, Savona N, Glonti K, et al. 2017. The need for a complex systems model of evidence for public health. The Lancet, 390（10112）: 2602-2604.

Sachs J L, Mueller U G, Wilcox T P, et al. 2004. The evolution of cooperation. The Quarterly Review of Biology, 79（2）: 135-160.

Salingaros N A. 2008. Principles of Urban Structure. Series: Design/Science/Planning. Amsterdam: Techne Press（Delft University of Technology）.

Scott J. 1988. Social network analysis. Sociology, 22（1）: 109-127.

Shin H, Bithell M. 2023. TRAPSim: An agent-based model to estimate personal exposure to non-exhaust road emissions in central Seoul. Computers, Environment and Urban Systems, 99: 101894.

Siegenfeld A F, Bar-Yam Y. 2020. An introduction to complex systems science and its applications. Complexity, 2020: 1-10.

Stacey R D. 1996. Complexity and Creativity in Organizations. Oakland, USA: Berrett-Koehler Publishers.

Sterman J. 2010. Business Dynamics. New York: Irwin/McGraw-Hill c2000.

Strogatz S H. 1994. Nonlinear Dynamics and Chaos: With Applications to Physics, Biology, Chemistry, and Engineering. Boca Raton: CRC Press.

Sun Y, Hu G, Zhang Y, et al. 2021. Eigen microstates and their evolutions in complex systems.

Communications in Theoretical Physics, 73 (6) : 065603.

Thom R. 1974. Stabilité Structurelle et Morphogenèse. New York: Elsevier.

Tong X, Yu H F, Han L, et al. 2023. Exploring business models for carbon emission reduction via post-consumer recycling infrastructures in Beijing: An agent-based modelling approach. Resources, Conservation and Recycling, 188: 106666.

Wasserman S, Faust K. 1994. Social Network Analysis: Methods and Applications. Cambridge: Cambridge University Press.

Watts D J. 2004. The "new" science of networks. Annual Review of Sociology, 30: 243-270.

Watts D J, Strogatz S H. 1998. Collective dynamics of "small-world" networks. Nature, 393 (6684) : 440-442.

Wegener M, Fürst F. 2004. Land-use Transport Interaction: State of the Art. Amsterdam: Social Science Research Network.

Weick K E. 1995. Sensemaking in Organizations. London: Sage Publications, Inc.

West G. 2018. Scale: The Universal Laws of Life, Growth, and Death in Organisms, Cities, and Companies. New York: Penguin.

Wiener N. 1950. Cybernetics. Bulletin of the American Academy of Arts and Sciences, 3 (7) : 2-4.

Woermann M. 2011. What is complexity theory? Features and implications. Systems Engineering Newsletter, 30: 1-8.

Zukin S. 2012. "Whose Culture? Whose City?" From The Cultures of Cities (1995) //The Urban Sociology Reader. London: Routledge: 349-357.

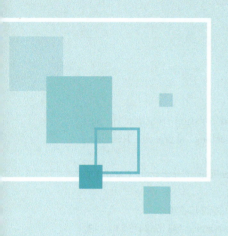

第 2 章
智慧城市技术发展阶段

伴随着全球智慧城市长期的实践探索，其技术应用也逐步成熟，主要表现为：①从早期强调的信息通信技术应用延伸为新一代物联网、互联网、云计算、人工智能等技术的综合应用；②城市管理平台从建筑信息模型（BIM）拓展为城市信息模型（city information modeling，CIM）、大数据平台、城市大脑等综合平台；③功能应用从早期的数据浏览展示、业务监测处理逐步衍生出智能预测、决策模拟等高级应用。与此同时，智慧城市已经成为我国推进新型城镇化、提升城市治理水平、发展数字经济的重要战略手段。

2.1 智慧城市概念及内涵

2.1.1 智慧城市的概念演进

智慧城市的概念提出没有具体的时间，早期的智慧城市多以"数字城市、信息城市、泛在城市"等形式存在，直到 2008 年"智慧地球"概念提出，被普遍接受用"智慧"一词描述人们对实现智能化城市的构想，"智慧城市"一词得以明确，其概念也在技术领域及应用领域得到了扩展与演进，这一演进过程可以总结为以下三个阶段。

早期提出的"虚拟城市"、"连接城市"及"数字/信息城市"是智慧城市的初始阶段，主要功能为利用通信技术网络，将信息资源实现跨地理位置的交互沟通，促进城市居民之间的交流及地方政府的电子化政务管理，Dutton 等（1987）提出"连接城市"的概念，即"一个家庭和企业都能使用各种电子通信服务的社区"，1989 年美国著名城市学教授曼纽尔·卡斯泰尔出版著作《信息化城市》（*The Informational City: Information, Technology, Economic Restructuring and the Urban-Regional Process*），"信息城市"的概念引起较大反响，其后 Ishida（1999）定义"数字城市"为"人们可以相互交流和分享知识、经验和共同利益的场所的社会区域"，可见早期智慧城市的主要目标在于实现居民沟通、利益共享，这一阶段实践的代表性城市有荷兰阿姆斯特丹建设的第一个数字城市（1994 年）、英国的赫尔河畔金斯顿（2000 年）、芬兰的坦佩雷（2003 年）等。

2004～2007 年，智慧城市的中期概念在数字城市与虚拟城市概念的基础上进行了扩展。随着无线、宽带、互联网技术的迅速发展，泛在网的应用不断深化，"泛在城市"的概念被提出，重点强调泛在网在城市基础设施中的广泛应用。代表国家如日本在2004 年修订 "E-Japan" 战略时，提出了 "U-Japan" 战略，成为最早使用"泛在"（ubiquitous）一词来形容建立广泛互联的信息化社会构想的国家。到 2006 年，韩国首尔提出 "U-City" 的建设计划，并在法律上明确 U-City 的定义为 "在城市基础设施（如学校、医院、道路、桥梁等）内建立无处不在的泛在网，使市民可以在任何时间地点享受交通、福利、环境等泛在网服务"。

2008 年以后，随着美国著名跨国公司 IBM 发布的《智慧地球：下一代领导人议程》主题报告提出 "智慧地球" 这一概念，总结智慧地球的内涵是对现有互联网技术、传感器技术、智能信息处理等信息技术的高度集成，也是实体基础设施与信息基础设施的有效结合，以及信息技术的一种大规模普遍应用（Palmisano，2008）。自此，"智慧"的理念开始与城市建设发展结合，"智慧城市" 一词被学者广泛接受，陆续出现在相关研究成果中，全球各个国家开始明确智慧城市这一概念，并将其作为国家重要的发展战略方向之一。

2.1.2　智慧城市的内涵

伴随着全球多个城市的实践探索，智慧城市实现了从理论研究到落地实践的跨越，随着知识经济的到来，人们对智慧城市的理解更为深入，其定义也在各界学者的研究中逐渐丰富，详见表 2-1。Caragliu 等（2011）在原先强调基础设施的应用上增加了人力和社会资本的智慧投资参与，总结智慧城市的要点是 "对人力和社会资本、传统（交通）和现代[信息通信技术（ICT）]通信基础设施投资，通过参与式治理对自然资源进行明智的管理，推动可持续经济发展和高质量生活"。宋刚和邬伦（2012）在文章《创新 2.0 视野下的智慧城市》中将智慧城市的特征归纳为四类：广泛全面的感知察觉、无所不在的互联特性、遍布透彻的有效智能、以人为本的永续创新。其在技术层面进一步强调了物联网、互联网技术的应用，在服务对象层面强调了以人为本。Frost & Sullivan[①]在智慧城市的应用层面进行了拓展，总结了智慧城市的八个关键方面：智慧治理、智慧能源、智慧建筑、智慧移动、智慧基础设施、智慧技术、智慧医疗和智慧公民。2014 年，国家发展和改革委员会等八部委发布《关于促进智慧城市健康发展的指导意见》，对智慧城市的定义进一步总结，提出智慧城市是 "运用物联网、云计算、大数据、空间地理信息集成等新一代信息技术，促进城市规划、建设、管理和服务智慧化的新理念和新模式"，进一步强调了智慧城市在云计算、大数据等新技术层面的提升，并明确了智慧城市在城市治理层面的重要性。

---

① Frost & Sullivan. 2013. Strategic Opportunity Analysis of the Global Smart City Market.

表 2-1   国内外关于智慧城市的定义

资料来源	定义
Hall 等（2000）	一个城市如果能监测并整合其所有关键基础设施的状况，包括道路、桥梁、隧道、铁路/地铁、机场、海港、通信、水、电力，甚至主要建筑物，就能更好地优化其资源，规划其预防性维护活动，并监测安全方面，同时最大限度地为其公民提供服务……系统和结构将监测其自身状况并根据需要进行自我修复
IBM[①]	智慧城市需要具备四大特征：全面物联、充分整合、激励创新、协同运作
Caragliu 等（2011）	当对人力和社会资本、传统（交通）和现代[信息通信技术（ICT）]通信基础设施投资，通过参与式治理对自然资源进行明智的管理，推动可持续经济发展和高质量生活时，这个城市就是智慧的
NIC（2012）	高效利用新一代信息技术，注重能效比和资源消耗，尽可能提升城市效率
住房和城乡建设部[②]	智慧城市是通过综合运用现代科学技术、整合信息资源、统筹业务应用系统，加强城市规划、建设和管理的新模式
宋刚和邬伦（2012）	智慧城市的特征归纳为四类：广泛全面的感知察觉、无所不在的互联特性、遍布透彻的有效智能、以人为本的永续创新
Dameri（2013）	智慧城市是一个明确的地理区域，在该区域内，信息通信技术、物流、能源生产等高科技合作，在福祉、包容和参与、环境质量、智能发展等方面为公民创造利益；它建立了一个良好的资源池，能够模拟城市发展中的政策与规则
Frost & Sullivan[③]	智慧城市的八个关键方面：智慧治理、智慧能源、智慧建筑、智慧移动、智慧基础设施、智慧技术、智慧医疗和智慧公民
Manville 等（2014）	智慧城市是一个寻求通过基于信息通信技术的解决方案来解决公共问题的城市，其基础是多利益相关方和基于城市的伙伴关系
国家发展和改革委员会等[④]	智慧城市是运用物联网、云计算、大数据、空间地理信息集成等新一代信息技术，促进城市规划、建设、管理和服务智慧化的新理念和新模式
印度城市发展部[⑤]	智慧城市在经济活动和就业机会方面为广大居民提供了可持续性，无论他们的教育水平、技能或收入水平如何

[①]IBM. 2011. Smarter Cities in China.
[②]住房和城乡建设部. 2012. 国家智慧城市试点暂行管理办法.
[③]Frost & Sullivan. 2013. Strategic Opportunity Analysis of the Global Smart City Market.
[④]国家发展和改革委员会, 工业和信息化部, 科学技术部, 等. 2014. 关于促进智慧城市健康发展的指导意见.
[⑤]Ministry of Urban Development, India. 2015. Draft Concept Note on Smart City Scheme.

可以看到，智慧城市的定义在三方面进行了扩充：①在技术上，从初期的强调信息通信技术延伸为物联网、云计算、大数据、空间地理信息集成等新一代信息技术，技术共享方式也从局部联动转为万物互联互通；②在应用领域上，也经历了从信息化建设与信息技术产品应用过渡到与城市现代化深度融合阶段，从早期强调对智慧基础设施领域的应用拓展为包含城市的智慧医疗、智慧治理、智慧能源、智慧建筑等多领域的综合应用；③在参与方式上，从早期的政府主导转变为强调用户与资本协调、开放的智慧参与，从早期强调规范与管理体系转为提倡主动服务与精准施策。

2.2　我国智慧城市发展

自 2008 年"智慧地球"概念引入中国，我国智慧城市发展先后经历概念导入期（2008~2012 年）、试点探索期（2013~2015 年）、统筹推进期（2016~2019 年）、集成融合期（2020~2022 年）、决策应用期（2022 年之后）五大阶段。在这五个阶段的发展过程中，我国智慧城市相关政策逐步完善，管理制度也更加健全。与此同时，智慧城市相关技术也实现了跨越式提升，我国城市治理水平也正朝着实现"科学化、精细化、智能化"的目标稳定有序推进。

2.2.1　智慧城市国家战略

据不完全统计，在上述五大阶段我国陆续出台约 65 项智慧城市的相关政策，表 2-2 列举了五大阶段的主要政策、成效与意义。例如，2012 年底，由住房和城乡建设部主推的《关于开展国家智慧城市试点工作的通知》，成为我国首部发布的与智慧城市建设有关的正式文件。2014 年，《国家新型城镇化规划（2014—2020 年）》标志着智慧城市建设首次被写入国家战略规划。但整体来看，这个时期我国有关智慧城市的政策仍然处于尝试摸索阶段，既没有统一的标准，又缺乏牵头的归口部门。

表 2-2　智慧城市国家政策、成效与意义

时期	代表性文件	成效与意义
概念导入期（2008~2012 年）	《数字化城市管理模式建设导则（试行）》《国家智慧城市（区、镇）试点指标体系（试行）》《关于开展国家智慧城市试点工作的通知》	• 为更好地推广数字城管的基本经验，提高系统建设质量和效益，为数字城管建设的健康发展提供了指导性文件，更好地推广了数字城管的基本经验，提高了系统建设的质量和效益 • 对智慧城市试点提出三级指标体系 • 推进新型城镇化试点的重要举措
试点探索期（2013~2015 年）	《促进智慧城市健康发展部际协调工作制度及 2014—2015 年工作方案》国家新型城镇化规划（2014—2020 年）》《关于促进智慧城市健康发展的指导意见》	• 国家层面成立部际协调工作组，参与探索智慧城市建设的主管部门扩大至 25 个，并明确牵头部门为国家发展和改革委员会、中央网络安全和信息化委员会办公室 • 把智慧城市建设引入国家战略规划，并指明智慧城市建设方向 • 全面指导我国智慧城市健康发展；成立"促进智慧城市健康发展部际协调工作组"，参与探索智慧城市建设的主管部门扩大 • 2013 年 1 月公布 90 个国家首批智慧城市试点城市名单，5 月增加 103 个城市（区、县、镇）试点，2015 年 4 月增加 84 个城市（区、县、镇）试点，13 个城市（区、县）为扩大范围试点 • 进一步对智慧城市建设水平评价指标体系构建工作进行了指导，给出了 2020 年的方针目标

续表

时期	代表性文件	成效与意义
统筹推进期 （2016～2019 年）	《中华人民共和国国民经济和社会发展第十三个五年规划纲要》 《新型智慧城市评价指标》（GB/T 33356—2016）、《智慧城市　技术参考模型》（GB/T 34678—2017）、《智慧城市　顶层设计指南》（GB/T 36333—2018）等 《关于继续开展新型智慧城市建设评价工作　深入推动新型智慧城市健康快速发展的通知》	• 将建设智慧城市列为信息城镇化重要工程 • 国家标准化管理委员会发布 5 份智慧城市标准文件，对智慧城市评价指标、技术参考、顶层设计、软件服务、技术运营等方面的建设提供了必要依据和规范，为统筹推进智慧城市建设提供必要条件 • 加快建设全国一体化在线政务服务平台，提出 5 年 4 阶段的工作目标 • 从智慧城市建设到城市智慧治理，区别于 2017 年提出的人性化管理，强调智慧城市要柔性化治理
集成融合期 （2020～2022 年）	《中华人民共和国国民经济和社会发展第十四个五年规划和 2035 年远景目标纲要》 《关于加快发展数字家庭　提高居住品质的指导意见》	• 对进一步提升城市发展质量作出重大决策部署，提出"分级分类推进新型智慧城市建设" • 推进数字家庭基础平台与新型智慧城市"一网通办""一网统管"、智慧物业管理、智慧社区信息系统等平台的对接
决策应用期 （2022 年之后）	党的二十大报告 《"十四五"数字经济发展规划》 《2022 年新型城镇化和城乡融合发展重点任务》 《依托智慧服务　共创新型智慧城市——2022 智慧城市白皮书》	• 加快推进新型城市建设，推进智慧化改造，城市建设重点侧重韧性应急、绿色宜居、智慧监管等决策应用方向 • 为"十四五"时期全新的智慧城市建设与发展方式描绘了新四大蓝图："新 IT 技术+全程服务""数字空间+现实空间""普惠民生+生态和谐""低碳环保+绿色发展"，提出智慧城市将从"城市数字化转为数字化城市"、从强调建设转为强调运营、从人与人互联转为万物互联

注：根据国家发展和改革委员会、中国政府网、前瞻产业研究院等公开资料整理。

到 2016 年，随着"新型智慧城市"的提出，《新型智慧城市建设部际协调工作组 2016—2018 年任务分工》成立新型智慧城市建设部际协调工作组，明确了部际协调工作组中 25 个成员部门共计 26 项的任务职责，并总体部署了未来三年我国新型智慧城市建设工作。由此，我国智慧城市的牵头部门开始明确。同年 11 月，由国家发展和改革委员会等部门公开的《关于组织开展新型智慧城市评价工作务实推动新型智慧城市健康快速发展的通知》对开展新型智慧城市建设、加强智慧城市顶层设计、指导各地区推进政务大数据应用、推进各行业的智慧应用等方面作出了明确的部署。同年 12 月我国第一份智慧城市标准文件《新型智慧城市评价指标》（GB/T 33356—2016）发布并实施，为智慧城市建设提供了必要依据和规范。接下来的三年内国家标准化管理委员会共计发布 5 份智慧城市评价指标、技术参考、顶层设计、软件服务、技术运营等方面的标准文件，极大地指导并推动我国智慧城市落地实践，我国智慧城市正式进入统筹推进期。

2021 年，《中华人民共和国国民经济和社会发展第十四个五年规划和 2035 年远景目标纲要》发布，对进一步提升城市发展质量作出重大决策部署，提出"分级分类推进新型智慧城市建设，将物联网感知设施、通信系统等纳入公共基础设施统一规划建设，推进市政公用设施、建筑等物联网应用和智能化改造"，并明确发展数字经济新优势，协同推进数字产业化和产业数字化转型。

2022 年 6 月，针对顶层设计不足、体制机制不健全、创新应用能力不强、数据壁垒难以破除、网络安全保障体系短板突出等问题，国务院公布《关于加强数字政府建设的指导意见》，明确了建设数字政府的七方面重点任务，旨在全面推进政府履职和政务运行数字化转型，强化经济运行大数据监测分析，大力推行智慧监管。2022 年 10 月，党的二十大报告指出"加快发展数字经济，促进数字经济和实体经济深度融合，打造具有国际竞争力的数字产业集群"，同时强调"提高城市规划、建设、治理水平，加快转变超大特大城市发展方式，实施城市更新行动，加强城市基础设施建设，打造宜居、韧性、智慧城市"，智慧城市已成为我国建设数字中国、发展数字经济、提升城市韧性、提高城市治理水平的重要内容，建设重点向应急韧性、绿色宜居、智慧监管等决策应用方向转变。

　　截至目前，我国超过 700 个城市正在积极推进智慧城市建设工作，占全球数量的一半以上，目前智慧城市建设数量仍保持逐年上升的趋势，智慧城市发展规模也不断扩大。我国政策陆续从顶层设计、信息基础设施、云平台、城镇化、经济、民生应用、信息安全等领域作出战略部署，多项国家政策奠定了智慧城市在我国的国家战略、国家工程地位，也体现了我国对建设智慧城市的高度重视以及提升城市治理水平的显著成就。

2.2.2　我国智慧城市实践发展阶段

　　我国智慧城市的建设探索由最初的模仿借鉴国外模式到如今已经形成符合我国国情特点的智慧城市发展模式，共经历了五大阶段（图 2-1）。

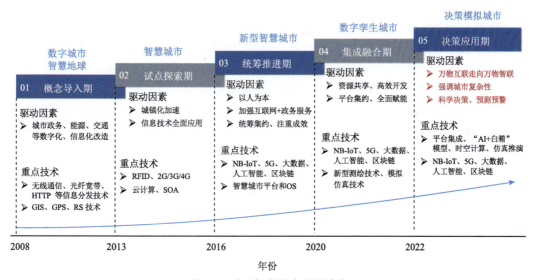

图 2-1　我国智慧城市发展阶段

　　第一阶段为概念导入期（2008～2012 年），这一阶段起源于 2008 年 IBM 提出的"智慧地球"概念，"智慧地球"概念的提出使我国对智慧城市有了初步认知，该阶段的主要驱动因素为国内的基础设施服务水平亟须转型升级，各类行业设施要求进行数字化、网络化改造，无线通信、光纤宽带等技术开始逐步普及和应用，但推进方式始终停留在企业引入概念，主导集成商仍然为国外软件公司（系统），如 IBM、Oracle 等，信息共享方式也停留在单个系统开发、零散搭建，网络共享方式为个体自发共享阶段。

第二阶段为试点探索期（2013～2015 年），这一阶段的重点标志为 2013 年初，住房和城乡建设部公布首批 90 个国家智慧城市试点名单。随着我国城镇化率加速发展，信息技术也得到全面应用，RFID、2G/3G/4G 网络技术开始飞速发展，云计算及 SOA 也逐步开始应用，该阶段的主要模型为建筑信息模型（BIM），住房和城乡建设部陆续发布 6 份 BIM 国家标准，推进 BIM 在建筑管理、工程施工等行业的应用。信息共享方式也从单个系统零散搭建转为以重点项目或者重点应用为集合，建立数据共享交换平台。在推进方式上，重要信息技术设备商、集成商主要集中在联通、电信、移动、华为等公司中。

第三阶段为统筹推进期（2016～2019 年），随着 2016 年我国提出建设新型智慧城市要求，建设标准也更为强调以人为本、高效治理、数据开放共享等，这一阶段的重点技术包括 NB-IoT、5G、大数据、区块链、人工智能等。随着新型测绘及模拟仿真技术的成熟，我国也发布多项政策支持实景三维技术建设，与此同时，城市大数据平台及城市信息模型（city information modeling，CIM）成为城市治理的主要平台，各大城市陆续开展 CIM 平台招标建设工作，信息共享模式转为平台集成纵横联合、信息被动共享形式，主要的推进方式为国家统筹、政府指导、市场主导，国内互联网企业、软件商、运营商、集成商聚合各自的产业生态圈。

第四阶段为集成融合期（2020～2022 年），这一时期数字孪生技术成为智慧城市的重要技术手段。随着 CIM 平台技术与标准逐渐完善，我国开始探索建设数字孪生城市，致力于实现城市全面感知、精准映射、虚实交互、动态可视等功能，智慧城市发展进入生态合作、数字孪生驱动阶段，我国鼓励跨行业跨生态政企合作，信息共享方式也由被动转为主动共享，形成了资源共享、平台赋能、统筹协调、多部门协同的共创氛围。

第五阶段为决策应用期（2022 年之后），智慧城市发展到目前为止，虽然在信息技术上有了飞速的提升，但始终没有真正突破"智慧化"演进，一个智慧的城市不仅仅是1∶1 复刻城市的三维信息模型，而且应该清晰地掌握城市这个复杂生命体的运行规律，在复刻城市运行状态的基础上，赋予城市"智慧"的算法，使其具备预测决策辅助的功能。尽管在第四阶段数字孪生城市提出了实现时空计算、仿真推演的目标，但由于数字孪生技术仍处于起步探索阶段，仅通过人工智能、机器学习的黑箱子技术，无法追溯到每一个变量、算法，以及变量算法之间的每个参数，机理可解释性弱，进而无法真实模拟掌握城市这一复杂巨系统的运行机理，无法达到决策预测的目的。因此，本书提出智慧城市的第五阶段应为决策应用期，以实现城市的智慧决策为目标，深度解析城市复杂系统的运行规律，构建城市全系统计量模型，通过"AI+白箱"技术相结合的方式，实现科学决策、预测预警的功能，进而达到智慧交通、智慧低碳、智慧住房等多领域的决策应用。

2.3　量化模拟是智慧城市决策的关键核心技术

2.3.1　智慧城市进入决策智能化阶段

尽管我国智慧城市建设已经取得一些显著成效，但在城市治理实际应用领域始终存在一些问题，主要表现在：一是城市管理部门业务分散；二是城市时空大数据零散化、碎片化；三是无法实现按需、即时且精准的决策需求；四是社会公众及企业对智慧城市体验感不足。根据国家信息中心 2020 年发布的《全光智慧城市白皮书》，我国智慧城市的技术发展总结为三大驱动阶段，即技术驱动阶段、业务驱动阶段以及场景驱动阶段：①技术驱动阶段主要强调从高科技的信息技术提升来解决城市的信息化管理问题；②随着智慧交通、智慧医疗、智慧养老、智慧教育等多领域的业务需求市场相继出现，智慧城市探索进入业务驱动阶段，基于此场景，智慧城市的大数据、5G、云计算、物联网、人工智能等前沿信息技术实现了快速发展；③智慧城市的第三阶段为场景驱动阶段，这一阶段强调"以人为本、成效导向、统筹集约、协同创新"，侧重让城市实现"会思考""可决策"，以"城市大脑、数字孪生"等为概念的城市智慧应用全面铺开，更加注重"链接+数据+平台+运营"四位一体的城市管理模式。与此类似，本书将智慧城市技术平台发展阶段提炼为三个阶段（图 2-2）。

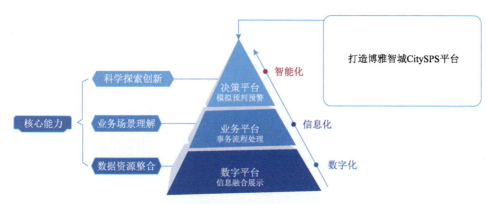

图 2-2　智慧城市技术平台发展阶段

第一阶段为数字阶段，主要功能为基于数据资源整合能力，实现多元信息的融合与简单展示，这类平台的主要特征便是实现了资源的数字化汇总，打破了"数据孤岛""多龙治水"困境，但缺乏数据汇总之后的实际应用，代表性案例如早期的综合监测大屏，仅有各类数据的实时展示及查阅，没有其他功能。

第二阶段为业务阶段，业务平台在数字平台的基础上，开始发展除数据浏览以外的功能，其主要动力便是各类行业对于实现高效治理与处理相关业务的需求，这一阶段主要实现对数据的基础分析及处理的信息化功能，以提高管理者审批处理事务的效率。

第三阶段为决策阶段，此时业务平台已经发展成熟，人工智能技术开始飞速进步，城市的科学治理水平也提出更高需求，面向未来城市的诸多未知性与不确定性，城市决策者开始寻求让城市"更聪明、更智慧"的功能加入，以便更为清晰地把控未来的发展方向，提前做好智能预警，这一缺乏智慧的功能便是能辅助城市管理者的决策功能，基于科学探索创新能力，实现模拟预判预警，精准辅助决策施政。

随着智慧城市技术逐步发展成熟，其应用领域也逐渐广泛，我国智慧城市建设的重点从"建设智慧城市"转为"运营智慧城市"，早期的数字化及信息化功能已经无法满足智慧政务、智慧交通、智慧城市治理、智慧教育等行业的运营需求，尤其是在推动实际落地层面，缺乏"更为智能的、聪明的城市大脑"实现精准的城市决策辅助。

目前，我国智慧城市技术平台开发已经进入第三阶段，即决策阶段，需要在数字化与信息化的基础上，真正实现决策的智能化。龚健雅等（2019）提出，未来智慧城市感知决策需要面临"三高"技术挑战：高度融合的物理感知与社会感知、高度智能化的城市管理分析能力及高置信度的城市信物融合系统决策。城市感知和决策是实现城市智慧化的首要前提，智慧城市的基础是感知、关键是管理、价值是决策。智慧城市不仅要实现全面感知，更应该侧重城市决策管理的智慧化。

同样强调"城市管理分析"能力的文件可追溯到 2017 年由国家测绘地理信息局发布的《智慧城市时空大数据与云平台建设技术大纲（2017 版）》，其提出时空大数据和时空信息云平台是新型智慧城市阶段的核心内容之一（图 2-3），并对时空大数据的具体内容进行了阐述（图 2-4）：主要包含资源汇聚、空间处理、数据引擎、管理分析四大功能。其中，管理分析功能位于顶层，包含动态数据获取、数据管理、大数据挖掘、

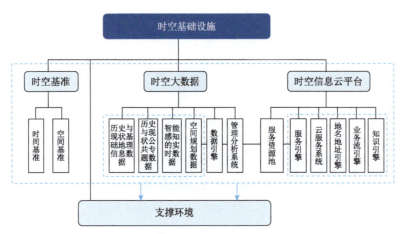

图 2-3　智慧城市阶段时空基础设施的构成

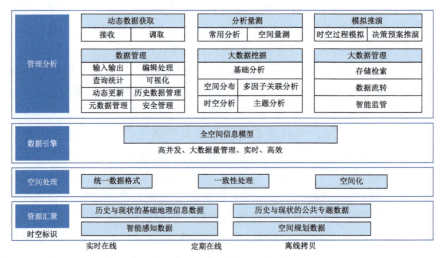

图 2-4　时空大数据的构成

大数据管理、分析量测以及模拟推演六大内容。前四项主要是强调数据的充分获取与统一管理，后两项则是体现决策"智慧化"的核心技术。分析量测包含常用分析及空间量测，模拟推演包含时空过程模拟及决策预案推演，只有充分结合这两项关键技术，以空间为纽带，通过数据建模、态势拟合、定量计算、模拟推演，构建一个可被计算机理解、分析、计算的虚拟实验室，才能为规划、建设、应急处置等事件提供量化、直观的推演、回溯与预测，进而实现精准、精确、精细的智慧化决策。

2.3.2　量化模拟是实现城市智慧化决策的技术前提

城市的复杂本质在于其不仅具有可感知的物质空间，同时牵连着数字经济中的社会发展，既包括可见的基础设施、建筑、土地等的开发建设变化过程，又包括不可见的人流、物流、信息流、资金流相互作用，城市复杂系统包含的要素量巨大，研究城市复杂系统必须明确城市的交通、土地、产业、人口等要素自身的发展规律及各要素之间的互联互馈关系，关于这些城市内部复杂元素的变化，仅仅通过以往经验分析推测已经无法准确感知城市未来的发展方向，而需要将城市的重要子系统及其相互作用关系实现量化分析，并通过一系列的数学公式，描述城市运行的客观规律，以更为科学、精细的方法揭示城市发展的客观规律，通过真实的数据模拟城市场景内各要素的发展脉络，才是实现智慧城市的智慧化决策的重要研究方法。

随着大数据时代的到来，物联网、互联网技术的发展使得城市方方面面的海量数据被收集获取，为深入把握城市发展脉络提供了可能性，也推动了数据抓取、数据挖掘、可视化、城市模拟等新技术方法在规划领域的应用，带来了城市规划在范式、方法、内容上的变革，正在逐渐成为国内外规划学界关注的热点（刘伦，2015）。计算机技术的提升促使大规模处理数据及空间数据可视化展示难度显著降低，定量化方法分析城市与社会问题被广泛认可，如伦敦大学学院高级空间分析中心新开设了"智慧城市和城市分析""高级空间分析和可视化"两个硕士项目，谢菲尔德大学城镇和区域规划系与地理系合作开设了"应用型地理信息系统"硕士项目，剑桥大学开设了"社会科学研究方法"系列课程和土地经济系的"研究方法 01/02/03"系列课程等，这些课程都将城市定量分析作为必学内容。以伦敦大学学院为例，该校设立"智慧城市和城市分析"硕士专业，以解决智慧城市核心挑战为目标，包含智慧城市的规划管理、控制优化、运行功能等方面，主要教学内容包括未来城市模拟工具、城市人流物流感知技术等在内的一系列空间数据抓取、城市分析、地理信息处理及计算机编程技术等（刘伦，2015）。

目前，量化分析已被利用在多个领域的研究方法中，而在国土空间规划领域，定量方法内容既包括传统的社会学的计量统计方法，又包括与大数据相关联的空间数据抓取、挖掘、可视化，离散选择模型、土地利用-交通互动模型、多智体模型、元胞自动机模型等各类城市模拟方法。总的来说，量化分析的研究方法既包括从简单的线性回归到结构方程模型、因子分析等传统计量统计方法，又包括网络数据抓取等 Web 3.0 背景下的新技术方法。

量化方法的本质是对数字信息的分析，它的应用有着悠久的历史。但将现代的量化方法应用于城市中，其实也不过百年时间。从较为基本的统计分析、概率参数分析与简单回归，逐渐向应用多元统计方法发展，并随着相关学科的不断完善发展以及计算机技术和 GIS 技术的成熟，扩展了定量研究的方法理论，纳入了包括计量经济学的投入-产出与效用分析，运筹学中的决策方法、网络分析方法，数学物理方法、模糊数学方法、分维几何方法、非线性分析等大量定量方法，以及系统科学思想中系统分析、系统优化的方法。

对于城市模型建立的量化方法而言，其主要研究方法是将城市的运行视为一个复杂的巨系统，这个系统包含人口、就业、交通、经济、土地等多个子项的变化，而这些子项的变化是有规律可循的，且这些子项之间的相互作用关系也有复杂的可解释的原理机制，量化方法可以使这些子项之间的规律都能总结为复杂的原理公式，子项之间的相互作用也可以通过白箱模型计算，同时对于城市的外部干预条件，也可以通过量化方法将其转换为多个关键性参数的改变。由此将看似复杂不可分析的城市系统解析为数十个乃至数百个原理机理，通过这些机理的计算分析，可以直观地分析不同城市政策调控对城市各个因素的影响，也可以通过模拟预测城市未来的发展状况，对城市可能出现的问题提前预警，分析不同城市政策带来的影响，从而为规划决策者提供研究城市未来发展方向、城市政策的制定等方面辅助决策的工具。

总的来说，无论是在城市"旧"学科范畴的城市经济学、城市中心地、土地利用-交通互动等理论下，还是在"新"科学范畴的复杂性理论下，都离不开城市量化模拟分析技术。尤其是在实现智慧城市决策的智能化阶段，就必须通过"量化模拟"这一关键方法，建立复杂的科学计算模型，将城市运作机制实现"可量化、可计算"，并将政策干预条件转为计算语言进行场景模拟，才能对城市未来的演化方向进行智能、精准的模拟与预警。

2.4　软件行业发展与智慧城市软件开发现状

工业和信息化部印发的《"十四五"软件和信息技术服务业发展规划》中明确强调了软件行业发展的重要性，作为影响社会进步和国民经济发展的基础性技术研发产业，软件和信息技术服务业支撑起信息化产业的社会经济发展，也引领着软件技术的不断革新。在国际化发展的战略下，西方大国都挖掘自身的软件优势，细化软件行业分工，以各具特色的开发模式促进软件行业的发展（姜宏，2010）。

2.4.1　全球软件行业历史与前沿

1. 软件行业发展历史阶段

软件行业发展在麦肯锡公司的 *Development and Structure of the International Software Industry* 中被细分成 5 个时代（Martin，1995）：①1949～1959 年，软件公司为了满足客户特殊需求，选择定制化开发提供解决方案，如飞机预定系统和防空系统。

②1959～1969 年，形成了早期的软件公司。软件产品被重复销售给不同的客户，软件行业还处于幼年期。③1969～1981 年涌现出很多企业级解决方案的供应商，高级程序汇编语言的出现让数据库市场异常活跃。④20 世纪八九十年代出现了像微软等相对独立的软件公司，软件行业维持 20%的年增长率，软件的大众化套装组件渐渐普及，微软公司的软件产品研发是这个时期最具有影响力的代表产品。⑤进入 21 世纪，软件行业朝着互联网增值服务的方向不断发展，软件技术的革新开启了真正的互联网时代，各行各业都与互联网服务融合，软件和信息技术产业驱动互联网快速崛起。

2. 软件行业区域化发展态势

1）美国软件行业发展概况

美国政府直接介入软件研发以及软件人才的培养、组织，投入了大量的研发资源和基金深度剖析软件行业的发展趋势，细化软件涉及的行业，全面发展软件行业，将研发的软件产品用于对国家重大项目的支撑（Erran，2003）。政府对软件行业发展的重视使得美国的软件行业形成了良好的竞争模式，在软件核心技术研发和软件标准制定方面遥遥领先。

2）日本软件行业发展概况

日本的软件产业主要与其他产业相融合，提供附加产业服务价值。日本的软件产业化集中度高，大型企业基本垄断了整个软件市场，中小型企业只能以外包的形式获得合作机会，研发相应的软件产品（Marie，2000）。因此，日本软件企业在嵌入式、行业应用软件产品方面具有竞争优势。

3）印度软件行业发展概况

印度政府充分发挥自身的优势，以软件服务外包为主导，建立具有特色的软件产业园区，充分发挥政府干预能力，促进了软件行业的快速发展（Arora and Athreye，2002）。政府对软件行业的宏观调控，营造了相互竞争的软件企业模式，以高标准承接西方发达国家和地区的外包任务，从高质量代加工转变为提供附加服务的嵌入式软件研发。

4）爱尔兰软件行业发展概况

爱尔兰的软件行业结合自身优势，以出口为导向输出高端软件技术产品并提供高价值附加服务。以软件竞争力和高新技术创新能力为基础，爱尔兰兴建国家软件科技园区，大力培养高新技术人才，涌现了一大批高质量软件研发企业团队（Ichiyoshi and Kobayashi，2003）。高速发展的软件行业和良好的软件竞争环境使爱尔兰的高端软件产品，如移动通信、企业管理等长期处于领先地位。

2.4.2　中国软件行业发展现状

世界软件行业飞速发展的同时，我国软件行业发展也取得了一系列的重大进步，越来越多的学者基于经济、竞争、发展等角度对我国的软件行业发展进行了梳理和剖析，深度解析了软件行业对国家发展的重要作用（冯丽冰，2017）。《中国软件产业发展研究报告》对我国软件行业的发展历程进行了整理，研究了我国软件行业对其他行业发展的渗透与影响作用，揭示了软件行业目前蒸蒸日上的发展趋势与日渐上升的经济地位。

1. 中国软件行业发展历程

中国软件和信息技术行业经过几十年的发展，已经成长为一个超过 8 万亿元市场规模的巨大产业，其发展历程按照时间可分为以下阶段（李志烽，2018）。

（1）孕育阶段：20 世纪 50 年代后期，软件开发与研究局限于探索发现科研和军工领域，处于软件行业的孕育期。

（2）萌芽阶段：20 世纪 70 年代，软件行业进入萌芽时期，计算机工业管理局成立。到 1980 年，中国计算机技术服务公司等大型软件公司创立，成为我国软件行业发展的开端。

（3）探索阶段：20 世纪 80~90 年代，各类中文操作系统应运而生，努力打造中文操作环境。国务院为了鼓励软件行业的探索，陆续推出了推动软件行业发展的政策，先后在北京、上海等一线城市建立国家级软件产业基地。

（4）成长阶段：20 世纪 90 年代末至 21 世纪初，中国软件行业以互联网为平台，迎来了历史上的第二次繁荣。在国务院《振兴软件产业行动纲要（2002 年至 2005 年）》和《电子信息产业调整和振兴规划》的指导下，11 个国家级软件产业基地在北上广深等城市相继建立，我国的软件行业不仅引进外国的资金和技术，还在尝试走向世界，极大地加快我国软件产品的国际化进程。

（5）壮大阶段：2010 年至今，国家不断推进软件行业深入发展，加快实施国家软件发展战略。《"十四五"软件和信息技术服务业发展规划》强调，到 2025 年推动软件产业链升级，提升软件产业基础保障水平，强化创新发展能力，提高软件开源生态，促进软件与相关产业融合发展，形成多元、开放、共赢、可持续的产业生态。

2. 我国软件行业发展趋势

21 世纪以来，政府的重视与扶持使我国软件行业飞速发展，软件产业的规模与营收逐年增长，软件领域不断地拓展与创新也使我国软件行业在国际上的地位越来越高。信息技术应用创新产业的崛起引领了软件产业发展与壮大，大数据、人工智能、云计算、物联网、区块链等各种新兴技术蓬勃发展。软件产业与新兴技术产业的融合速度不断加快，将数据、网络、计算和软件的影响渗透到社会生活的方方面面，"软件定义生活"概念逐渐被接受，软件与生活各方面的融合也越加紧密（尤政，2018）。软硬件一体化的发展趋势，使得原先相对独立的软件产品逐渐发展为面向平台、面向服务的软件产品。总体来说，在当下各种技术浪潮的席卷下，软件行业的发展显示出平台化、服务化和融合化的趋势。

3. 我国软件行业的不足

我国软件行业在改革开放后才有了发展雏形，与发达国家相比起步较晚，虽然在一系列改革中已经取得重大进步，但由于发展时间过短，仍然面临市场竞争力不足的问题。国内的软件始终处于系统编码测试、开源框架集成等软件价值链底端的层级，与发达国家存在巨大的差距。我国软件研发技术，特别是城市模拟等领域，受到"卡脖子技术"的制约与影响，在基础性重大软件中存在一定的技术壁垒。而高端的操作系统、数据库、工业软件等发展滞后，重点行业的核心软件均依赖进口。发达国家高端软件占据了全球软件市场份额的 90%，而我国仅占全球市场份额的 1%左右（钟超群，2013），在软件的出口规模和竞争能力上仍远不及发达国家。

2.4.3　应用软件分类与发展概况

随着软件技术的不断进步，软件开发工序得到细化与增强，软件的应用性与适配性不断增强，各类新兴软件产品层出不穷。目前，世界软件行业蓬勃发展，软件品类异常丰富。随着信息技术的迅速发展，社会生产中的各行各业都被注入新的动力，云计算、互联网+、物联网等新兴技术层出不穷，软件已不再局限于服务系统、办公、娱乐等传统领域，支持国民生产生活的行业软件应运而生。在传统软件的基础上，行业软件着重服务于社会生产中的各个行业，行业软件往往既具有普通软件的基本特性，又高度凝聚了行业知识，旨在更高效快捷地为行业问题提供仿真、建模、求解等功能。

从全球经验来看，工业强国往往拥有先进的行业软件，目前中国工业在全球的竞争力逐渐增大，而中国工业部门的行业软件普及率较低，因此行业软件将在未来的产品市场中占有更大份额。同时，我国正处于传统产业改造升级阶段，随着信息化进程的高速发展，行业软件的市场潜力巨大。目前，我国正在加快向"制造强国"转变的步伐，智能制造创新能力得到全面提升。行业软件能够推动先进工业品的生产，为高端装备制造业提供技术保障，因此加速发展行业软件，有助于我国制造业转型升级，对实现制造强国战略具有重要意义。

1. 基于软件功能类型分类

根据我国的国家标准《软件产品分类》（GB/T 36475—2018），基于软件功能类型，可将软件产品分为系统软件、嵌入式软件、支撑软件、应用软件、信息安全软件、工业软件等类型。

系统软件：控制和协调计算机及外部设备、支持应用软件开发和运行的系统，是无须用户干预的各种程序的集合，是软件的基础与核心。系统软件的主要功能是调度、监控和维护计算机系统，同时负责管理计算机系统中各种独立的硬件。主流的操作系统软件包括三种，分别是微软操作系统软件、服务于特定硬件的专用操作系统软件、开放型操作系统软件。

支撑软件：支撑各种软件开发与维护的软件，又称为软件开发环境。它主要包括环境数据库、接口软件和工具组、软件开发工具以及中间件。由于软件的编制和维护在计算机系统中所占的比重增大，因此支撑软件在软件开发中具有举足轻重的位置。

应用软件：用户可以使用的各种程序设计语言，以及用各种程序设计语言编制的应用程序集合，指直接完成某种具体应用，无须用户重新编程的软件。应用软件通常分为通用应用软件和行业应用软件两类。通用应用软件包括办公软件、教育软件、财会软件、娱乐软件等。行业应用软件是指针对固定行业而制定的、融合了行业知识特性的软件。

工业软件：在工业领域里辅助进行工业设计、生产、通信、控制的软件，包括系统、应用、中间件、嵌入式等。工业软件可分为两类，分别是嵌入式软件和非嵌入式软件。工业软件涉及行业众多，包括计算机辅助设计、工业总线、工业仿真等。工业软件与工业行业的融合性极高，具有鲜明的行业特色。

2. 基于服务对象类型分类

基于服务对象类型，软件可分为项目软件与产品软件。项目软件是指为满足特定客户需求，在合同约束框架内由一个或多个开发机构共同开发的软件，又称为定制软件，如军用防空指挥系统软件、卫星控制系统软件。

产品软件是由软件开发公司自行研发，而后投入市场的软件，该类软件并不为特定用户所定制，而是广泛服务于市场中的各类用户群体。该类软件种类繁多，是软件产品市场的主流产品。

3. 基于许可方式分类

软件都划定了用户的使用权限，用户必须在软件许可权限范围内进行操作使用。基于软件的许可方式，可将其分为自由软件、共享软件、专有软件，以及免费软件。

自由软件：该类软件往往可提供开源软件代码，用户可以进行复制、研究、修改等操作，自由软件的限制条件较少。

共享软件：该类软件通常只为使用者免费开放部分功能，以促使用户付费来获得完整的软件功能，达到软件营利的目的。

专有软件：是指在使用、修改上有限制的软件，该类软件不允许用户随意复制或修改。

免费软件：该类软件为使用者免费提供全部功能，但使用者无法获取软件开源代码，无法对软件做出改动。

4. 基于应用领域分类

根据应用领域可将软件划分为基础软件、生产控制类工业软件、新兴技术软件等。从全球工业软件市场格局来看，在工业软件领域，美国、欧洲企业处于主导地位，把握着技术及产业发展方向。在信息化飞速发展的新时代，我国的工业软件与行业应用软件亟待融合新技术与新理念。

基础软件：该类软件包括操作系统、数据库管理系统、中间件、通用办公软件、固件（BIOS）、开发支撑软件、少数民族语言文字编辑处理软件。

生产控制类工业软件：该类软件包括工业控制系统、制造执行系统（MES）、制造运行管理（MOM）、调度优化系统（ORION）、先进过程控制（APC）、安全仪表系统（SIS）、可编程控制器（PLC）等。生产控制类工业软件的高端市场主要由西门子工业软件有限公司、欧姆龙集团（日本）、霍尼韦尔国际公司（美国）、艾斯本技术有限公司（美国）等公司占据。此外，在计算机辅助设计（CAD）软件方面，达索系统集团、西门子工业软件有限公司等具有统治地位。在计算机辅助工程（CAE）软件方面，国际厂商处于垄断地位，国内没有形成可持续发展及维护的大型软件。国内企业整体解决方案提供能力仍存在明显不足，具有行业优势的国内企业屈指可数。

新兴技术软件：该类软件涉及分布式计算、数据分析挖掘、可视化、数据采集清洗等领域，目前包括但不限于大数据软件、机器学习和深度学习框架等人工智能软件、信息系统运行维护软件、超级计算软件、区块链软件、工业互联网平台软件、云管理软件、虚拟化软件。

2.5　我国智慧城市模拟软件发展与瓶颈

2012 年左右，随着全国城镇化进程加速以及信息技术的全面应用，我国智慧城市进入探索阶段，诸多智慧城市软件应运而生。第一代的智慧城市软件以信息融合与城市数据可视化为主要目标，旨在以丰富的图形界面展示城市运行指标。随着信息技术进一步发展，大数据、物联网等新兴技术逐渐涌现，智慧城市模拟软件的计算智能程度不断增强，由静态指标计算逐渐发展为动态指标计算，城市模型的计算复杂度与智能性不断提升，智慧城市软件逐步发展为具有数据融合、复杂计算、模拟仿真等系列功能的智能化平台。随着智慧城市建设的全面推进，交通、土地利用、人口增长等诸多要素使得城市系统日趋复杂，社会对智慧城市软件的需求不断提高，新一代的智慧城市软件需要具备数据融合、预测警示、决策治理等更加智能化的功能。

如表 2-3 所示，在城市决策与治理领域，各大平台纷纷推出智慧城市系统，用以加速城市内多源数据的融合，从而为城市模拟仿真与城市决策提供技术支持。华为云推出了智慧城市运营指挥平台软件服务，该软件充分利用大数据、物联网、人工智能（artificial intelligence，AI）、数字孪生等新技术，以"一屏观全域、一网管全城"为目标，通过实施跨部门、跨领域数据整合与业务融合，建立统一城市事件协同与综合指挥调度体系，发挥大数据资源服务能力和大数据分析研判能力，塑造"平战结合"的城市运行管理新模式，全面提升城市综合管理水平和应急处置能力。腾讯云推出了"WeCity 未来城市"解决方案，通过建设数据大脑平台、"互联网+政务服务"一体化服务平台，以及"我的长沙"移动综合服务平台，打造长沙本地化智慧应用。在政务民生、党建、医疗、文旅等方面，通过将相关数据进行整合与共享，打破数据壁垒，助力长沙的城市创新和城市治理能力的提高。

表 2-3　部分智慧城市软件概览

软件名称	研发机构	软件功能	应用情况
城市运营指挥中心（IOC）	华为云	数据资源汇聚、分析、挖掘； 城市运行态势的实时监测、感知和分析	累计交付超过 50 个智慧城市 IOC 项目

续表

软件名称	研发机构	软件功能	应用情况
WeCity 未来城市	腾讯研究院、 腾讯云	数字政务，城市治理； 城市决策，产业互联	长沙城市超级大脑
阿里云 城市大脑	阿里云	智慧医疗； 政务数据管理； 城市工业智能； 智慧环保	参与多个智慧城市 落地项目
常德 新型智慧城市	四方伟业	搭建软件架构； 数据资源梳理与可视化； 城市指标体系建立	常德市
ThingJS-X 智慧城市解决方案	ThingJS	城市网格化管理； 数字孪生可视化技术	山西某地级市的智 慧城市项目
智慧城市解决方案	飞渡科技	数据收集、融合、展示一体化功能； 城市体检指标展示和分析	某经济特区落地 项目

当代的智慧城市建设侧重于对城市政务、智慧交通、智慧医疗与旅行等方面的信息化建设，虽然现阶段涌现了众多智慧城市模拟软件，也逐渐开启了智慧城市建设的开端，但我国各类智慧城市模拟软件目前仍然大多侧重某种特定的业务类型，如电子政务、智慧交通等，对城市全系统的分析能力不足，缺乏对城市模型知识的深度融合，无法完成基于政策导向的城市决策与治理。当前智慧城市软件的主要问题如下。

（1）全系统分析能力不足，缺少对城市复杂巨系统整体运行规律的解析能力。传统智慧城市模拟平台一般聚焦于"城市感知+数字孪生"技术层面的提升，但缺乏系统分析能力。传统智慧城市模拟平台在城市运行知识体系层面缺乏研究，尤其忽略了城市复杂系统的本质，对城市各子系统之间动态均衡、互联互馈关系认识不足，无法精确把握城市运行的动态趋势。

（2）多源城市数据融合不足，缺少对城市内多源数据的深度关联与融合利用。目前，国内智慧城市软件大多基于多源数据进行相关计算与模拟，但多源数据间的信息孤岛尚未被打破。目前，国内智慧城市软件层次较低，仅停留在基于数据的可视化阶段，简单实现了基于城市数据的基本统计计算功能。在解决复杂的城市计算、模型推演等问题中，缺乏多源数据的交叉与融合，难以形成多源数据共同驱动的城市复杂系统解决方案。

（3）数理计算模型匮乏，缺少融合城市特性的预测与解析能力。传统的智慧城市模型缺乏系统性城市模块预测能力，无法有效感知城市中各子系统的未来发展趋势，缺乏对城市政策量化模拟、对照的功能，较少具有对城市发展趋势进行动态预测、预警的功能。部分软件基于"黑箱"模型预测城市内单一模块的未来发展趋势，对预测结果缺乏有效解释，无法从城市演化机理角度解析系统子模块的未来发展趋势。

（4）偏于"轻应用"目标，缺乏城市智慧决策支持，应用场景单一。传统智慧城市软件致力于数据可视化、城市单一子系统信息化等工作，部分软件仅具有单一子系统的决策能力，但无法满足综合考虑土地、人口、交通等领域的全方位立体化决策需求，尤其忽略了政策对城市系统的导向性作用，无法与特定政策形成联动效应，缺乏模拟相关政策的协同化效应能力以及智能决策能力。由于缺乏智慧决策支撑，国内智慧城市软件的应用场景单一，不易落地。

　　随着 NB-IoT、5G、大数据、人工智能、区块链等新兴技术的快速发展，现阶段的智慧城市建设已经正式进入"决策应用"时期，对智慧城市模拟软件提出了"平台集成""AI+白箱模型""时空计算""仿真推演"等一系列新需求。由万物互联走向万物智联，更加强调城市复杂性、科学决策、预测预警。新一代的智慧城市模拟软件应具有"信息底座""知识赋能""智慧决策"等优势，以满足日益复杂的城市模拟仿真与全场景智慧决策需求。

参 考 文 献

陈蕾. 2011. 软件产业组织演进的理论与实证研究——基于中国软件产业的数据. 经济问题探索, (1): 58-65.

冯丽冰. 2017. 试论软件行业的发展与知识产权战略在市场竞争中的运用. 财经界, (21): 47-48.

龚健雅, 张翔, 向隆刚, 等. 2019. 智慧城市综合感知与智能决策的进展及应用. 测绘学报, 48(12): 16.

姜宏. 2010. 全球价值链下中国软件产业竞争优势研究. 大连: 东北财经大学.

李志烽. 2018. 我国软件产业发展的影响因素及其路径选择. 广州: 广东外语外贸大学.

刘伦. 2015. 大数据背景下英国城市规划定量方法教育发展//中国城市规划学会. 2015 年中国城市规划年会论文集: 89-101.

宋刚, 邬伦. 2012. 创新 2.0 视野下的智慧城市. 城市发展研究, 19(9): 53-60.

尤政. 2018. "软件定义"塑造软件产业新格局. 金融电子化, (7): 12-13, 16.

钟超群. 2013. 软件行业的发展现状及前景分析. 黑龙江科技信息, (6): 101.

Arora A, Athreye S. 2002. The software industry and India's economic development. Information Economics and Policy, 14(2): 253-273.

Caragliu A, Del B C, Nijkamp P. 2011. Smart cities in Europe. Journal of Urban Technology, 18(2): 65-82.

Dameri R P. 2013. Searching for smart city definition: A comprehensive proposal. International Journal of Computers & Technology, 11(5): 2544-2551.

Dutton W H, Blumler J G, Kraemer K L. 1987. Wired Cities: Shaping the Future of Communications. New York: GK Hall & Co.

Erran C. 2003. The new software exporting nations: Success factors. The Electronic Journal of Information Systems in Developing Countries, 13(1): 1-12.

Hall R E, Bowerman B, Braverman J, et al. 2000. The Vision of A Smart City. New York: Brookhaven National Laboratory (BNL).

Ichiyoshi N, Kobayashi S I. 2003. Economic growth of Ireland and its software industry-the current status and the future. Journal of Mitsubishi Research Insititute, (42): 128-138.

Ishida T. 1999. Understanding digital cities//Kyoto Workshop on Digital Cities. Berlin: Springer: 7-17.

Manville C, Cochrane G, Jonathan C, et al. 2014. Mapping Smart Cities in the EU. Brussel: European Partliament.

Marie A. 2000. Japan's software industry: A failure of institutions? Research Policy, 29 (3): 391-408.

Martin C. 1995. Development and structure of the international software industry, 1950-1990. Business and Economic History, 24 (2): 73-110.

NIC. 2012. Global Trends 2030: Alternative Worlds. Washington DC: National Intelligence Council.

Palmisano S J. 2008. A Smarter Planet: The Next Leadership Agenda. New York: IBM.

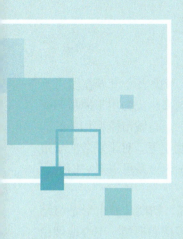

第3章
城市系统模拟技术发展

城市是一个复杂巨系统。复杂性科学经过近百年发展，成为认知复杂系统的重要手段，并逐步在城市研究领域得到广泛应用。城市复杂系统具备要素数量巨大、作用非线性、时间动态性等特征。城市模型是城市复杂性研究的重要工具，可为未来城市发展、城市在多情景以及多冲击下的适应与演变过程提供科学参考。智慧城市是城市模型综合应用的集成平台，决策能力是智慧城市发展新阶段的重要发展方向，提升"高度智能化的城市管理分析能力"，是智慧城市技术革新的重中之重。

3.1　城市模型及其分类

城市模型作为一种科学的城市量化研究方法，为城市规划领域的多学科研究与实践提供了良好的技术平台。在研究层面，城市模型有助于研究者从城市系统的角度对复杂城市的人口、土地、交通等现象和过程进行量化分析和模拟；在实践领域，城市模型可以对规划政策的社会、经济、环境影响进行综合量化评价，辅助规划管理者、政策制定者对城市政策的多种预期情景进行比较分析，从而科学规避潜在风险，在决策和管理层面实现政策优化，促进城市空间治理科学化、系统化和精细化的变革。

模型是对现实的简化和对系统理论的抽象表示，对理论及其应用至关重要的基本特征在模型中被识别和强调。城市与区域模型是从土地利用、人口、就业和交通等方面对城市与区域空间结构、功能与过程的表述，通常采用计算机程序来处理数据并对未来区位模式做出预测。城市与区域模拟是一种技术过程，该过程选定合适理论，将理论通过数学或形式化模型来表述，并开发计算机程序对数据进行计算，计算过程涉及校准（calibration）、预测能力验证（validation），进而对未来做出预测。总体而言，城市模型是在对城市系统抽象和概念化的基础上，对城市空间现象和动态过程的定量数学描述和表达，它作为一种城市模拟的有力工具，可为未来城市发展、城市在多情景以及多冲击下的适应与演变过程提供科学参考。城市模型具有理论抽象、简化性、定量性、模拟性、似然性的基本特征。

基于对城市作为一个非线性相互作用的复杂系统的认识，考虑当今世界在城市治理和数字转型面临的多重挑战，微观、综合、动态的城市模型越来越成为用于模拟和探索城市变化可能方向的有效工具（Pumain and Reuillon，2017）。与城市模型相关的活动（或内容）范围很广，包括土地利用、住房、人口、交通、就业等。对于复杂的城市系统，一个城市模型很难全面地模拟所有的城市活动（或内容），但是可以对它们进行单独调查，然后将其耦合到一个系统的模型中。

20 世纪以来，城市模型在西方国家和地区展开了广泛研究，初期从城市形态与结构角度的模型研究包括城市土地利用同心环模型、扇形模型、多核心模型、中心地理论等。随着计算机技术的发展，规划者对城市系统的计算机模型表现出越来越高的兴趣。城市研究中的计算机模型可以追溯到 20 世纪 60 年代（Lowry，1964），当时"城市系统"（urban system）的概念是通过模仿植物学领域的术语（Duncan et al.，2013）而提出的。由于城市模拟模型可以通过描述现实世界的数量和关系来理解现实世界的描述性和预测性，因此它们在科学研究中的应用越来越广泛（Chen，2012）。

城市模拟模型根据模型的目的可分为理论检验模型、评价模型、预测模型；根据模型结构可分为非均衡模型、均衡模型；从研究的空间尺度方面，可将城市模型划分为城市宏观模型和城市微观模型；根据模型是否具有时间维，可分为静态城市模型和动态城市模型；按照模型系统的综合程度，可将城市模型分为城市子系统模型和城市综合模型；根据城市模型的建模方式，可分为自上而下的城市建模方式和自下而上的城市建模方式两类（赵强，2006）。

特别强调的是，城市模拟模型根据模型的计算过程可以分为机器学习模型、机理模型与混合模型。机器学习模型是基于机器学习算法挖掘城市运行规律的模型，机器学习等人工智能算法在城市研究领域的应用进一步推动了从"数据"到"知识"的信息升级过程，为复杂城市规律的深入挖掘带来了不同于机理模型的全新可能性。这类模型属于黑箱模型，通过机器学习算法不断训练习得规律，其拟合结果的精度较优，但是由于缺乏详细的计算机理，模型的解释性面临一些挑战。机理模型是基于经济学、社会学、地理学等与城市运行密切相关的学科理论以及经典模型建构的模拟模型，基于科学原理构建模型，检验和标定参数，从而基于城市既往数据对现实世界或未来进行模拟，此类模型的理论解释力强，属于白箱模型。混合模型有机结合了上面的两种模型，将机理模型作为主体，在个别子系统加上机器学习模型，这反映出随着人工智能、大数据、云计算等新一代信息技术革命的深入，城市模拟模型正面临着智能化的变革。

本书提出的城市全系统量化模型属于混合模型，将具有更高模拟准确性、灵活性和适应性的机器学习模型与具有可解释性的机理模型相结合，实现对城市系统的模拟和发展趋势预测，从而进行全系统模拟。

3.2　城市机理模型

城市机理模型的研究经过 60 余年的发展，经历了空间相互作用模型、投入-产出模

型、离散选择模型以及复杂系统模型四个阶段（Li and Gong，2016）。模型发展总体表现出从静态到动态，从宏观集计模型（aggregated model）到非集计模型（disaggregated model），再到微观行为模型（behavior-based model）的发展趋势（赵鹏军和万婕，2020）。

3.2.1 空间相互作用模型

空间相互作用模型是许多早期城市模型的基础。应用空间相互作用模型，结合对经济活动的考虑，基于一般均衡理论，认为城市系统将达到一个稳定的状态，在这个状态下，供应和需求与市场调整的价格相平衡。这些理论被应用于早期的城市模拟模型中，如 Lowry 模型。模型通过交通的影响来解释城市土地使用的分布，采用不同行业（如工业和服务业）的人口来估计经济活动的总量，然后用引力模型对这些活动进行空间分配（Li and Gong，2016），代表性模型是 Lowry 模型（Lowry，1964）和 ITLUP（Putman，1974）。

1. Lowry 模型

1964 年，Lowry 首先提出一个大都市区范围内人类活动的城市计量模型，并将其应用于匹兹堡地区。Lowry 模型作为代表性的空间相互作用模型以及土地交通一体化模型应用于城市发展评估。该模型旨在最终实现评估公共决策（如城市重建、税收政策、土地使用控制、交通投资）对大都市形态的影响以及预测大都市形态的变化，这些变化将随着时间的推移，作为目前可见的或预期的关键变量的变化结果。该模型分为基本部门、零售部门和家庭部门。该模型不是总量预测模型，而是分配模型，对家庭人口分布、零售业就业分布以及区域土地使用情况进行预测，是基于重力模型的空间相互作用模型。该模型设计为一组联立方程（包括 9 个等式和 3 个不等式），其解代表土地利用、家庭人口以及就业分布的均衡。

基本部门包括客户是非本地的工业、商业和行政机构。这些外向型产业在当地选址时相对不受本地市场情况的限制，其就业水平主要取决于当地经济之外的事件。因此，基本部门被视为模型的外生因素，其位置和就业水平被认为是"给定"的。

零售部门主要包括那些直接与当地居民打交道的商业、行政和其他机构。由于这些机构有当地的客户，选址受到当地居民活动的强大制约，就业水平被认为与当地人口增长密切相关。该部门（包括大多数学校、地方政府机构以及零售服务行业）的选址和就业水平被视为内生变量，在模型中确定。

家庭部门由常住人口组成。假设零售部门的就业水平直接取决于居民家庭的数量，而居民家庭的数量又取决于在任何给定的时间内基本部门和零售部门提供的工作的数量。此外，假定住宅选址受到居民工作地点的强烈影响。因此，家庭的数量和位置也在模型中确定。

在土地利用部分，各地区的土地面积由不可利用土地、基本部门土地、零售部门土地、家庭部门土地四类组成。基本部门的就业人口以及土地使用面积为外生给定。

在零售部门，所有零售部门被分为 m 个行业，每个行业代表一种特色生产功能，并有一个生产函数，每个行业的就业人数表示为该地区家庭数量的函数。另外，零售部门的分布取决于研究单元内每个地点的市场潜力，市场潜力表示为周边地区家庭以及就业人数的加权指数。同时，构建空间重力模型，引入出行分布指数（出行分布指数是两个地区 i 和 j 之间旅行距离的正函数），周边家庭的零售部门访问需求与出行分布指数成反比。零售业的土地面积由各行业的就业密度函数和就业岗位数共同决定。为了限制零售部门就业的分散，模型设定了一个最小规模约束，用就业表示。如果特定地点的市场潜力不足以证明超过这个最小规模，那么此处不会有零售部门就业产生。

对于家庭部门，地区家庭人口为总就业的函数，且每个地区的家庭数量为就业机会可达性的函数。为了防止该系统在具有高可达性指数的位置产生过大的人口密度，模型设定了一个最大密度约束，该约束的值因地而异[每 1000 ft^{2}[①]（平方英尺）住宅空间允许的家庭数量]。

该模型考虑了出口导向产业和本地就业产业与人口的相互依存关系，衡量了每个区域的市场潜力，以及各地区在居民选择家庭位置和产生就业机会方面的相对吸引力，为之后城市模型的发展奠定了基础。

2. ITLUP（Putman，1974）

此后发展的城市模型在 Lowry 模型人口就业与土地模拟的基础上进行了丰富。由 Putman 开发的交通和土地利用综合软件包（the integrated transportation and land use package，ITLUP），是第一个考虑了土地、人口、就业、交通集成的系统模型，由分类住宅分配模型（DRAM）、就业分配模型（EMPAL）和交通分配模型组成。它使用 Lowry 派生形式来分配家庭（通常按四种收入类别）、就业（通常按四种类型）和旅行模式（公共模式和私人模式），仍属于空间相互作用模型。对就业、人口和行程、活动率和住户类型的外生预测是输入条件（Hunt et al.，2005）。该模型以交通设施开发和土地开发之间的整体一般均衡，即交通设施的使用需求和土地市场供应的平衡状态求解。该综合软件包给出了一个完整的人口与就业部门-土地使用-公共和私人交通网络的模型系统，整个模型系统由模型输入、输出和反馈循环高度集成。

该模型从处理活动空间分布的各种基准年输入，以及基准年道路网络特征的数据开始运行。然后，这些数据将被用来对大都市地区的出行情况进行初步估计。考虑对都市地区出行的初步估计，可加载预测年的网络，如果从基准年开始活动的空间分布没有变化，其旅行特征如时间和成本将反映网络上的交通量。这些网络特征连同基准年数据和预测年控制总数，将用于计算预测年活动的空间分布情况。根据这一空间分布，将产生对大都市区出行的新估计。反过来，这些估计的行程将载入预测年交通网络。交通网络特征的修改将用于重新分配预测年活动的空间分布。然后将这些活动的分布情况与第一次估计进行比较。如果没有显著差异，模型就会达到平衡，模型运行结束。如果存在

---

① $1ft^{2}=9.290304\times10^{-2}m^{2}$。

显著差异，将生成新的行程并加载到网络中，进行进一步的迭代。

ITLUP 的系统集成与土地交通系统平衡思想以及普遍的数据要求使得其成为目前世界上使用最广泛的空间分配模型之一。后来的开发进一步改善了与地理信息系统（GIS）数据库的整合和校准过程，从而使系统达到更高的模块化程度。

3.2.2 投入-产出模型

大多数早期的城市模型是基于区域在空间上是同质的假设。然而，生活、工作或消费的个人行为（或选择）很难用空间互动或宏观经济学的理论来建模。一个城市内的社会活动和自然条件都是异质的。在城市经济学理论不断丰富的背景下，从经济学理论角度考虑空间投入-产出关系的城市模型开始出现。微观经济学的相关理论被引入传统的城市模型中，以解释个人行为（或决策）之间的差异或社会经济活动上的区域差异。同质空间被划分为离散的模型区，每个区与一系列社会经济变量相关，如人口、就业、工业、服务和土地市场。采用投入-产出模型，以区为建模单位，实现社会活动（或城市土地）的空间均衡（Li and Gong，2016）。其代表性模型有 MEPLAN 和 TRANUS（Capelle et al.，2019）。

1. MEPLAN

MEPLAN 是由剑桥大学 Marcial Echenique 以及英国的私人咨询公司 Marcial Echenique and Partners（ME&P）开发的综合模拟软件包。一些经济和交通模型被集成到 MEPLAN 框架中，如投入-产出表、基于随机效用理论的区位选择模型和交通需求模型以及交通流模拟模型，使 MEPLAN 框架内建立的城市模型成为评估政策成本效益和影响的有效工具（Jin and Echenique，2013）。

在 MEPLAN 模型中，空间被划分为各个区域，家庭和经济活动的数量分配给这些区域，不同地区活动的相互作用导致交通需求流动产生。该模型的核心是按空间分类的投入-产出表。所有经济活动包括家庭活动，都被视为生产和消费活动，消费活动由函数表示。为满足新增消费而产生的生产活动受生产价格的影响在空间进行分配，在 MEPLAN 模型中，这一过程通过离散选择模型进行模拟。由此产生的各区之间的相互作用催生了出行需求（Hunt et al.，2005）。

对于一个给定的地区和年份，投入-产出表为每种类型产业提供了一个线性固定的生产函数，解释了每单位的产出（通常以货币价值衡量）所需投入的数量，如原材料、国内生产者的商品服务、进口的商品或服务、劳动力、资本、政府补贴和税收等。对于给定水平的家庭消费、政府支出、公共和私人投资以及出口需求，投入-产出表可以预测有关国家或区域对每个行业的商品和服务的总需求，同时也可以预测该行业对劳动力投入的总需求。MEPLAN 模型对宏观的投入-产出表进行了一些调整（如劳动投入通常按职业换算为每单位产出的平均就业人数，家庭消费转化为按社会经济类别划分的每种类型家庭对每种类型的商品和服务的平均支出），以便对土地利用和运输政策进行模拟，将投入-产出表转变为空间社会核算矩阵，活动以实物和货币单位衡量。

在 MEPLAN 中，生产、工作和消费地点的选择使用空间相互作用模型中常用的多元 Logit 模型。广义运输成本包括货币成本（如道路车辆运营成本和收费）、对旅行时间的货币估值，以及用户对运输服务的非货币方面的看法（如服务的可靠性和质量）（Jin and Echenique，2013）。模型居住与就业地点的求解和交通需求在空间均衡中同时达成，受到土地使用和交通设施供应的限制。

2. TRANUS

TRANUS 是由 Barra 开发的一个经典的城市模型，基于空间投入-产出模型构建。TRANUS 有两个分离的模块：土地利用活动模块和运输模块。土地利用活动模块是一个基于微观经济原则的平衡模型，它平衡了不同经济部门的供给和需求。经济部门包括土地、货物、工资、住房、运输需求等。此外，每个经济部门支付的价格必须与报价和需求相平衡，因此有两个必须实现的平衡，即报价与需求的平衡以及生产成本与价格的平衡。运输模块计算运输成本并将需求分配给网络。两个模块来回互动，直到实现一般均衡。

土地利用活动模块通过模拟特定时间段的活动地点和经济部门之间的相互作用来模拟一个空间经济系统。活动的位置由土地利用活动模块根据各种因素决定，如土地价格（租金）与运输成本和损耗（如运输时间），后者由运输模块提供。另外，运输模块将土地利用活动模块产生的出行需求按照交通系统的供给进行分配。在此基础上，运输模块重新计算并输出运输损耗（如由交通拥堵引起的损耗）。因此，这两个模块联系在一起，既是彼此的输入，又是彼此的输出。通过这种方式，人员或货物的流动被解释为活动、运输系统和房地产市场之间的经济和空间互动的结果。反过来，由运输系统产生的可及性影响着活动的位置和互动，也影响着土地租金。这两个模块使用离散选择模型以一致的方式联系在一起，包括活动位置、土地选择和多模式路径选择以及出行分配。

为了达到收敛状态，TRANUS 会反复运行这两个模块，直到找到平衡点。土地利用活动模块和运输模块需要达到各自的均衡状态。首先，土地利用活动模块需要实现供给和需求之间的均衡，以及支付的价格和每个经济部门的生产成本之间的均衡。这是在当前的运输成本和损耗下完成的。其次，运输模块将运输需求作为输入，并平衡运输网络以满足给定需求。这两个模块都将反复运行，直到达到一般均衡状态。至此，城市模型仍属于空间均衡类的静态模型范畴。

3.2.3　离散选择模型

UrbanSim 是由 Waddell 开发的家庭和公司区位选择微观模拟模型，不同于前述模型，其作为一个非集计的离散选择模型模拟了微观个体的决策行为，且不假设城市处于平衡状态，以动态不平衡状态构建城市模型。模型以 150m×150m 地块为土地开发的单位，基本分析单元的尺度被大大降低（Waddell，2002）。

UrbanSim 将几个关键的输入变量作为外生的变量。其中，有两个来自外部模型系统：一个是宏观经济模型，用于预测未来的宏观经济状况，如各部门的人口和就业情况；另一个是交通需求模型，用于预测出行状况，如拥堵时间和区间旅行的综合效用。后者与 UrbanSim 松散耦合，将土地利用预测输入外部旅行模型，并将旅行条件输入 UrbanSim 土地利用模型系统的后续年度迭代中。

主体模型在预测年按照经济和人口转变模型、家庭和就业迁移模型、可达性模型、家庭和就业地选择模型、房地产开发模型和土地价格模型的顺序运行（Waddell et al.，2003）。

经济和人口转变模型计算前一年部门就业的增长量或下降量，将这些外生就业预测与 UrbanSim 数据库结合起来，并从数据库中删除就业正在下降的部门的工作岗位，或在就业地点选择模型中为就业增长的部门增加工作岗位。人口转变模型与经济转变模型类似，其计算家庭类型分布随时间的变化，新增人口被添加到家庭位置选择模型中的移动者名单中，减少的人口从住房存量中移除，并重新分配其离开后的空缺。

家庭和就业迁移模型以个体为研究对象，预测每种类型的工作岗位或人口从当前位置移动或停留的概率。

可达性模型从交通需求模型和特定年份的土地使用分布中读取对数矩阵，计算可达性指数，并输入家庭和就业地选择模型中，可达性在家庭或工作地点选择中被认为是重要的。

家庭和就业地选择模型预测某工作岗位或人口位于某个特定地点的概率，通过 Logit 模型估计当前的工作（人口）移动到每一个备选工作（居住）空间的概率，通过蒙特卡罗模拟生成在哪一个备选工作（居住）空间的方案，一旦做出这个选择，该工作（人口）就被分配给该单元格，并且更新单元格中空缺和使用空间的数量。模型所用自变量包括房地产价格、土地类型、可达性、与交通设施的距离等。

房地产开发模型可以通过新开发的建设，或者通过现有开发的集约化或转换来模拟新房地产的建设。模型预测网格单元在模拟周期内经历房地产开发的概率，若该网格单元确定被开发，则进一步确定被开发的建设项目类型。使用多元 Logit 模型来估计这些概率，自变量包括场地特征、与交通设施的距离、区域可达性和市场条件等。

土地价格模型则基于特征价格模型构建。

3.2.4　复杂系统模型

20 世纪 90 年代以来，从城市复杂系统角度，对城市自下而上建模的方法逐渐兴起，元胞自动机（CA）模型和多智能体建模（ABM）作为两个代表模型，在系统的模型性能和准确性方面取得了突破性进展。

CA 模型的理论基础可追溯至 20 世纪 40 年代的 CA 模型，但是直到近 50 年后，该理论才被引入城市研究领域。40 年代末，Ulan 和 Neumann 首次开发了 CA 模型。Wolfram 于 1984 年证明了复杂的自然现象可以用 CA 模型来建模，后来又为 CA 模型理论奠定了基础。该理论被定义为离散的动态系统，其中组件之间的局部互动会产生空间和时间的整体变化。CA 模型很快被应用于物理科学、自然科学和数学。Tobler 于 1979 年首次提出将元胞空间模型应用于地理建模。80 年代，出现了第一批基于 CA 模型的理论方法，用于模拟城市扩张（Santé et al.，2010）。CA 模型能够对复杂的动态系统，如城市系统进行建模，其模拟城市增长的能力是建立在过去的城市发展并通过土地利用之间的相互作用影响未来模式的假设基础上。因其简单、灵活和直观，特别是能够纳入过程的空间和时间维度，逐渐被广泛用于城市增长模拟（Santé et al.，2010）。

在最基本的层面上，CA 模型是一个由规则空间或单元组成的阵列或网格。在任何时候，一个特定的网格单元处于有限种可能状态中的一种状态，该状态将根据网格中相邻单元的状态，按照一套统一应用的过渡规则而改变。元胞通过重复应用这些规则，迭代地、同步地改变其状态。因此，CA 模型由四个主要元素组成：元胞空间、元胞状态、邻域和转换规则。此外，还可以进一步考虑第五个要素，即时间步骤。

ABM 也是近年来在社会科学中对复杂过程和现象进行建模的一种新兴方法，它也被称为多代理系统、基于代理的模拟或基于个体的建模。ABM 通过研究系统的组成单位——智能体或代理人（agents）的行为，自下而上地构建了一个系统。智能体的自主性和社会性特征允许对它们之间复杂的、非线性的相互作用进行建模。ABM支持从微观角度讨论个人行为在推动城市增长方面的作用。ABM 通常包括：根据模型规模和类型指定的智能体或代理人；决策法则，由现实世界的普查和调查提供信息；学习或适应性规则；代理人参与的程序，如采样、移动、互动；既能影响代理又能受其影响的环境。创建一个模型包括检查或调查一个系统，提取代理的行为和影响因素，量化这些元素，然后在一个允许控制以及衡量系统行为和性能的环境中对该模型进行编码。

相比较而言，CA 模型更适用于地理空间以地理网格，如地理信息系统中的栅格单元表示的情况，以及模型状态和这些状态之间的转换概率是已知的和稳定的情况。它最适合于耗散性过程，如土地利用变化和城市增长。而当模型的基础是一个行为单位，如个人、家庭、企业、土地所有者（"智能体/代理人"），以及当模型过程由产生空间形式的一种或多种代理人之间的时间互动组成时，如土地利用、作物选择或生境类型，ABM 更有优势（Clarke，2014）。因此，在实际应用过程中，二者都在土地利用与土地覆盖变化（LUCC）领域以及模拟城市土地增长方面得到了广泛应用。

CA 模型和 ABM 都代表了一种新的建模方法，即复杂适应性系统的建模方法。在这种方法中，模型是微观模拟，在微观水平上运行，总体行为作为大量代理互动的结果而出现。复杂系统倾向于 CA 模型和 ABM，而不是系统动力学模型、稳态和平衡模型。CA 模型和 ABM 的共同点是具有个体基础。在 CA 模型中，被建模的实体是保持静态的单元，而空间和其他过程在它们之间移动或穿过。在 ABM 中，代理人可以在空间中移动，彼此直接互动，并与其他类型代理人互动。在这两种情况下，大量独立自主的最底层行为体创造了整体景观。同时，这两种模型都可以包括额外的数据，如环境控制层、政策控制层、影响代理人的参数如价格或需求（Clarke，2014）。

近 10 年来，CA 模型和 ABM 在中国的城市增长、土地增长模拟方面的应用在逐步推进。CA 模型和 ABM 与其他模型方法的耦合使用，还进一步提高了模型模拟的准确性。Liang 等（2018b）将自上而下的系统动力学方法和自下而上的 CA 模型耦合模拟珠江三角洲地区的土地利用变化。此外，有学者还将政策因素引入 CA 模型。Liang 等

（2018a）对基于 CA 模型的未来土地利用模拟模型设计两种机制，将不同的规划驱动因素集成到模拟中，实现了纳入规划政策的城市增长模拟。Li 等（2015）提出了一个由代理系统、环境系统和政策与规划系统组成的一般分析框架，以模拟中国快速城市化地区的城市土地扩张，并将城市微观代理的适应性行为的共同要素总结为代理学习、代理决策和代理行动三个阶段。进一步地，机器学习模型被引入，并与 ABM 结合。Li 等（2019）构建了一个扩展的强化学习模型来表示代理人在进行位置决策时的学习过程，并开发了一个新的基于代理的住宅用地增长模拟程序，其中包括代理学习模型、代理决策模型、土地利用转换模型以及城市土地分区和开发商愿望的影响。

3.2.5　总结

城市模拟的前沿模型已经在美国、英国等国家的规划实践与政策评估中发挥了重要作用。应用城市模型对城市系统进行模拟能够实现对城市的全面感知，及时识别和诊断城市问题，提高城市管理效率；同时，能够对当前的城市规划、建设、运营等重大决策在未来一段时期所产生的影响与后果进行精准的预测评估，根据预测评估的结论优化城市决策，减少决策风险，节约城市资源。当前城市大数据的迅速发展，将进一步推动精细化数据与微观层面离散选择模型的结合使用，为构建基于微观个体行为的时空动态城市系统模型提供基础。

目前我国城市系统模拟领域的研究仍相对缺乏，在我国"智慧城市"战略背景下，以及"国家治理体系和治理能力现代化"的要求下，构建科学易用的城市系统模型有重要意义。城市系统模拟模型在数据层面，可以整合国土空间现状信息资源，如城市三维地图、地形地貌、人口结构、土地利用、房地产价格、交通网络、设施分布等，表征完整的城市社会、经济、生态环境过程与状态，助力国土空间规划业务的"一张蓝图绘到底"；在技术层面，可进行城市人口、土地、交通等现象和过程的量化分析及深度计算，可视化数字城市空间提升城市可感知、可判断能力；在应用层面，可实现决策模拟，对城市决策带来的系统性变化进行把握，综合、宏观、前瞻地提供决策支持与决策优化方案，辅助城市国土空间规划情景模拟、安全应急防范预警、城市运营管理等政策的制定。

3.3　城市系统模拟软件开发

行业软件的重要组成部分之一是城市模拟技术。城市模拟技术也是制约我国行业发展是"卡脖子"技术。自 20 世纪 60 年代以来，城市理论和数学模型的价值在于简化城市发展中的各子系统之间的相互作用关系和模拟各组成要素的动态过程，解释城市结构的复杂性。以往的模型主要针对一个或几个子系统，为特定城市情景下的政策制定和投资决策提供建议。其缺点在于它们难以代表城市内子系统之间的关系和复杂性。随着近年来大数据和计算机技术的快速发展，为了提供更全面的城市动态图解，研发容纳各种城市子系统的模型和多源数据的城市模拟平台是行业的趋势。

3.3.1 城市空间研究领域软件类型

当前国内外关于城市空间研究领域的软件多集中在两大方向：城市方案设计及城市专题分析。城市方案设计表现为模拟不同的城市用地，通过调整各类参数，快速生成不同的建筑空间方案，目前市场上大部分形成产品的软件是基于云计算和机器学习技术来实现；城市专题分析则包括对城市路网、日照、人群视觉、数据、水文、空间集群等进行专项分析。本节分别列举几类代表性案例。

1. CityScope

CityScope 是由麻省理工学院媒体实验室（The MIT Media Lab）的城市科学研究组研发的城市建模、模拟和决策平台，是一款开源的软件，主要内容包括城市性能量化（交通出行、日照、人群时空分布等）、城市模型构建及模拟、实时预测三大量化分析功能，于 2013 年 5 月由肯特·蓝森在媒体实验室首次公布，发展至今已实现多项实际应用案例，整体包含以下两大创新优势。

（1）机器学习提升时效。构建和运用包括交通（模拟统计一天中人口在城市路网上的移动来获知城市道路的交通流量和拥堵程度）、日照（模拟一年中所有时刻累计的阳光获得率）等多个城市性能模型，为城市方案做出量化评价，并利用机器学习（machine learning）技术，将 10000 张随机生成的模拟分析图作为训练数据，并使用卷积神经网络（convolutional neural networks，CNN）实现线性回归，将原本耗时较长的城市模拟实现快速（0.5s）、精确（准确率达85%）的实时预测。

（2）人机交互新范式。CityScope 不仅具备软件界面，同时以乐高积木为材料，开发了 CityMatrix（16×16），其允许用户通过移动带有标签的模块来更改土地使用布局，侧边的滑轨也可更改城市密度。用户可以将代表不同功能的模块放入 16×16 的矩阵中，并且可以自由调整不同功能建筑物的高度，之后再通过滑动侧边的滑轨，来控制计算机对这些建筑高度数据的读取，从而通过数据可视化的投影，向用户展示城市密度以及城市热力图，并实时配置雷达图，直观地展示多种城市性能的总指标。使用者通过观察实时的城市多项性能反馈，更好地理解、讨论、决定城市各方面的得失权衡，并且乐高积木可以作为可触交互界面，减少使用者对陌生工具心理上的畏惧，从而提高决策过程的可参与性。

虽然 CityScope 是一款人机互动性强并且操作门槛低的城市决策辅助系统，但目前来看其功能和适应性方面仍有很大的提升空间。

2. Delve

Delve 是由 Sidewalk Labs（谷歌为研究城市生活而成立的子公司）设计的一款基于云计算和机器学习的城市设计工具，该工具可以在几分钟内利用人工智能和机器学习等技术为城市地块创造"数百万种可能的设计方案"，并评估这些方案对关键指标和生活质量指标的多维度影响，最终针对住宅单元数量、建筑日照、地面层日照、邻近建筑日照、建筑成本和价值等多方面进行计算识别，并推导出最优质的设计方案，并为每个方案提供详细的技术分析，供决策者参考。

3. Spacemaker

Spacemaker 是研究人员面向房地产开发市场，结合广泛领域的专业知识，包括建筑、数学、物理、机器学习和优化，开发的一种人工智能技术。Spacemaker 可以帮助用户发现更智能的方法，最大限度地发挥建筑场地的潜力，为用户提供一系列富有创意的高质量在线提案。通过在整个系统中应用具有强化机制的机器学习，Spacemaker 每次运行后都会优化算法。

4. Momepy

Momepy 作为城市空间专项分析软件的代表，是一个用于定量分析城市形态-城市形态计量学的 Python 工具包，它建立在 geopandas、PySAL 和 NetworkX 之上，使用 GeoSeries 和 GeoDataFrame 对象来存储和处理大量的地理空间信息。其 utils 模块还可以对数据进行预处理，如清理街道网络数据或辅助拓扑建筑足迹数据，Momepy 在引擎罩下使用 PySAL，主要是为了考虑空间权重矩阵捕捉城市形态元素的邻接关系。图形模块使用 NetworkX 来分析城市街道网络。

5. DepthmapX

DepthmapX 为空间句法理论中经典的空间分析软件。DepthmapX 是一款开源的多平台空间分析软件，适用于不同尺度的空间网络，用于分析空间形态和结构。该软件最初由 Alasdair Turner 团队开发。DepthmapX 通过凸空间地图（convex map）、轴线地图（axial map）、线段地图（segment map）和视域分析（VGA）几种方式，从建筑内部、建筑之间甚至城市和国家的尺度，计算并且提供一系列量化描述城市和建筑空间拓扑形态的参数，如城市连接度、整合度和穿行度。然而，DepthmapX 受限于软件本身的功能，无法进行更高级空间分析。sDNA 的出现弥补了这一不足。其全称是 spatial design network analysis，是由英国卡迪夫大学 Alain Chiaradia 博士、Chirs Webster 教授和 Crispin Cooper 博士共同开发的。与传统的软件 DepthmapX 相比，sDNA 是基于 ArcGIS 运行的空间设计网络分析工具，在计算、可视化以及高级空间分析方面有更多的优势。此外，空间句法的常用计算软件还有 ArcGIS Network Analyst 的一款插件 urban network analysis（UNA）以及江斌教授利用 AO 开发的 ArcGIS 插件 Axwoman。

总体来说，空间句法软件属于研究型软件，可以提供一系列量化描述城市和建筑空间拓扑形态的参数。但是其只考虑了路网环境而忽视了城市人口、用地等其他方面的影响因素，所以计算结果并不能高精度反映真实的整合度和穿行度。

6. 小库设计云（xcool）

小库设计云是由深圳小库科技有限公司开发的一款面向建筑设计师的一体化智能

云模设计平台，该平台能够辅助调整方案、智能评估和进行风格化产品组合。它可以考虑周边房价、地价、人流和周边节点业态等信息，依靠算法自动生成几个优选方案，让设计师在此基础上进行编辑和调整。在人工编辑方案时，软件在实时 3D 场景上显示实时的日照、密度等指标。

小库设计云通过人工智能技术对地块进行快速合理的方案设计，并实现对区块布局的视线通廊、日照、密度等方面的自动设计和人工优化调整。但是，目前它的自动设计还存在一些缺陷。例如，小库推荐的合理方案有 5 个维度标准：视野、间距、日照、朝向、便捷性，忽视了景观价值和栋型价值等重要属性，导致最佳推荐方案并不合理，而且逻辑算法和统计算法的运用也值得商榷。总之，建筑 AI 是对一个非常复杂的系统的优化求解，因此小库设计云还需要在这条路上经历更多的考验。

3.3.2　城市系统模拟软件

目前，成熟且广泛应用的城市系统模型多进行了计算机开发，方便用户的使用及推广。其运行计算机语言包括 Java、Python、Fortran 等；用户操作界面有借助 QGIS 等软件的插件包或 Web 端交互等形式；结果可视化多为二维平面的地图展示，通过 TransCAD、QGIS 等软件辅助进行专题制图。下面主要对 TRANUS 以及 UrbanSim 的软件或应用平台进行介绍，二者经过几十年的发展，软件开发已较为成熟，为用户提供了更为便捷的软件操作和使用平台。

1. TRANUS

TRANUS 建模系统由委内瑞拉的 Modelistica 集团开发和维护。该系统的开发始于 1982 年，从 1985 年开始有了第一批实际应用，该软件提供一个图形用户界面，该界面链接到一个智能数据库，以表现特定场景，界面直观，并提供编辑网络所需的所有工具。

TRANUS 系统的程序是在 Windows 系统下的标准个人计算机（PC）上运行的，该系统目前已实现与 QGIS 的完全集成，QGIS 和 TRANUS 都是完全免费和开源的，要安装 TRANUS，只需要安装最新版本的 QGIS，然后从插件列表中查找并安装 qTRANUS。TRANUS 由一些相互联系的程序和模块组成，主要包括嵌入 QGIS 中的用户界面，称为 qTRANUS，以及与插件一起安装的 TRANUS 程序本身。

用户基于 qTRANUS 界面（图 3-1）执行模型的大多数功能，如设置数据库，导入、导出数据到其他应用程序，运行模型，用数据和模拟结果展示地图，并制作数字报告。在以前的版本中，TRANUS 有自己的基于 Windows 的用户界面，在最新版本中，该界面已被嵌入 QGIS 中。

基于 QGIS 的用户界面，可利用 QGIS 的工具创建和编辑交通网络，并根据数据和模型的结果制作各种地图（图 3-2），被编辑的地块、路网等要素可以 shapefile 的格式存储。在 QGIS 的页面中，支持加载 Google Earth 或 OSM（open street map）地图作为背景显示，数字数据可以复制到电子表格或从电子表格中复制。

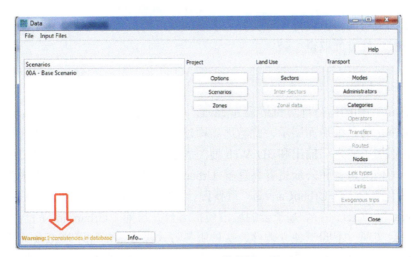

图 3-1　qTRANUS 数据输入界面

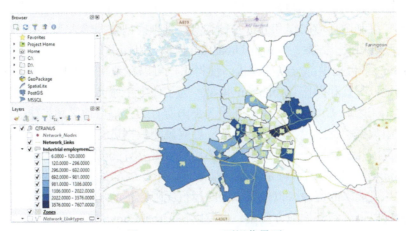

图 3-2　qTRANUS 可视化界面

qTRANUS 还包含面向对象的数据库（object-oriented database）。模型的所有组成部分，如道路、区域、人口、就业、土地等都是数据库的对象，与数据库中的其他对象保持严格的功能关系。这促进了数据库的建立，并使结果完全一致。数据库本身是一个单一的标准 SQLite 文件，可以用任何 db 文件管理器进行检查。

qTRANUS 依托 QGIS 打造了完整的图形化网络编辑工具。支持交互式地创建节点和线路、分割线路和合并线路、定义道路和许多其他设施。QGIS 还可处理任何类型的坐标系统。

TRANUS 软件及其源代码可以从 Google Code 项目页面免费下载。在 TRANUS 官方网站上有相关的文档和教程，以及英文和西班牙文的示例应用程序。网站还建设了一个在线论坛，用户可以分享他们使用 TRANUS 的经验。

总体来看，TRANUS 目前依然以软件或者插件的形式提供服务，主要面向科研人员，主要服务于具有学术性质的建模、调参、模拟过程。产品的普适性与可操作性不强，学习门槛高，不利于推广，难以满足各类用户的不同层级分析、模拟与预测需求，尤其是对于决策者而言，设计不够友好。未来的城市模拟软件需要在易用性、友好性、知识性和易推广性方面取得突破。

2. UrbanSim

UrbanSim 最初的运行计算机语言为 Java，后来软件架构更新为 Python 语言；其最初的结果可视化为二维平面展示，此后逐步构建了 UrbanSim 云平台以及基于浏览器的用户界面，增加了输入、输出和 3D Web 地图展示功能。2012 年底，随着 3D 城市可视化的出现，为使决策者和公众更容易理解 UrbanSim 模型的结果，开发团队着手创建一个 3D 可视化平台——UrbanCanvas，重新设计 UrbanSim。2017 年，开发团队推出了 UrbanCanvas Modeler，一个基于云的城市模拟平台。目前，UrbanSim 的全部功能可以在云模拟平台实现，不同于独立软件，这种服务方式极大地增加了模拟系统的易用性。

UrbanCanvas Modeler 是一个基于网络的平台，专为规划者和建模者设计，利用 UrbanSim 生成长期、小范围的社会经济预测，为区域交通规划提供信息。该平台提供交互式二维和三维制图环境制作和分析多种方案，管理模型数据输入和结果。它还支持快速创建新的政策和投资方案，并运行 UrbanSim 模拟，以探索其对房地产市场的影响。

UrbanSim 平台提供部分模型模板，使得用户可以在地块、人口普查区或区域一级的各种不同地域配置和操作 UrbanSim 模型。为了使中小城市地区尽可能地获得最先进的城市建模，街区级 UrbanSim 模板几乎为美国所有的大都市地区预先建立了模型，已经完成了收集数据、指定模型、估计参数、针对观测数据进行校准以及总结模型验证的艰苦工作。美国几乎任何一个大都市地区的用户只需要订阅就可以开始使用该模型。

UrbanSim 软件模拟的运行是依靠云端处理，不受内部计算资源的限制。云平台根据需要提供尽可能多的资源，以便可以同时运行无限数量的场景。模拟运行完成后，计算出的指标可以下载到其他地方使用，也可以在 UrbanCanvas Modeler 中可视化为特定年份或时间序列的 2D 或 3D 地图。可以计算的指标包括密度、交通网络可达性等，并支持对指标进行查询、汇总统计。

UrbanCanvas Modeler 的功能设计、组织形式以及支持系统的架构设计为城市微观仿真模拟软件及平台的开发向着高效、灵活、易用的方向不断发展提供了极大的基础，可为我国的城市模拟软件开发提供有力参考。

但是该模型主要面向美国城市提供服务，对于中国城市的地图服务方面不够兼容，此外对于知识服务的覆盖深度不足，对于跨国的使用者可能存在数据安全的风险。因此，我国的城市模拟软件产品应当注重知识服务的一站化，深入介绍城市系统模型、国土空间规划、城市规划等相关的背景概念和知识，供平台使用者深入了解和学习，同时基于国产的软件开发平台与服务器实现知识产权、技术能力的自主安全可控。

总体来看，国外的城市系统模拟软件可以为我国模拟软件或者用户平台的搭建在用户操作界面、交互逻辑等方面提供借鉴，但是国外软件在中国城市案例分析方面可以提供的功能有限，CitySPS 在此方面填补了空白，在用户友好性、知识服务水平、政策模拟分析呈现、安全可控方面发挥了优势。

参 考 文 献

赵鹏军, 万婕. 2020. 城市交通与土地利用一体化模型的理论基础与发展趋势. 地理科学, 40 (1): 12-21.

赵强. 2006. 城市模型研究的发展趋势及展望. 地域研究与开发, 25 (5): 29-31.

Capelle T, Sturm P, Vidard A, et al. 2019. Calibration of the Tranus land use module: Optimisation-based algorithms, their validation, and parameter selection by statistical model selection. Computers, Environment and Urban Systems, 77: 101146.

Chen L. 2012. Agent-based modeling in urban and architectural research: A brief literature review. Frontiers of Architectural Research, 1 (2): 166-177.

Clarke K C. 2014. Cellular automata and agent-based models. //Fischer M, Nijkamp P. Handbook of Regional Science. Berlin: Springer: 1217-1233.

Duncan O D, Scott W R, Lieberson S, et al. 2013. Metropolis and Region. New York: RFF Press.

Hunt J D, Kriger D S, Miller E J. 2005. Current operational urban land-use-transport modelling frameworks: A review. Transport Reviews, 25 (3): 329-376.

Jin Y, Echenique M. 2013. Employment location modelling within an integrated land use and transport framework: Taking cue from policy perspectives//Employment Location in Cities and Regions. New York: Springer: 133-158.

Li F, Liang J, Clarke K, et al. 2015. Urban land growth in eastern China: A general analytical framework based on the role of urban micro-agents' adaptive behavior. Regional Environmental Change, 15 (4): 695-707.

Li F, Xie Z, Clarke K C, et al. 2019. An agent-based procedure with an embedded agent learning model for residential land growth simulation: The case study of Nanjing, China. Cities, 88: 155-165.

Li X, Gong P. 2016. Urban growth models: Progress and perspective. Science Bulletin, 61 (21): 1637-1650.

Liang X, Liu X, Li D, et al. 2018a. Urban growth simulation by incorporating planning policies into a CA-based future land-use simulation model. International Journal of Geographical Information Science, 32 (11): 2294-2316.

Liang X, Liu X, Li X, et al. 2018b. Delineating multi-scenario urban growth boundaries with a CA-based FLUS model and morphological method. Landscape and Urban Planning, 177: 47-63.

Lowry I S. 1964. A Model of Metropolis. Santa Monica: USA Rand Corp Santa Monica Calif.

Pumain D, Reuillon R. 2017. Urban Dynamics and Simulation Models. New York: Springer.

Putman S H. 1974. Preliminary results from an integrated transportation and land use models package. Transportation, 3 (3): 193-224.

Santé I, García A M, Miranda D, et al. 2010. Cellular automata models for the simulation of real-world urban processes: A review and analysis. Landscape and Urban Planning, 96 (2): 108-122.

Waddell P. 2002. UrbanSim: Modeling urban development for land use, transportation, and environmental planning. Journal of the American Planning Association, 68 (3): 297-314.

Waddell P, Borning A, Noth M, et al. 2003. Microsimulation of urban development and location choices: Design and implementation of UrbanSim. Networks and Spatial Economics, 3 (1): 43-67.

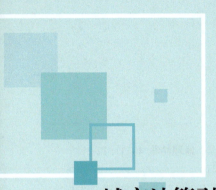

第 4 章
城市计算引擎与智慧决策平台（CitySPS 平台）

4.1 平台开发背景与内涵

4.1.1 平台开发背景

博雅智城·CitySPS 平台（简称 CitySPS 平台）是由北京大学自主研发的面向国土空间规划与城市规划的智能决策辅助系统，研发团队历时 3 年精心打磨，在国家自然科学基金和部委课题的支持下，依托自然资源部陆表系统与人地关系重点实验室，聚焦人地关系定量化模拟、科学评估和协同优化，研发能够支撑国土空间与城市规划、开发保护、建设、管理和运营等统筹治理的综合理论与技术平台。

项目研发团队具备三大核心优势，即科学研究能力、规划业务能力及融合开发能力。科学研究能力体现在依托北京大学与省部级重点实验室平台，在城乡规划学、地理学、经济学、数据科学、计算机等相关领域，具备一流的科研实力；规划业务能力体现在团队参与多个国土空间规划、城乡与区域规划、城市治理等实践决策项目，具备丰富的实践经验，深刻理解行业需求与发展动态；融合开发能力体现在产研结合，从城市复杂性原理研究，到模型算法设计，再到信息平台开发，具备全流程打通能力。

4.1.2 平台核心内涵

CitySPS 平台包括两个子平台：一个是城市计算平台，称为"城市计算引擎"；另一个是决策支撑系统平台，称为"城市智慧决策平台"。

1. 城市计算引擎

当前，我国智慧城市进程处于从"数字化、信息化"迈入"智慧化"的关键阶段，城市计算引擎成为阶段跨越的关键。城市计算引擎是指以城市复杂生命系统为理论基础，对城市复杂系统进行全系统、实时高性能量化计算、模拟与预测的科学计算平台。其具备城市系统量化解析以及决策量化表达能力，支撑城市系统计算大脑的运行，实现赋能城市智慧决策，是智慧城市建设发展到系统化智慧决策阶段的重要支撑平台。

CitySPS 平台的城市计算引擎核心基于 20 多项地理学、物理学和经济学理论，识别 30 多种城市运行规律，构建城市全系统计量模型，是对城市的人口、就业、产业、土地、住房、交通、环境等进行一体化模拟的城市模型。CitySPS 平台城市计算引擎融合城市机理模型（"白箱模型"）和数据驱动模型（"黑箱模型"），应用地理时空大数据，针对城市土地、交通、人口、产业等子系统的运行状态与发展趋势及其相互作用规律，实现精确计量、精准预测和精细模拟。其将 100 余项变量分别输入计算模块，输出结果不仅包含城市各系统核心要素的总量，如人口总量与分布、就业总量与分布、产业布局、土地需求，还包括高时空分辨率的城市要素分布量，如出行分布、交通流、交通能耗与污染排放等。

其主要核心架构包括理论解析、模型构建、数理量化、数据输入、计算机语言开发、模型有效性检验、决策输入变量、决策结果输出变量、结果可视化、用户操作界面、计算性能与时长优化、灵活可再开发性能、应用软件包等。

其核心技术与硬件支撑已实现全面国产化，自主可控。引擎的核心算法基于开源语言 Python 实现，数据分析与处理流程均在平台内部实现，不依赖任何第三方外部软件。同时，在城市计算运行基础软硬件环境方面，已实现从操作系统、服务器芯片到数据库的全面国产化。核心计算平台的服务器操作系统为华为自主研发的 openEuler 系统，服务器处理器为华为自主研发的鲲鹏 920 芯片，数据库采用基于华为开源数据库 openGauss 的 Vastbase 数据库。

其所需数据易得、数据依赖程度低。所需数据多是开放性的常规数据，在易获取的基础之上，对输入输出变量进行标准化和轻量化。并且，用户可通过软件即服务（Software-as-a-Service，SaaS）方式和数据即服务（Data-as-a-Service，DaaS）方式提供城市计算和知识服务。

城市计算引擎是开启"智慧化"时代的里程碑。CitySPS 平台以城市计算引擎技术为核心集成开发构建了城市智慧决策平台。集成城市计算引擎的新一代城市智慧决策平台不仅可实现计算结果时空可视化交互、数据集成服务功能，还在数理内核驱动、核心模块计算、智慧决策模拟、监控预警预测等方面取得重大突破。

2. 城市智慧决策平台

CitySPS 平台的城市智慧决策平台是在城市计算引擎平台基础上的系统化决策支撑平台。该平台是智慧城市领域的应用型软件，程序语言与算法、数据流程、编程环境及页面设计都与国土空间规划、城乡规划和城市管理等行业业务知识深度融合，是辅助实现智慧决策阶段的新型工具。其旨在创新智慧城市关键核心技术，推动智慧城市由"数字化、信息化"阶段向"智慧化"阶段跨越，集数字平台、业务平台、决策平台于一体，推动城市治理精细化、科学化、智能化变革。

CitySPS 平台的核心内涵为"科学计算，决策赋能"，聚焦决策中枢功能，推动场景应用落地，挖掘数字底座价值。其服务对象包括政府部门、规划院与设计院、地产行业、智慧城市平台建设服务商等相关部门或机构，提供多种服务模式和部署方式。在功能方面，包含城市计算、城市预测、城市决策三大核心功能，提供基准推演与决策模拟功能方案，内置标准化数据与地域性参数，既可以支持规划评估，又可以支持用户的实时决策，对规划方案和用户决策进行指标化表达与量化计算。其整体工作原理为：首先用户端提供四种类型的决策行为（实时决策方案、规划与设计方案、拟解决的城市问题类型与区域、发展目标或愿景），平台对这些决策进行量化表达，然后输入城市计算引擎，得出决策绩效指标和最优路径推荐。该平台可以提供多个部门和跨部门的多场景应用评估、模拟与预测，具体的流程是：决策行为量化表达→进入模型→各类要素推演→得出系列结果→辅助监测与决策。通过城市智慧决策平台可以对不同政策和规划方案（如低碳城市、城市更新等）进行模拟与预判，开展场景"试错"，对比多个方案，最终选择针对城市问题和发展愿景的全局最优方法。更重要的是，通过城市智慧决策平台可以对多个部门的同时决策进行系统化评估，突破了传统的单一部门、单一目标的决策，为解决我国城市治理过程中部门间难以协同、存在"多龙之水"的问题，提供系统化决策支持工具。

该平台研发采取用户友好操作，分析结果通过 3D 可视化、地图展示、指标详情浏览等方式展现，并提供一站式结果报告生成与下载服务。同时，可以在数据指标设计、数据集成管理等方面实现本地化定制服务。

4.2　平台整体定位与特色

4.2.1　整体定位与核心价值

1. 整体定位

CitySPS 平台是感知力强、科学性强、落地性强的国土空间规划与城市规划智能决策系统，提供规划—建设—监测评估—治理一体化服务。作为新一代智慧城市平台，其内涵总体上可概括为"科学计算，决策赋能"，针对传统智慧城市决策能力相对薄弱、无法支撑多场景应用、无法有效挖掘数字资产价值的问题，城市计算引擎和城市智慧决策平台以"决策中枢"构建为核心着力点，以城市全系统计量模型和时空大数据融合为技术手段，以"高性能计算平台"为载体，以"信息赋能""知识赋能""智慧赋能"三大方式，实现与传统智慧城市平台的对接与融合，向上支撑多场景决策应用，向下挖掘数字资产价值。

具体而言，在数据层面，传统智慧城市平台多以数据集成与可视化功能为主，数据挖掘与利用不足，CitySPS 平台通过城市计算模型引导构建"城市标准信息库"，融合多模态多语义数据，打造城市智脑"信息底座"，实现对传统智慧城市平台的"信息赋能"。在理论层面，传统智慧城市平台缺乏对城市发展运行规律的解析能力，CitySPS 平台以城市复杂系统科学研究为基础，构建机理模型和数据驱动模型相结合的混合模型，支持对城市演进趋势的预测和模拟，实现对传统智慧城市平台的"知识赋能"。在应用层面，传统智慧城市平台缺乏城市治理智能决策能力，CitySPS 平台构建多场景、多维度智慧决策体系，具备调控政策全覆盖、可量化、决策场景关联融合，决策影响全面评估等特点，实现对传统智慧城市平台的"智慧赋能"。

2. 核心价值

CitySPS 平台在科研、实践、产业三个方面创造核心价值。

在科研方面，创新智慧城市关键核心技术，包括城市全要素数理模型体系构建技术、城市与区域多维度全时空感知技术、规划方案与空间政策量化响应技术等。在实践方面，推动城市治理精细化、科学化、智能化变革，以城市治理需求为导向，以科学决策为目标，融合新一代信息技术与行业智识，实现对城市的充分感知，提前预警，动态模拟和智能决策。在产业方面，探索新一代智慧城市产业发展模式，以信息赋能、知识赋能、决策赋能三大方式，推动 BIM、CIM、国土空间规划"一张图"等平台建设朝着更加智能化的方向发展。

4.2.2 定位特色

CitySPS 平台定位体现出感知力强、科学性强、实践性强三大特色。

（1）感知力强：CitySPS 平台涵盖国土空间与城市多模态多语义数据，包括地理基础信息大数据、生态环境大数据、社会经济大数据、卫星遥感大数据等多种来源，数据精度高，覆盖领域广，能够准确反映城市各个方面运行状态；同时，CitySPS 平台深度运用手机信令等大数据，能够快速感知城市社会经济运行变化态势。

（2）科学性强：CitySPS 平台建立了完善的城市全系统计量模型，针对城市土地、交通、人口、产业等子系统的运行状态与发展趋势，实现精确计量、精准预测和精细模拟。CitySPS 平台自研多项城市时空分析与预测专利技术，如基于手机信令数据的复工趋势预测技术、人口流动模拟预测技术、人员流量预测方法等，全面提升了城市计算与模拟的科学化水平。

（3）实践性强：采用信息化平台开发模式，面向城市空间决策需求，预设多项国土空间规划应用场景和城市战略实施路径，同时提供支持核心调控指标自由组合的"政策工具箱"，可以为城市现代化治理提供智慧决策支撑。

4.2.3 技术定位

CitySPS 平台采用融合型架构进行功能开发。CitySPS 平台充分利用浏览器/服务器（browser/server，B/S）架构与客户端/服务器（client/server，C/S）架构优势，提供数据校核与输入、城市计算与模拟，智慧决策与服务一体化解决方案。在城市计算与交互展示方面，运用 B/S 架构模式，将计算代码和数据库部署于高性能计算服务器上，以浏览器方式提供多场景可视化展示，满足多样化的用户交互需求。在数据处理与挖掘方面，利用 C/S 架构开发了数据管理与校验工具，方便实现对外部输入数据的导入与清洗、对地域性参数的自动化运算，以及数据校核和标准化处理等功能。

CitySPS 平台城市计算引擎的计算功能采用模块化组织方式开发。CitySPS 平台的系统模型从功能上分为人口与就业、房地产与用地、交通需求、交通流分配等多个相互关联又相对独立的子系统，开发过程也对应采用模块化方式组织。该模式下，计算功能模块按照"高内聚低耦合"原则进行分解重构，子模块内部的计算要素之间关联程度高，体现出高内聚性；子模块与子模块之间的开发依赖程度则相对低，体现出低耦合性。基于模块化架构，多个子模块可以实现相对独立的并行开发与维护，单一模块的优化调整不会对其他模块的开发产生关联影响，从而达到开发维护便捷、优化迭代快速的目的。

城市计算引擎开发具备高度的自主化特点。该平台使用开源语言 Python 实现核心业务逻辑和参数计算，不依赖外部第三方软件，全部计算与分析功能于 CitySPS 平台内部实现。CitySPS 平台运行的软硬件基础设施方面，主要以华为发布的 openEuler 系统作为服务器操作系统，计算服务器的处理器为华为自主研发的鲲鹏 920 芯片，数据库采用基于华为开源数据库 openGauss 的 Vastbase 数据库，支持高并发和高性能等特性。整体上，CitySPS 平台实现了核心算法开发的自主可控，以及运行基础平台从操作系统、服务器芯片到数据库的全面国产化，满足"核心技术必须掌握在自己手中"的自主化需求。

4.3　平台功能与构成

4.3.1　三大核心功能

CitySPS 平台面向国土空间规划与开发、城乡规划与建设等多个行业领域，包含城市计算模拟、城市预测预警、城市智能决策三大核心功能。

（1）城市计算模拟：CitySPS 平台精确计算城市各系统核心要素，包括城市人口总量与时空分布、用地规模与土地功能演变、房屋存量增量及供需态势、产业空间结构与发展趋势、城市交通路径与个人出行链、公共服务设施供需匹配关系等，实现了对人、地、房、产、路、公共服务的全覆盖计算。

（2）城市预测预警：CitySPS 平台模拟城市用地模拟与演变、房地产价格、人口与就业分布、交通需求分布、交通方式分担与路径分配等子系统的相互作用关系，揭示城市要素间的循环互馈机制，融合多源时空大数据，探索城市系统发展规律，发现人地关系演化特征，预判城市问题趋势，预演城市要素发展，预警城市风险灾害，预测区域经济、人口、土地、房价、交通各子系统和城市整体系统变化；精细到 250m 空间单元和每小时的变化，实现网格级的精细化预测，子模块总体精度达 80%以上。

（3）城市智能决策：CitySPS 平台设置决策调控功能，辅助城市发展目标评估、城市问题预判与应对；支持规划、建设、实施评估、管理、预测预警、动态监测全周期决策过程；把控三大类核心可调指标、支撑八种城市战略实施路径；服务多层级国土空间规划与管理，覆盖空间规划与城市治理核心业务；支持总体规划、专项规划、详细规划等的编制与管理；面向国土空间规划与开发、城乡规划与建设等多个行业领域，提供多部门多场景解决方案，支撑智能社会治理，赋能行业技术升级。

4.3.2　平台功能架构

CitySPS 平台的整体架构由"模型构建系统"和"平台应用系统"两大部分构成。模型构建系统是 CitySPS 平台的基础原理和支撑数据部分，分为"城市标准信息库"和"城市全系统计量模型"两个模块；平台应用系统是平台的技术实现和使用功能部分，分为"数据管理平台"、"城市计算引擎"以及"客户服务平台"三个模块（图 4-1）。

1. 模型构建系统

CitySPS 平台城市计算引擎采用城市全系统计量模型，该模型是 CitySPS 平台模型构建的理论基础。该模型将复杂性理论与方法应用于城市研究，包含人口、土地、交通、产业等城市主要子模块，构建了城市系统时空分析的完整框架。内部模块之间通过关联变量，可以模拟城市要素相互间的影响互馈作用，还可以模拟和预测城市系统的复杂动态行为。

城市标准信息库是 CitySPS 平台模型构建的数据支撑。信息库覆盖了城市主要子系统的各类关键量化指标，精准感知城市运行状态，作为系统进行分析模拟的基础性输入。其数据具备如下特点：一是来源多渠道，数据包含手机信令数据、行业部门、互联网公开数据、统计年鉴等不同来源，覆盖城市运行多个维度；二是时空多尺度，包含城市群、城市、行政区、片区、社区、设施与建筑等不同尺度，实现从宏观到微观的全覆盖；三是高度标准化，数据可获得性高，适用于不同地区、不同类型的城市。

2. 平台应用系统

城市计算引擎是 CitySPS 平台的核心功能支撑模块。城市计算引擎是城市全系统计量模型原理算法的代码实现，通过高性能服务器软硬件环境的支持，执行城市计算核心功能，通过客户服务平台提供输出结果，响应用户在数字化城市治理活动中的各类需求。城市计算引擎包含四个内部模块，分别是数据导入层、数据持久化与管理层、技术方案层、功能与接入层。数据导入层的功能是接收数据管理平台的标准化变量和地域性参数；数据持久化与管理层的功能是针对各项数据，基于数据库技术进行系统化存储与管理；技术方案层包含支撑平台计算的大数据技术、量化模拟技术、城市要素推演技术、政策场景分析技术等；功能与接入层直接向客户服务平台提供计算结果与数据接入支持，包含功能模块与接入模块，涉及系统的分析计算模块、数据管理模块、系统管理模块，以及 API 网关、反向代理、负载均衡等。

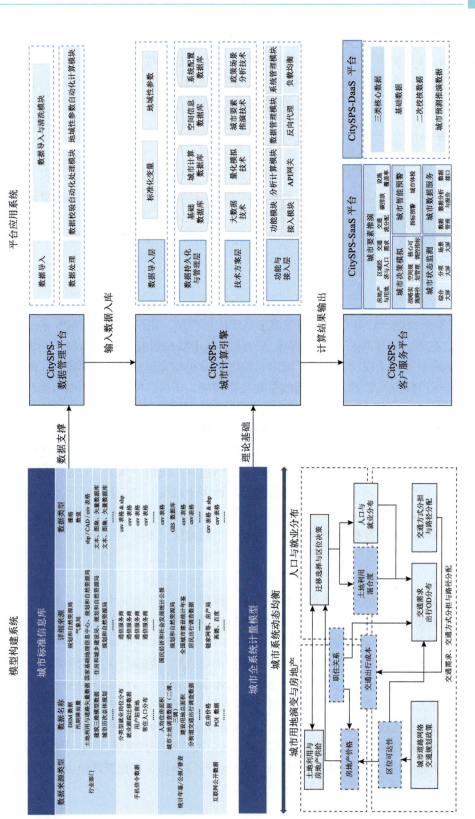

图 4-1　平台整体架构示意图

客户服务平台是 CitySPS 平台的对外服务功能模块。客户服务平台基于浏览器端运行，实现用户需求交互、展示城市计算结果、提供可视化展示等功能，服务方式有 SaaS 和 DaaS 两种。SaaS 平台面向决策，向用户提供城市智能化决策的五大核心功能：城市要素推演、城市决策模拟、城市状态监测、城市智能预警和城市数据服务。城市要素推演主要是通过构建城市全系统计量模型，量化评估城市子系统的各类要素在未来时段的发展演化态势。城市决策模拟针对城市未来政策调整与重大项目规划等，修改调控指标和更新规划方案，模拟决策结果。城市状态监测对基准预测及政策场景输出的城市状态评价指标结果，进行高度集成化的可视化展示。城市智能预警基于对城市核心问题的监测，提前预判风险项目，主动预警，并提供相应的政策调整意见。城市数据服务提供数据系统管理、数据查阅、数据统计分析、一键式报告等功能。DaaS 平台向用户提供城市感知数据与分析预测结果的直接下载功能，包含基础数据、二次校核数据、城市预测推演数据等。

数据管理平台是 CitySPS 平台用于输入数据预处理的运营管理模块，作为数据从本地存储进入平台服务器数据库的流程化管理工具，由平台运营方维护和使用。数据管理平台的核心功能有两个，一是"数据校验自动化处理"：对"城市标准信息库"中的各类数据进行自动化的标准化审查，确保数据项目完备，数据属性字段符合要求，才能导入城市计算引擎；二是"地域性参数自动化计算"：针对不同类型、不同规模的城市，通过自动化计算得到一套针对城市的地域化参数，从而确保 CitySPS 平台在不同城市运行时具备普适性。

4.3.3　平台工程架构

CitySPS 平台的工程架构，主要基于浏览器/服务器（B/S）架构模式运行，采用前后端分离模式建设（图 4-2）。

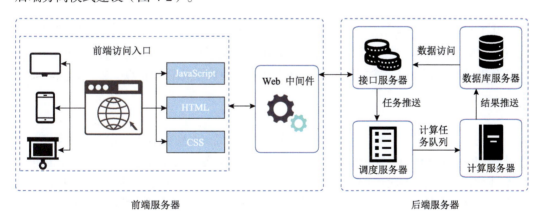

图 4-2　平台工程架构示意图

前端服务器为网页的静态内容部分提供支持，前端页面采用 JavaScript、超文本标记语言（hypertext markup language，HTML）、CSS 等语言编写，运用 VUE 框架开发，采用 Echarts 等库实现数据可视化。后端服务器提供系统管理、服务调度和数据访问等基础服务，根据用户端请求进行响应，并且返回数据。通过 RESTful-API 方式与前端实现交互，主要以轻量级数据交换格式 JSON 传递数据。

该平台的后端服务器包括接口服务器、计算服务器、数据库服务器、调度服务器四种。

计算服务器是后端模块的核心组件。计算服务器上部署和运行 CitySPS 平台模型的算法模型代码，通过高性能计算服务器执行分析计算，并将结果推送至数据库服务器。其核心算法代码主要由 Python 语言编写，用到的第三方数据库包括 pandas、Numpy、geopandas、NetworkX、GDAL 等。服务器硬件采用多核心高性能中央处理器（central processing unit，CPU），同时具有较高容量的运行内存，模型算法代码采用多线程运行，以提升计算处理效率。

数据库服务器上部署和运行高性能数据库系统，CitySPS 平台的所有基础数据和运算结果都通过数据库进行管理和维护。CitySPS 平台系统数据库具有如下特点：一是具备较强的空间分析能力，数据具备空间多尺度特征，同时数据量较大，如涉及城市交通路径达到 100 万级，个人出行链数据达到 10 亿级；二是具备高可用性，CitySPS 平台运用于城市数字化治理生产环境，在故障时间、修复时间、数据丢失容率等指标方面具有较高性能。

此外，接口服务器和调度服务器为后端服务提供支持功能。接口服务器在前后端之间实现访问请求和数据传递；调度服务器则承担计算任务队列的管理任务，向计算服务器提交任务请求。

4.4　CitySPS 平台优势

4.4.1　面向智慧决策的平台定位

基于高性能的城市计算引擎，CitySPS 平台面向城市治理决策需求，推演不同类型的城市战略实施路径，推荐全局最优化政策组合，支撑城市治理智慧决策。CitySPS 平台具有决策全覆盖、决策全流程、决策动态化、决策协同化四个特点。

1. 决策全覆盖

CitySPS 平台决策全覆盖体现为政策场景覆盖和城市要素覆盖两个方面。政策场景包括目标战略、发展格局、绿色生态、土地集约、公共服务、文化特色、设施韧性、城市更新等国土空间规划主要应用场景，通过核心调控指标模拟不同的城市发展战略；同时，决策涉及的城市要素包括人口、交通、土地、房价等各方面关键指标，量化模拟各要素的自身发展趋势以及要素之间的相互作用关系，体现城市决策对城市多维度的综合性影响。

2. 决策全流程

CitySPS 平台覆盖了监测感知—问题诊断—地理解析—过程模拟—情景预测—评估

预警的城市治理与决策全过程，准确识别城市发展问题、进行因素判定、模拟城市发展图景、预测城市未来发展进程、提早预警提前干预，从而助力城市决策者有效把握城市治理与干预实施的最佳机遇，提升城市治理现代化水平。

3. 决策动态化

CitySPS 平台能够通过修改相关调控指标，随时跟进城市的发展变化与政策更新。城市发展具有较大的不确定性，针对政策调整以及重大项目规划等情况，通过修改核心调控指标和动态更新规划方案，及时响应新政策与规划实施。CitySPS 平台能够准确、及时地应对不同类型、不同级别政策，及时跟进国家五年规划、国家与地方的年度发展计划，确保城市发展跟着政府目标走，预判政策对城市发展影响的同时，辅助城市选择最符合国家与地方现阶段战略的发展模式。

4. 决策协同化

CitySPS 平台能够准确模拟政策实施带来的多维度影响效应。城市是多系统多要素构成的有机整体，任何政策的实施都会产生牵一发而动全身的影响效应。基于城市全系统计量模型的理论架构和计算框架，CitySPS 平台可以通过输入的各类决策调控指标模拟现行政策，判断特定政策的综合效应。例如，土地的开发建设会对城市的交通网、交通设施配置以及居民交通出行需求产生影响，而交通情况会影响城市区域房价。除此之外，CitySPS 平台还可以辅助进行多场景下的综合决策制定。例如，智慧社区建设决策需要综合运用人口、交通、经济、土地、基础设施、公共服务等模块分析预测结果，以支持社区整治更新、公共服务配置、应急救灾等方面的政策制定，推动社区治理实现精细化、科学化、智能化变革。

4.4.2 科学机理与数据驱动融合

CitySPS 平台基于以复杂性科学为代表的城市科学理论，构建城市系统化计量模型，能够精确刻画城市复杂系统内部关联互馈的影响作用机制。同时，通过机理模型与数据驱动模型相结合的方式，进一步提升 CitySPS 平台进行城市计算和决策模拟的精度。

1. 城市科学理论基础

CitySPS 平台基于复杂性城市科学理论，自主研发了"城市全系统计量模型"，建立了城市复杂性时空分析的完整框架。CitySPS 平台的理论内核是基于新城市科学、城市信息学和以整体性研究为范式的复杂性科学理论，将城市视为一个复杂、非均衡的动态系统，构建覆盖城市关键要素的全系统计量模型，通过理论、数理模型、机器学习算法等方式挖掘城市演化过程及动力机制，并进一步预测城市系统的演化和发展路径。复杂性城市科学研究的理论框架奠定了 CitySPS 平台在进行城市分析与推演时的科学性基础。

2. 城市要素关联互馈

CitySPS 平台能够推演城市要素间的相互作用关系，刻画城市系统运行的内部机制。CitySPS 平台选择对城市子系统之间相互作用关系具有较好刻画作用的关联变量，如就业与产业布局、国土空间地理格局要素、房地产价格、交通出行成本、土地利用类型强度混合度以及区位可达性（房价排斥与交通可达性）等，模拟子系统间的相互影响和反馈机制，从而将城市多个子系统有机组合为综合性的城市系统模型，形成对城市单要素与特定政策措施全局性影响分析的计算框架。

3. 数据驱动融合优化

CitySPS 平台采用机理模型与数据驱动模型结合的混合模型方式，即以机理模型为主体，同时在部分子系统中增加数据驱动模型（主要是机器学习模型），对机理模型的计算和预测结果进行校核。机理模型可以得到研究对象输入到输出之间的明确映射关系，数据驱动模型则是脱离理论假设和物理模型，得到输入和输出之间的映射"黑箱"，然后针对其他输入条件进行计算和预测。基于混合模型，CitySPS 平台既能够反映城市系统运行的内部结构和机制，又能够充分挖掘和利用城市大数据的价值，通过两者的相互补充和校核，获得更好的数据分析和模拟预测结果。

4.4.3 量化精确的城市计算

CitySPS 平台通过三大主要技术路径，实现了量化精确的城市计算，分别是城市状态的多维度全时空感知技术、基于量化算法的科学计算与推断技术、地域普适化处理技术。

1. 多维度全时空感知技术

CitySPS 平台应用可变尺度的多源异构时空大数据，实现针对城市状态的多维度全时空感知。CitySPS 平台的城市标准信息库涵盖人口普查数据（人口数量、结构及变化趋势等）、手机信令数据、地理基础信息数据、经济普查数据（产业结构、经济增长率、就业规模等）和土地调查数据等多个维度。同时，这些数据既包括历史数据与现状数据，又包括发展趋势、模拟分析等数据，可以对城市运行多维度和时空演进趋势进行全面把握。另外，数据精细化程度高，通过网格尺度的高精度空间数据，精细反映城市毛细血管级的运行状态，如通过十亿级微观手机信令数据，可以精确感知城市人口的职住分布状态、出行特征与模式，从而为基础设施和公共服务设置的优化和规划布局提供关键信息。

2. 科学计算与推断技术

城市计算引擎使用城市全系统计量模型算法分析城市发展现状，挖掘城市发展变化，刻画城市演变规律，为城市规划管理与政策决策提供参考和引导。城市计算和模拟过程全部基于量化模型算法，如土地功能变化的预测，运用 Markov、Logistic 回归、CA 等算法复合构建 Logistic-CA 模型；交通需求分析基于海量手机信令数据，运用出行率-出行链复合模型，反演城市交通分布 OD 矩阵（源点-终点矩阵）等。通过一系列城市计量算法的集成应用，形成完善的科学计算与推断过程，确保城市分析与模拟得到明确易用的量化结果，且具有较高的感知和预测精度。

3. 地域普适化处理技术

CitySPS 平台考虑不同地区、不同城市的差异，在数据收集、分析、决策全流程上应用地域化参数。在数据收集阶段，通过收集不同地区的手机信令数据、基础地理信息数据、经济数据、行业部门与统计年鉴数据等，确保基础数据库的地域性支撑能力。在数据分析阶段，结合国家对不同城市或地区的政策要求，综合考虑各地发展阶段、城市现状、城市发展战略、国土空间规划条件等因素，计算得到地域化参数，使分析模型能够针对不同城市，选取最符合该城市发展规律的模型参数来进行推演分析与预测，增强模型针对特定城市和地区的计算模拟精度。在政策辅助制定方面，考虑不同类型、不同发展阶段城市在未来发展过程中的规划理念差异，提供针对性的城市发展路径建议，提升政策制定的地域适配能力。

4.4.4　多维拓展的技术架构

CitySPS 平台具有多维拓展的技术架构，体现在功能模块可优化、场景路径可定制两个主要方面。

1. 功能模块可优化

CitySPS 平台具有模块化的功能组织特征，分为人口与就业、房地产与用地、交通需求、交通流分配等多个相互关联又相对独立的子系统。CitySPS 平台可以基于城市研究最新成果，及时跟进城市发展当前目标，开发新的城市分析功能模块，提升平台预测与模拟决策的全面性和可用性。CitySPS 平台在多个环节留有接口，支持新的外挂模块接入，如交通管理与政策、交通方式与设施升级更新等。CitySPS 平台输入和政策工具箱等环节，可根据需求接入新的指标，如 GDP 增长量、碳排放与碳吸收因子、全市机动车总量、公共交通定价等。

2. 场景路径可定制

CitySPS 平台具有高度的政策场景与路径开放性。CitySPS 平台内部设置生长城市、收缩城市、全龄友好城市、紧凑城市、存量更新城市、生态城市、低碳城市和韧性城市等多种城市战略实施路径，城市管理者可以结合城市发展现状与自身规划需求，评估各种路径下的政策实施效果，选择最优的城市发展策略。同时，CitySPS 平台可以通过"政策工具箱"工具，根据城市治理现实需求，将经济、交通、土地、人口等不同类型的政策调控路径进行自由组合，开展政策实施效果的综合性对比评估，从而为城市管理者的研判和决策提供较高自由度。

4.4.5　自主可控的安全体系

CitySPS 平台通过全流程自主开发、运行环境国产化两大模式，确保信息安全自主可控。

首先，CitySPS 平台自主创新研发了多项城市分析技术，并获得相关专利，如"基于手机信令数据的复工趋势预测方法及系统"、"基于信令数据的人员流量预测方法、装置、设备及介质"以及"人口流动模拟预测方法、装置设备及介质"等。此外，城市计算引擎的核心算法基于开源语言 Python 实现，数据分析与处理流程均在平台内部实现，不依赖任何第三方外部软件。基于核心技术自研优势，CitySPS 平台能够确保在可控环境下，不断发展和优化模型内核。

同时，在城市计算功能运行的基础软硬件环境方面，CitySPS 平台实现了从操作系统、服务器芯片到数据库的全面国产化。核心计算平台的服务器操作系统为华为发布的 openEuler 系统，计算服务器的处理器为华为自主研发的鲲鹏 920 芯片，数据库采用基于华为开源数据库 openGauss 的 Vastbase 数据库。城市信息化平台汇聚了城市建设发展、经济社会运行的多维度关键数据，信息安全成为平台可持续发展的重要前提，完全国产化的城市计算运行环境为信息安全提供了底层保障。

4.4.6　灵活嵌入的数据服务

CitySPS 平台对外提供灵活嵌入的数据服务，具备多尺度、全覆盖、高精度、平台对接便利等特点。

首先，CitySPS 平台数据服务具备多尺度、全覆盖特点。CitySPS 平台包含全国不同地区、不同城市数据，覆盖人口、经济、基础地理、交通等多个维度。在尺度层面上，涵盖建筑单体—社区—街道—区划—市级—城市群不同尺度。在时间层面上，既包括城市历史数据与现状数据，又包括推演趋势和模拟分析数据，即通过 CitySPS 平台的要素推演与城市决策模拟、预警等功能，输出城市自然演进或不同干预措施下的状态与预警指标，辅助决策者更好地制定城市发展战略。

其次，CitySPS 平台的城市计算引擎对各项输出数据进行了精度优化。通过数据清洗、特征挖掘、扩样校核等方式，对手机信令大数据、开源网络数据等进行二次加工，全面提升了初始数据的精度；同时，通过构建混合模型的方式，机理模型与数据驱动模型相互校核，提升了 CitySPS 平台预测数据和模拟决策分析结果的准确性。

同时，CitySPS 平台可以通过提供数据访问接口，或直接下载等方式，以 CSV、TIF、JSON、SHP 等多种数据格式，实现对外输出。CitySPS 平台内的各类基础数据、二次校核数据、分析结果数据等，均能够与现有的第三方城市信息化平台实现便利对接，如 CIM、BIM、数字孪生、国土空间规划"一张图"等，实现数据的共享互通，全面提升 CitySPS 平台的应用广度和深度。

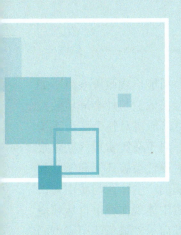

第5章
量化模拟模型设计

量化模拟模型是 CitySPS 平台城市计算引擎的核心。通过构建城市全系统计量模型，对城市人口、土地、交通等现象和过程进行量化分析和深度计算，从而构筑 CitySPS 平台的科学底座。系统模型由多个子模块构成，模块内部与模块间存在关联变量和数学关系，关联变量和数学关系用来量化模拟多个模块内部与模块间的相互影响和反馈。本章将从模型顶层设计的角度介绍城市全系统计量模型的构建方法和该模型的核心功能，即实现城市系统的动态模拟。本章主要包括系统模型架构、计量算法设计、模型迭代与决策模拟三个部分。系统模型中子模型构建的理论基础以及计量模型设计将在第 6 章和第 7 章展开介绍。

5.1 系统模型架构

5.1.1 决策需求导向

我国城市系统模拟模型的研究仍处于起步阶段，应用于中国国土空间规划实践与政府智慧决策支撑的模型研究，从原理角度应考虑我国规划实践的实际流程以及规划政策的实施效力。不同于西方国家的城市开发由多元主体共同作用以及协商的模式，我国的城市规划具有部分强制性以及政策强干预的特点，尤其是对土地利用的管控以及建设用地规模的管制是区别于西方城市模拟模型的一个重要部分。因此，本书提出的模型从支持我国国土空间规划实际业务以及政府决策评估的角度进行设计，纳入了对"三区三线"控制、土地使用类型划定等我国规划制定过程中限定条件的模拟；结合我国当前发展条件下的政策方向，使得模型具备评估规划目标与决策方向（如房价控制、人口规模控制、建设用地控制、绿色建筑推广、节能减排）对城市系统运行状态影响的功能。

当前，我国政府决策面临四大主要困境。第一，政府部门、机构存在"条块分割"、职能交叉以及跨机构沟通协作困难等问题，各部门之间缺乏信息共享平台，跨部门合作缺失。第二，由于缺少对政策实施效果的精准预估途径，可能出现政策效果不如预期、决策的社会经济效益低下等问题。政府决策往往需要在经济效益与社会环境效益中权衡，需要多路径投入-产出对比的支撑。第三，局部的项目落地将对整个城市系统产生影响，当前政府决策对这部分的溢出效应关注不足。第四，对于政策实现预期效果所需时间的预估不足，可能导致长短期决策配置失调、决策的时序性被破坏等问题。与此同时，在我国高速城市化的过程中，城市病层出不穷，城市病的产生往往与城市人口和经济的迅速增长及城市规划和管理不善相关，这些城市问题集中体现在城市自然环境以及居民生活和社会环境的恶化。决策困境以及城市病的肆虐都启示着重新认识城市的整体性与系统性，避免将城市的各个要素孤立看待。城市各子系统之间复杂交错，对某一个子系统的专门研究难以反映问题的真实全貌。

5.1.2　理论创新导向

　　近年来，城市规划学科在信息科学、系统科学的影响下走向了新的工科方向，新城市科学应运而生。新城市科学鼓励通过发现驱动和理论引导方法对建成环境中的自然现象和社会现象进行研究，希望采用来自自然和社会科学的观测或测量数据及科学方法理解城市动态规律，其具有机理与数据驱动相结合的特点。在新城市科学的框架下，城市研究以及城市治理工具的研发正发生着巨大的创新突破。

　　城市是复杂的系统，其功能取决于许多社会、经济和环境因素（Bettencourt，2013）。城市是由人、地、房、产、交通等多种要素和流、场、网络构成的复杂系统。系统内部随着时间和空间发生复杂的交互作用，这些作用难以被观察和捕捉到，因为其中存在着多种尺度、规模的作用方式。城市复杂巨系统的内部包括经济、社会、政治、环境等子系统，这些子系统随着人、技术需求的发展而发生变化，系统发展中的信息和物理过程由技术系统支撑。城市内的资源流、物质流、人口流、信息流为主动性载体，散布、渗透至土地利用等空间载体之中，促使子系统发生互动。

　　当前主流的城市模拟模型主要是构建土地利用和交通子系统的模拟及相互作用模型以及基于复杂系统的 CA 模型或者 ABM。土地利用子系统考虑城市活动的空间分布，往往基于随机效用理论或地租理论构建离散选择模型进行区位选择模拟。交通子系统则根据城市活动空间分布与路网情况评价城市交通可达性，并利用空间相互作用理论或空间经济学理论构建重力模型、MNL 模型或空间投入-产出模型，来模拟交通流量分配过程。对城市系统的模拟正向着微观化、综合化、简约化的方向发展。然而，已有城市系统模拟模型所涵盖的城市要素不完全，难以模拟和预测城市全要素运行状态。例如，以 UrbanSim 为代表的系统模型在土地利用模块主要刻画了人口与就业活动的空间分布，而对城市用地分类以及用地演变无法预测，而以 CA 模型为代表的城市复杂系统模型则缺少对城市社会经济层面的考虑，且当前的综合城市模型对城市交通系统，如微观的交通流量分配、城市拥堵问题均响应不足。

　　新城市科学、城市信息学和以整体性为范式的系统科学、复杂性科学的发展，为城市模拟、城市治理提供了新的视角：将城市视为一个复杂、非均衡的动态系统，通过理论、数理模型或机器学习算法，对客观事物演化的过程以及动力机制进行挖掘，并进一步预测城市系统的演化和发展路径。城市系统模拟与预测模型的设计需综合区域人口、经济、土地利用、交通等子系统的相互作用，并加入对自然资源条件、政策影响等要素的考虑。

5.1.3 基于复杂系统理论的模型架构

遗传算法之父约翰·霍兰是复杂适应系统（CAS）理论的开创者之一，以其提出的基本概念框架研究城市，可提供城市作为一个复杂适应系统，自行组织、处理信息甚至进化学习的新认知视角。霍兰认为，复杂适应系统是由用规则描述的、相互作用的主体组成的系统。这些主体随着经验的积累，靠不断变换其规则来适应。他提出复杂适应系统具有 4 个特性（聚集、非线性、流、多样性）和 3 个机制（标识、内部模型、积木）这 7 个基本特征。城市作为一种复杂适应系统也具备这 7 个基本特征（霍兰，2019）。刘春成（2017）、仇保兴（2018）等学者对城市作为一个复杂适应系统的概念以及特征进行了归纳，本书将借鉴其部分研究成果。

1. 城市复杂系统的动力过程

城市演化的内动力是城市内部各主体、要素流、子系统相互之间的能量调整与物质分配。内动力以"流"的形式影响城市系统，使城市各子系统之间物质和能量分配合理、组成完整，并形成非线性发展的特征。城市发展的内动力为经济发展，外动力为政治权利过程和技术过程，同时城市发展受到生态环境容量的约束（石崧，2004）。城市系统在多种动力的作用过程中形成了一种由平衡到不平衡再到平衡的动态演化规律，这一动态过程使城市系统涌现的机会大幅增加，不断地产生新值，在交织的多样状态中发展，塑造城市的多样性（杨大伟等，2008）。

对于城市复杂适应系统而言，其主体可看作是城市中的人。人是城市中最活跃、最复杂的随机因素，城市空间是被人所塑造的，人类活动和人类社会的复杂性是城市复杂性的基础。正如空间生产理论所认为的，"空间是社会的产物"，空间会由于受到各种政治、社会、经济力量的影响而被建构与重造，在这个过程中，人起着至关重要的作用，事实上空间的生产涵盖着社会关系的再生产。

进一步地，主体间通过聚集形成一种更大、更高层次的主体。新的主体将产生单个主体所不具备的特质。人与人的聚集形成家庭、组织、企业等主体，这些主体的聚集形成街区、社区等空间形态，进一步的聚集形成乡镇乃至城市、城市群。主体的空间聚集呈现出非线性的规律，人的聚集可产生集聚效应，促使新的城市功能产生；企业的聚集形成产业，而产业的聚集将产生规模效应，促进城市的发展与扩张。

城市中的聚集是一种非线性的结合，赋予了城市非线性发展的特征。城市系统各部分的行动并不简单地相加为整体的活动（Crooks，2012），即整体不等于各部分之和，这是由于主体之间的互动不是简单的、单向的因果关系，而是主动的相互适应。经济学中的规模报酬理论以及干中学理论（经济中的资本积累越多，则生产的技术水平越高，工人在生产中可以不断提高生产效率）都是城市系统发展非线性的一种体现。

主体之间物质、能量与信息的流动称为要素流，主体间的互动通过"流"来实现和传递。CAS 理论认为"流"在主体间传递，顺畅的"流"可以促进主体间的互动，而"流"的不顺畅则会阻断主体间的联系，"流"的传递速度以及传输渠道都将直接影响系统的进化。城市内部的物流、交通流、信息流都属于要素流，尤其是随着信息革命的深入，非实体的"流"如信息、数据的重要性不可忽视。要素流的效果表现为乘数效应和再循环效应。

主体之间的聚集、互动、不断适应最终塑造了多样性。在 CAS 中，主体受到其他主体状态的影响，因此其他主体的变化会引起该主体自身的变化。这种过程无时无刻不在系统内发生，它作为一种适应过程有利于保持系统的持续更新。由于城市系统内适应性过程不断发生，因此形成了城市结构的复合性和形态表现的多样性。

2. 城市复杂系统的演变与驱动力

复杂系统是由众多要素相互作用构成的非线性系统，该系统在演化发展过程中具有多方向性。城市会遵循自身"产生—发展—繁荣—衰退—毁灭"的客观规律运行，但如果城市在发展过程中发生了如灾难、战争、特定政策发布、技术革新等意外性的随机事件，则会改变城市的发展轨迹。而由于这些意外事件具有不确定性，因此城市发展存在着很多种可能的演变方向，这也是复杂性系统的特征之一。

非线性的要素相互作用导致系统在演化发展过程中具有多方向性，其作用包含经济与产业结构的变化、交通及通信技术的发展、重大投资项目的驱动等自组织手段，也包含规划调控、自然灾害等其他组织作用。在这些作用的共同影响下，城市形成了不同的动态演化过程，主要包括城市经济增长、城市空间结构演变、城市文化延展等多方面的内容，这些内容从深度上扩展了城市系统动态演化的时空过程（杨大伟等，2008）。

城市空间结构的演变是城市演变的关键内容之一，对城市空间结构演变驱动力的解释主要有经济学、社会学、政治经济学的解释。经济学的解释包括地价理论、规模效应理论等。阿隆索在分析地价及区位成本对居住区分布的影响时指出，地价是影响空间结构的基本要素。规模效应认为，城市用地呈现出一种"集中"的趋势，因为相同功能的用地具有聚集的倾向。因此经济学理论认为，城市演变的驱动力在于对土地和区位的市场竞争。社会学的解释包括新马克思主义理论和族裔迁徙理论。新马克思主义理论认为，城市空间配置是城市各阶级所处地位的物质表现，这是城市空间配置的实质；族裔迁徙理论认为，有相似社会特性的人们会相互认同、迁入邻近地区，种族的集聚是移民迁移的动力，这一过程加剧了社会分化，并在城市内部形成空间的分离和重组。因此，社会-距离梯度（social distance gradients）的变化是城市演变的内在驱动力。政治经济学解释认为，不同社会阶层和不同群体在城市开发与决策过程中施加的影响力有显著差别，因而政治权利机制是城市演变的内在动力机制（张庭伟，2001；刘盛和，2002）。

从 CAS 的角度来看，系统的演变主要依赖于标识、内部模型和积木这三种机制。标识是引导主体聚集、辨别方向、选择目标的机制，可以促进主体间相互作用。在城市中，标识避免了子系统的同质化，为专业化合作提供了基础，如不同政府部门、产业部门之间的工作协调都依赖于部门的标识特性。

内部模型是主体间具有的互动规则。主体可以基于自身过去与其他主体以及环境的互动作用得到经验，进而提炼、存储、挑选可行的"内部模型"。城市的规划准则、产业发展原则等均可视为内部模型，它们来自过去大量经验，指导着人们的行动，使之更好地适应环境。由于内部模型的存在，主体可以对事物进行预判，并根据这些前瞻性的判断做出适应性的变化。内部模型的存在是对城市进行模型模拟得以实现的基础。上述从经济、社会、政治等多个层面的理论研究都可以视为城市这一复杂适应系统的"内部模型"，对于主体间互动的规则进行了深入的探究。

积木是内部模型的基本组成要素，复杂系统的一个普遍规律是依靠积木块生成内部模型。对于城市的研究，可以先找出最高层次的积木块，并逐层拆封，再找到低层次的积木块，从而完善对城市的理解。这一概念为分析复杂系统的层次问题提供了很大的便利。通过暂时忽略下一层系统的内部细节，把注意力集中在与目标积木块同一层次的积木块的互动上，可以更直接地揭示研究所关注的主要规律。例如，研究城市时，各区县可以作为被划分的积木块来研究，从而避免对复杂系统进行研究时发生层次混乱。积木为城市模拟模型提供了层级性的视角。

总结来看，城市复杂适应系统的演化由一系列主体相互适应、相互作用而形成。主体间存在物质、能量、信息等资源的流动，主体与环境之间、主体之间的互动呈现非线性的特征。小的主体在标识引导下聚集形成大的主体，并逐层聚集。城市发展过程中还依靠"内部模型"来对环境进行预测，使用"积木块"来调整自身适应环境、组织知识。

3. 模型总体架构

通过将城市视为复杂的适应性系统，可以获得了解其内部工作模式的独特视角。城市内部存在一定的规则或规律，能够产生复杂的现象，如广泛的空间模式、等级制度等，城市是分层次的，由相互关联的子系统组成，其中每个子系统都是相互依赖的（Heppenstall et al.，2016）。基于复杂适应系统理论，空间复杂性的研究可进一步考虑通过模拟城市系统中大量微观的、具有适应性的个体的行为与决策以及它们之间的相互作用来表达宏观空间结构的演变过程。

由此，本书提出基于复杂适应系统理论的模型框架。

对于城市的模拟难以从最为复杂、详细的模型开始，考虑主体、要素、子系统间的相互作用，本书从城市的主要子系统入手，对每个子系统选定关键的要素，模拟城市主体——人的居住地和就业地选择行为、出行行为等，并进一步将各子系统组合为总体的复杂模型，由此可以更好地解释每一种机制和理论假设下的复杂效应。

随着当前城市研究的不断深入，人们对城市子系统各要素间的相互作用与影响也有了更加深入的认识。各子系统构成要素多元且相互作用关系错杂，城市的运行与发展状态涉及社会经济、人口与就业、用地演变、交通出行等方方面面。各子系统之间的相互作用存在循环互反馈关系。一方面，城市土地利用性质、区位条件对城市交通以及人口迁移决策具有重要影响，城市人口分布以及职住关系直接影响交通出行需求的产生，并对城市土地利用的演变具有反馈作用；另一方面，城市交通系统的运行水平会通过改变区位可达性对城市土地利用产生影响，进而影响城市房地产价格以及居民的区位决策。

因此，本书提出构建的城市系统模拟预测模型从城市系统角度出发，构建包含城市用地模拟与演变、人口与就业分布、房地产价格、交通需求分布、交通方式分担与路径分配五个子系统的子模块，涵盖城市系统中人口、产业、土地、交通等关键要素。一方面，构建子模块量化模型作为"内部模型"模拟各子系统内部的演变过程；另一方面，设置子模块间关联变量——房地产价格、用地混合度、职住关系系数、交通出行成本、区位可达性，模拟子系统间的相互影响和反馈机制，从而将子系统模型组合为综合的城市系统模型。在模型的时空精细度上，从复杂适应系统的层级性视角出发，以1km 网格为基本研究单元，并逐级向街道、区县以及城市尺度推进，模型设置月度、年度、五年度的时间精度，进行长短期的预测。

当前实证研究表明，用地混合度显著影响交通出行的频率、距离、时间、方式选择等特征。CitySPS 平台将用地混合度作为系统模型的内生变量，其既是居民居住与就业区位选择、交通出行决策的影响因素，又是城市用地与房地产开发结果的输出变量，从而形成在子系统之间的反馈联系。职住关系系数表示某一区域内就业岗位数与居住人口数量之比，其作为区域职住关系的衡量指标，对居民居住和就业区位选择以及交通出行产生影响。

区位可达性衡量两地理单元之间联系和交通往来的便捷程度。城市土地利用是交通出行需求产生的根源，也是城市交通系统空间布局的基础，在一定程度上塑造了交通结构，决定了城市区位的可达性。而交通系统对土地利用和城市发展具有引导作用，通过改变可达性重塑城市人口与经济活动分布，刺激新的土地开发，并再次开始土地利用与交通系统相互影响的循环。区位可达性在土地利用与交通系统的互动作用中发挥着核心作用（赵鹏军和万婕，2020）。

交通出行成本表征为出行成本的最小化目标。出行成本不仅作为交通方式分担与路径分配模块中决定居民出行生成、分布、方式与路径选择的重要输入变量，还会改变居民居住与就业地区位的决策和决策部门交通规划管理方案制定，进而作用于土地开发与城市人口分布，最终影响整个城市系统。

城市用地模拟与演变模块综合考虑了在规划约束条件下的城市土地利用规模、类型和数量，从而影响房地产供给。人口与就业分布模块模拟居民的迁移选择和区位决策，形成对人口与就业分布的预测，人口就业总量与结构可作为外生输入条件直接输入或由外接的区域人口经济模块预测。房地产价格模块量化职住关系、土地利用、区位可达性对房价的影响，从而预测房价走势。交通需求分布模块综合考虑在交通基础设施、交通管制政策下的居民出行行为决策，预测城市交通需求，并在交通方式分担与路径分配模块进一步进行居民出行方式以及出行流量分配的模拟。

房地产价格、用地混合度、职住关系系数、交通出行成本、区位可达性之间有相互作用和反馈的关系存在：职住关系系数受到居民迁移选择和区位决策的影响，并对房价、交通需求产生作用；区位可达性和职住关系系数影响房地产价格，房价又对下一期的土地利用、区位选择、区位可达性产生影响；用地混合度受到居民迁移选择和区位决策的影响，进而影响交通需求生成；区位可达性受到城市交通网络以及居民出行行为决策影响，并对房价及下一期的出行需求有反馈作用；交通出行成本受到道路网以及道路交通流量的影响，并对房价、下一期交通流量分配有反馈作用。

图 5-1 对上述作用关系进行了归纳，呈现了本书构建的 CitySPS 平台量化模型——城市全系统计量模型的总体架构。

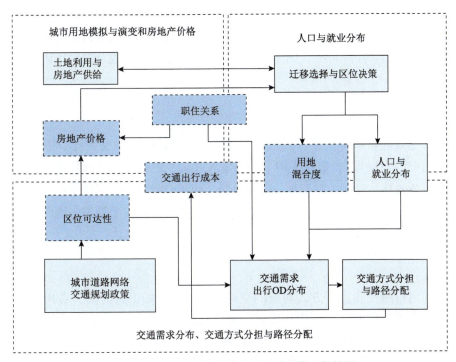

图 5-1　CitySPS 平台城市全系统计量模型架构图

5.2　计量算法设计

5.1 节对模型结构设计进行了介绍，确定了模型的子模块设置以及核心变量的作用关系。本节将从算法设计角度，进一步梳理变量的计算流程、相互影响的时间滞后过程，通过关联变量和数学公式详细阐释城市计算引擎的量化模型各子模块的模型设计、核心内生变量以及外生输入变量在模型中的作用关系。由于城市系统中相互联系的各要素处于动态、非均衡的状态中，因此系统模型存在高度的复杂性以及非线性特征，清晰可靠的全系统算法设计是模型的核心。

总体来看，模型会按照"城市用地模拟与演变—人口与就业分布—房地产价格—交通需求分布—交通方式分担与路径分配"的顺序遍历各子模块。城市用地模拟与演变作为启动模块，仅依靠基准年的外部输入数据进行计算。此后四个模块的计算变量包括基准年的外部输入数据以及前序模块预测结果两大部分。前序模块预测结果作为子模块间关联预测变量体现城市子系统间的相互影响。其中，房地产价格、用地混合度、职住关系系数、交通出行成本、区位可达性作为子模块间重要关联变量，同时作为下一轮迭代的核心输入变量，反映各子系统间相互影响的时滞效应。

在此，对五个核心内生变量的含义以及计算逻辑进行介绍。

1. 用地混合度

不同开发强度和用地性质的土地利用对出行者的吸引力存在差异，具体表现在不同区域的用地混合度指标中，用地混合度指数可以反映区域内部城市功能空间混合使用程度和空间形态的多样性特征，用于衡量交通小区用地类型的混合度对区内居民出行需求的满足程度。

2. 区位可达性

区位可达性评价城市中某一区域到其他主要活动区域的难易程度，以区位可达性 $A_{i,v}^{l}$ 衡量。区位可达性综合衡量采用某一特定方式某一类型人群到达其他主要活动区域获得设施服务的难易程度。对于某一研究单元，使用空间相互作用模型评价其目的地某一类用地的区位可达性，表征研究单元相对其他所有研究单元对于某类用地性质吸引交通出行的潜在机会。

3. 交通出行成本

不同的出行路径和出行方式对应的交通系统特性，如出行时间、费用、舒适度等因素均有所差异，因此将不同出行方式与路径选择下的广义出行成本作为交通阻抗函数，可分为时间成本与费用成本。对于某一路段而言，出行成本是某种交通方式在其上的时间成本、货币成本等总和，进一步通过城市居民的单位时间价值将时间成本统一转化为货币成本进行广义出行成本的测度。此处还综合考虑了拥堵带来的额外时间成本、货币成本。当某种交通方式在某一路段上的实际速度小于该交通方式在该类型道路上的自由流速度时[道路的类型指不同等级：高速、国道、省道、县道、城市道路（主干道、次干道）等]，考虑在道路系统内局部产生的交通拥堵现象，形成交通拥堵的额外时间成本。

4. 职住关系系数

职住关系系数表示研究单元内的就业岗位数与居住人口数量之比，作为研究单元自足性的衡量指标，对居民居住和就业区位选择以及交通出行产生影响。

5. 房地产价格

房地产价格为房地产价格子模型的预测结果，具体计算过程见 7.5 节。

子模块的模拟模型构建是全系统计量算法的基础，本书提出的城市系统模拟模型对各子模块构建如下模型：城市用地模拟与演变模块集成兴趣点（point of interest,

POI）用地反演、Logistic-CA-Markov 模型，实现 250m 网格尺度的城市用地演变模拟。人口与就业分布模块利用存量区位选择模型和增量分布空间重力模型，对城市人口分布和就业岗位分布进行千米网格尺度的精细预测。房地产价格模块建立"房价-交通"动态反馈模型，纳入人口与就业预测结果，模拟房价发展趋势。交通需求分布模块运用出行链算法与居民出行 OD 大数据识别技术，进行公里网格尺度的动态 OD 矩阵构建。交通方式分担与路径分配模块建立基于出行模式和交通方式嵌套的换乘模拟模型及纳入惩罚因子的混合路径寻路分配算法，实现高精度的交通方式选择与路径流量分配。各子模块的具体算法将在第 8 章中详细介绍。

在这里，对各子模型在总体模型中的作用以及子模型间的变量交互和传导关系进行进一步阐释。

如图 5-2 所示，模型以城市用地模拟与演变模块启动，该模块首先基于多源大数据对现状土地利用分布进行识别。这是因为政府部门很少对外披露当前精细的城市土地类型分布数据，获取难度高，而多源大数据却较为可得，模型首先通过科学的模拟方法得到了一套可信的用地数据来作为未来预测的基础。如果用户拥有准确的用地分布数据，也可上传至系统，直接进入用地演变预测，模型的架构具有相当的灵活性。

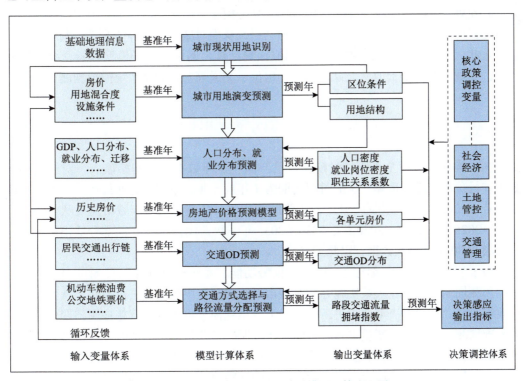

图 5-2　CitySPS 平台全系统计量模型运算流程图

对于预测年的用地演变预测，模型将坡度、耕地红线与生态保护红线等政策约束作为限制条件，并基于基准年的房价、用地混合度、与交通站点距离等变量标定了用地演变的转换规则，经过 Logistic-CA-Markov 模型的预测，得到预测年的土地利用分布图，进一步对预测年的用地混合度、区位可达性进行计算。

接下来，开始人口与就业分布的预测，其中，需要先对人口和就业的总量与结构进行预测，再进行分布预测。模型设置了人口和就业的总量与结构预测的子模型，也支持用户直接对上述条件进行输入。分布预测首先经过存量区位选择模型，该模型模拟基准年的人口、就业分布、房价以及预测年的区位可达性对居民迁移选择的影响，进一步对增量进行空间重力分配，最终得到预测年的居住人口与就业分布，并计算预测年各单元的职住关系系数。

之后，结合土地模拟结果以及人口与就业分布结果，计算各研究单元的人口密度和就业岗位密度，输入至房地产价格子模块，并结合基准年的房价、交通出行成本，对房价进行预测。

此后，模型将继续运行交通需求分布模块，首先通过出行率预测模型，结合城市用地模拟与演变模块计算的用地混合度、区位可达性，人口与就业分布模块计算的职住关系系数等变量，预测居民出行发生率，进一步经过出行链模型预测得到各网格间、各年龄段人群的交通出行 OD 分布情况。

最后，通过交通方式分担与路径分配子模块，将网格研究单元间的交通流量通过流量分配算法分配至路段，并基于出行模式划分模型，确定路段流量各类交通方式的分担情况，得到路段尺度的道路交通流预测结果，从而对城市拥堵等情况进行判别。

至此，系统模型完成一次完整的模拟预测计算，通过五个子模型以及众多的关联变量，实现了对城市土地、人口、就业、房价、交通等要素的全系统模拟预测。

5.3　模型迭代与决策模拟

本书构建的城市全系统计量模型以已知的基准年数据作为初始输入，对选定的未来年进行预测，模型运算一次的时间周期为 1 年或 5 年，采用多轮迭代运算的方式，即模型若以 2020 年为基准年，以 5 年为时间间隔，预测 2035 年城市发展状态，经过 2020～2025 年、2025～2030 年、2030～2035 年三次迭代，2025 年的部分输出结果将作为预测 2030 年的输入数据，以此类推。

为了实现模型的政策响应、评估、预警功能，系统模型在递归预测过程中，在每一个预测周期，可依托决策实施方案对城市系统的部分决策变量进行更新，从而实时模拟政策效果。在没有决策变量更新的情况下，系统模型将顺应现有趋势递归变化，即进行基准预测，而在决策变量更新时，模型将按照决策变量设定的情况运行。可更新的决策变量涵盖宏观社会经济、空间管控、交通规划管理三大领域，作为系统模型的核心决策调控变量，用以反映城市发展或特定决策的期望值。核心决策调控变量经过组合，可形成针对某一特定城市战略的调控组合，模型内部默认设置八种城市战略的政策调控变量组合，用户也可进行自定义决策调控变量组合，以满足个性化需求。具体的决策变量设置及组合将在第 9 章进行介绍。

在土地利用模拟结果、人口就业总量与分布、交通 OD 分布、交通流量路段分配等预测结果的基础上，模型建立决策感应输出指标，构建输出评分体系和预警阈值，综合评价城市的社会宜居、经济高效与生态文明水平。进一步地，通过对输出指标设置阈值，对超出阈值指标进行智能预警评估；通过对比基准预测与决策调控预测的输出指标结果，可清晰、全面、定量地评价决策效果，助力城市治理决策过程。

由此，模型形成了输入变量体系、模型计算体系、输出变量体系以及决策调控体系的完整架构，如图 5-2 所示。

总结来看，本书提出构建的 CitySPS 平台量化模型是一个城市全系统计量模型，基于这一核心模型实现对城市系统的动态模拟与预测。与既往城市模拟模型相比，CitySPS 平台量化模型可真实模拟城市全貌，提高了模型量化预测城市未来发展趋势的准确性和科学性。模型在既有城市系统模型基础上纳入更多的要素，反映城市整体系统：在土地利用和交通两个核心子模块的前项因素维度，向区域人口、经济和自然资源条件等要素拓展；在后项效应维度，增加政策感应模块。模型通过设计子模块的运算流程，将前序模块预测结果作为子模块间关联预测变量，体现城市子系统间的相互影响；通过设置子系统关联变量，反映子系统间相互影响的时滞效应；通过模型迭代，实现更长期的预测功能；通过对核心调控变量的更新，实现对政策预期的响应与评估，形成了一套完整的、科学的城市系统动态模拟与预测技术。

在实际应用中，城市全系统计量模型在 CitySPS 平台应用系统的数据管理和城市计算引擎运行。首先，选定模型运行的城市，推演时间颗粒度、基准年，之后输入模型运行所需要的所有数据。

输入数据首先经过数据导入与清洗模块，处理为各子模块所需格式，包括对路网的拓扑统计，对格网级、街道级数据的转化等。接下来，根据预测城市输入的历史数据进行地域性参数的自动标定运算，得到模型运行中各模型的标定参数。

将经前置模块处理后的输入数据导入计算平台，计算平台将按照"城市用地模拟与演变—人口与就业分布—房地产价格—交通需求分布—交通方式分担与路径分配"的顺序遍历各子模块进行计算，得到基准情景下的预测结果，该结果在城市要素推演模块进行可视化展示。

同时，在客户服务端的城市决策模拟模块，可通过改变由用户外生给定并输入的预期规划政策条件（其余条件保持基准情境不变），得到不同组合政策情景下的预测结果，并在 CitySPS-SaaS 平台进行预测结果的可视化展示与对比分析。

参 考 文 献

霍兰. 2019. 隐秩序：适应性造就复杂性. 周晓牧, 韩晖译. 上海：上海科技教育出版社.

刘春成. 2017. 城市隐秩序：复杂适应系统理论的城市应用. 北京：社会科学文献出版社.

刘盛和. 2002. 城市土地利用扩展的空间模式与动力机制. 地理科学进展, (1): 43-50.

仇保兴. 2018. 基于复杂适应系统理论的韧性城市设计方法及原则. 城市发展研究, 25(10): 1-3.

石崧. 2004. 城市空间结构演变的动力机制分析. 城市规划汇刊, (1): 50-52, 96.

杨大伟, 段汉明, 黄薇. 2008. 探讨复杂性理论下的城市范式. 大连：2008 中国城市规划年会.

张庭伟. 2001. 1990 年代中国城市空间结构的变化及其动力机制. 城市规划, (7): 7-14.

赵鹏军, 万婕. 2020. 城市交通与土地利用一体化模型的核心算法进展及技术创新. 地球信息科学学报, 22 (4): 792-804.

Bettencourt L M. 2013. The origins of scaling in cities. Science, 340 (6139): 1438-1441.

Crooks A. 2012. The use of agent-based modelling for studying the social and physical environment of cities//Complexity and Planning: Systems, Assemblages and Simulations. Burlington: Ashgate: 385-408.

Heppenstall A, Malleson N, Crooks A. 2016. "Space, the final frontier": How good are agent-based models at simulating individuals and space in cities? Systems, 4 (1): 9.

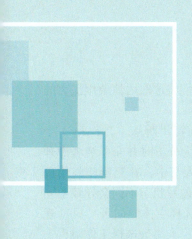

第 6 章
量化模型理论

6.1 区位选择模型：区位论

区位（location）是事物所占有的场所、所处的位置，也包含位置、布局、分布、位置关系等方面的意义，涵盖该场所的特定条件。区位活动是人类活动的最基本行为，是人类为生存和发展而进行的诸类活动。基于区位的定义，可以说，人类在地理空间上进行的每一个行为均可以认为是区位选择活动行为，故区位论（location theory）是基于明确地理空间区位条件研究经济行为空间选择及空间内经济活动组合的理论。例如，从经济活动出发进行居住地、就业地的选择和企业厂房区位选择，并由个体至宏观涌现为城市就业结构和居住结构、产业布局、空间结构等。本书主要从居住与就业区位选择理论、企业区位选择理论和居民点分布理论进行阐述。

6.1.1 居住与就业区位选择理论

居住区位选择理论可分为微观和宏观两大体系。在微观视角下，主要有期望效用理论、前景理论、居住隔离理论；在宏观视角下，主要有城市均衡理论。

1. 居住区位选择理论

期望效用理论（expected utility theory）（Fishburn，1966）由冯·诺依曼（Von Neumann）和摩根斯坦（Morgenstern）于 20 世纪 50 年代提出。该理论在公理化假设的基础上，运用逻辑与数理工具，建立了在不确定条件下对理性人（rational actor）的选择进行分析的框架。模型假设，某个随机变量 X 以概率 P_i 取值 x_i，且 $i=1,2,3,\cdots,n$，而某理性人确定得到 x_i 的效用为 $u(x_i)$，$E[u(x)]$ 表示关于随机变量 X 的期望效用，即

$$U(x) = E[u(x)] = P_1 u(x_1) + P_2 u(x_2) + \cdots + P_n u(x_n) \tag{6-1}$$

该理论主要运用于将居住区位选择这一决策视为理性人追求效用最大化的过程，

在考虑一系列居住影响因素后，比较不同区位的居住效用，人们将选取居住效用最大的区位进行居住。

前景理论（prospect theory）是由卡内曼（Kahneman）和特沃斯基（Tversky）于 1979 年提出的。该理论以心理学实验为基础，在进行决策行为分析时并非单纯考虑理性人，而是将心理感知因素等现实生活中人们的决策行为融入其中，补充期望效用理论。该理论的基本内容为：人们在面临同样的环境时，其自身盈亏状态不同会导致不同的选择，其四个基本结论分别是：面临"获得"时，大多数选择主体倾向于"风险规避"；面临"损失"时，大多数选择主体倾向于"追求风险"；大多数选择主体对得失的判断往往由参考点决定；大多数选择主体对损失比对收益更敏感（损失效应）。该理论在居住区位选择的过程中，主要考虑迁居行为。人们在对比现有居住地效用和新居住地效用的同时，考虑自身对迁居成本、风险因素的敏感度，从而进一步考虑是否进行居住地更换这一行为。

居住隔离理论最早可以追溯到恩格斯（Engels）关于曼彻斯特社会居住空间模式的研究，在划分穷人和富人两大社会阶层的基础上，将其映射到城市空间布局，揭示了收入情况与城市居住空间格局的关系。以北美的一些国家为主，其种族文化隔离与收入阶层差异导致隔离是并存的，使得人们在居住区位选择时，呈明显种族、阶层隔离分布（黄怡，2004）。

2. 就业区位选择理论

就业区位选择理论主要包括双边匹配理论和经济周期理论。

双边匹配（two-sided matching）理论起源于 Gale 和 Shapley（2013）对学生入学匹配以及婚姻匹配的决策。双边匹配决策是指在决策过程中充分考虑各方匹配主体的满意度要求，尽量使双方主体形成稳定的匹配对，其目的在于匹配到双方满意的结果（Echenique，2008）。在就业选择过程中，双边匹配使得在双边市场特征的劳动力市场中，取得双方主体均满意匹配的稳定状态，其本质类似于一个最大化线性目标函数的线性规划问题。

经济周期理论主要包括凯恩斯经济周期理论（凯恩斯，1983）、库兹涅茨周期理论、萨缪尔森新古典经济周期理论（曼昆，2017）等。例如，凯恩斯经济周期理论主要源于消费的边际效益递减、资本边际效率递减、流动性偏好等规律，并使得经济运行出现"繁荣、恐慌、萧条、复苏"的周期特征；萨缪尔森将凯恩斯的"乘数效应"和经济学的"加速原理"结合，认为外部冲击会通过以上两种效应导致总需求，即经济运行本身发生规律的周期波动。基于劳动力流动性，从宏观经济运行波动视角看待就业区位选择问题，即劳动力会随着区域经济水平的波动而呈现聚散流动的波动性特征。

6.1.2　企业区位选择理论

1. 工业区位论

工业区位论（industrial location theory）是韦伯（Weber）在其 1909 年发表的《工业区位理论：区位的纯粹理论》提出的概念。该书主要从运输费用、劳动力费用和集聚

（分散）效应、规模等方面分析了工业区位选择的原则，总结其区位选择规律。该理论的主要思想为：区位因子决定生产场所，企业最终都将被吸引到生产费用最小、节约费用最大的地点。韦伯通过对区位因子进行反复分析，确定 3 个一般区位因子为运输费用、劳动力费用、集聚（分散）。该理论认为，运输费用在过程中起至关重要的作用，理想的工业区位是运输距离和运输量最低的地点。除了运输费用因子外，劳动力费用因子和集聚因子会使得原有根据运输费用形成的区位发生变化，如集聚是工业企业在空间分布集中的一种生产力配置，能使企业获得成本节约的经济效果，集聚因子和劳动力费用因子通过影响其生产成本等，使得工业企业重新进行区位选择。

韦伯基于对工业区位的"区位因子"分析，解释了工业企业区位选择的三大主导因子及机制，同时形成运输区位法则、劳动区位法则和集聚（分散）区位法则三大区位选择法则。工业区位论是区域规划和城市规划领域的理论基础，使得工业布局的研究从个别企业布局转向研究工业地域综合设计，并且其至今仍为区域科学和工业布局的基本理论。

2. 市场区位论

市场区位论是将市场需求作为空间变量的一种区位理论。德国经济学家廖什（Losch）1940 年在《经济空间秩序》（又称《区位经济学》）一书中提出市场区位论这一概念（Losch，1937，1954）。该理论将空间均衡的思想引入区位分析，探讨了市场区位体系和工业企业最大利润的区位，研究了市场规模和市场需求结构对区位选择和产业配置的影响。市场区位论认为，在市场中供给方的目标是追求利润最大化，而最低成本与最大利润之间并非等价关系。同样，正确的区位选择应该是谋求最大市场和市场范围，即区位的最终目标是寻求最大利润地点。廖什建立利润最大化原则与商品销售范围的关系，认为单个主体的区位选择不仅受其他相关经济个体的影响，还受消费、供给的影响。每个单一企业商品销售范围最初是一个理想圆，产地为圆心，最大销售距离为半径，但价格是需求的递减函数，因此单个企业的商品总销售额是需求价格曲线在销售半径圆内旋转而形成的圆锥体。在理想情况下，引入完全竞争的市场，即圆与圆之间的空隙被竞争者占领，圆形市场被挤压，最后将形成正六边形的市场网络范围。特别地，克里斯塔勒的中心地理论得出的城市形态与此高度相似。

6.1.3　居民点分布理论

中心地理论是由德国城市地理学家克里斯塔勒（Christaller）和德国经济学家廖什分别于 1933 年和 1940 年提出的，是进行城市群和城市化研究的基础理论之一。中心地理论是指阐述一个区域中各中心地的分布及其相对规模的理论（克里斯塔勒，1998）。根据该理论，城市的基本功能是为周围地区提供商品和服务。人口最多的不一定是最重要的中心地，中心地是处于交通网络关键节点位置、提供广泛的商品和服务功能的地区。克里斯塔勒通过对聚落分布的研究提出中心地理论，从居民点、物资供应、管理、交通运输等假设出发，论证了中心地地域体系。该理论发现，组织物质财富生产和流通的最有效空间结构是一个以中心城市为中心、由相应多级市场区组成的网络体系。在此基础上，克里斯塔勒推导了在理想地表上的聚落分布模式，提出了正六边形的中心地网络体系（图 6-1）。

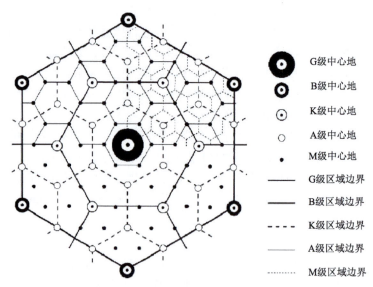

图 6-1　六边形中心地网络体系（许学强等，2022）

克里斯塔勒创建中心地理论深受杜能和韦伯区位论的影响，他提出支配中心地体系形成的三大条件——市场原则、交通原则和行政原则。其中，交通原则对聚落体系的形成有深刻影响，这导致中心地不是以初始的、随机的方式分布在理想化的地表，而是沿交通线路分布，且交通线次级枢纽位置将成为下一级中心地的所在位置。

总结上述区位论来看，区位论是系统性揭示居民、企业区位选择原则的重要理论，而居民区位选择和集聚活动直接促进城市居住中心形成，企业区位选择和集聚活动将直接促进城市就业中心的形成，进而影响居民的就业和居住区位选择，并塑造城市功能布局和空间结构。从上述理论中可以总结出：市场条件差异、交通线路情况和行政因素是区位论模型中三个最重要的核心变量，经济运行、社会制度等是区位论中的宏观总控指标。其中，如交通线路情况主要影响不同地块的可达性来实现交通对区位选择的影响，不同行业对可达性的需求与敏感度也不尽相同，导致不同行业的企业由于成本、市场等空间需求的差异化而进行差异化分布。特别地，自然资源禀赋作为空间基础属性，由于其过于复杂，在模型中一般通过假设进行简化考虑，但其在现实世界中是最为重要的要素之一。

6.2　城市土地利用演化理论

6.2.1　土地利用演化理论

人类活动驱动的土地利用变化在全球和区域尺度上正深刻影响着地球生态系统和气候变化，乃至人类社会的可持续发展。城市土地利用变化与地形、交通、人口、区位、公共设施等诸多因素有关（Zhang et al.，2019），城市土地利用的规模、空间形态及构成能够反映城市布局的基本形态和城市内部的地域差异，涉及城市健康发展和集约节约利用等重大问题（杜金龙等，2018），是人-地系统研究的重要内容（Versace et al.，2008；Manandhar et al.，2010）。在不断发展的城市地区，城市土地利用在空间分布、建筑密度和变化速度等方面以相对多样化的形式发生（Nuissl and Siedentop，2021），城市结构、城市更新和城市交通的规划变得更为复杂，全面了解城市土地利用变化机制和动态是预测未来城市演进和实现区域可持续发展的重要条件（Batty and Xie，1994）。

西方城市土地利用理论研究主要分为生态学派、经济区位学派、社会行为学派和政治经济学派等理论体系（刘盛和等，2001）。生态学派主要采用历史形态学方法，结合扩张、入侵、更替等生态演替规律，总结概述土地利用的历史变化特征，代表性理论包括轴向增长理论、同心圆理论、扇形理论和多核心理论。而经济区位学派则以空间经济学和数理模型解释区位决策和土地利用模式，代表性模型包括古典单中心模型、外在性模型和动态模型。社会行为学派更加强调人的决策行为与土地利用的关系，认为社会系统比市场更适合进行土地利用区位决策，核心理论模型包括 Webber 提出的城市土地利用互动理论和以 Kaiser 等学者为代表提出的决策分析模型（Kaiser et al.，1995；Webber，2016）。政治经济学派主张采用政治经济学理论揭示城市土地利用空间结构和内在动力机制。城市土地利用变化遵循空间相关性（Tobler，1970）和空间异质性（Anselin，1989）两大地理学定律。土地利用在空间上可能存在聚类簇，这些聚类簇内土地利用与交通、地形、区位等空间变量之间的关系非常相似（Overmars et al.，2003）。土地利用系统具有明显的系统动力学特征，经济、社会、生态等各子系统交织影响、相互制约，并形成反馈机制（张晓玲等，2008）。土地利用变化的复杂性主要表现在各系统要素的空间异质性和土地利用者的决策行为。不同地区、不同文化、不同等级的城市往往具有不同的社会发展形态，土地利用者对土地的使用策略、规划和模式也不尽相同（杨建新等，2019）。

城市化及其协同效应带动了城乡土地供需、土地利用空间结构、功能结构、权属关系等全方位的土地属性变化。影响城市土地利用变化的因素主要包括地理环境、社会经济、交通、空间政策和规划以及土地属性（Poelmans and van Rompaey，2010；Nuissl and Siedentop，2021）。地理环境因素决定了土地是否能够建造建筑物或是否能对基础设施产生影响，如坡度、地下水位等。社会经济因素主要指土地使用者（家庭）对空间区位的偏好，具体表现为社区的收入水平、房价等。交通因素主要指到城市中心或主要道路的距离，以及步行距离内公共交通服务的可达性。交通便利的未开发土地将更有可能被城市化。空间政策和规划将区分不同地块的可用性，主要目的为保护绿地、优质农田、历史文物保护区等。土地属性对土地利用变化的影响主要反映在相互冲突的土地用途（如住宅用地和工业用地）一般不会直接相邻。

目前，城市土地利用变化的研究主要涉及土地利用结构变化、扩展模式和空间模拟等方面。有关城市土地利用结构变化与扩展模式的研究主要集中在探索城市土地利用变化过程、特点、扩展模式、动力机制及其引发的生态环境问题等方面（顾朝林，

1999；刘盛和等，2000；张镱锂和李秀彬，2000；史培军等，2000）；城市土地利用空间模拟是当前城市空间研究的热点，是"复杂系统来自简单子系统的相互作用"在地理空间上的重要体现（Clarke，2008）。近年来，CA 模型作为一种动态的、"自下而上"的模拟方法，因其具有直观性、灵活性、开放性结构以及整合过程的空间和时间维度的能力，被广泛应用于城市扩张和城市土地利用模拟预测（Clarke et al.，1997；Santé et al.，2010）。考虑土地利用变化的复杂性与系统性，大量学者结合系统动力学（何春阳等，2005）、神经网络等算法模型对 CA 模型进行改进，针对研究区补充调整土地转换规则并设置合理的约束条件，构建模拟土地利用变化的经典模型 SLEUTH（Clarke，2008）、ANN-CA（Li and Yeh，2002）、FLUS（Liu et al.，2017）等，促进复杂空间地理模拟研究的发展。然而，针对城市内部更精细的土地利用，如居住用地、商业用地等的变化模拟模型方法仍然较少。

6.2.2　竞租理论

在城市发展中，城市用地空间结构系统在不断演变、组合、分化的过程中，向更高级、复杂的形态演化下去。在这一过程中，影响城市用地不同价值空间分布的基础理论是竞租理论。该理论通过研究土地利用的形态和城市的空间结构来分析交通与房价、公共设施与房价等现实问题。美国经济学家阿隆索构建的竞租模型是现代新古典城市区位理论的里程碑，该理论是指地理学中土地会随着与城市中心距离的增加产生价格和需求的变化。所谓竞租，即每种土地利用类型都有各自的租金梯度或投标租金曲线，该曲线表示各土地利用类型在特定位置将产生最大的租金金额，不同的土地使用者等根据每个单独的投标租金曲线及可达性进行竞争（Alonso，1964）。

租金（rent）、租金梯度（rent gradient）和竞租曲线函数（bid rent curve function）是竞租理论中的三个核心概念。其中，租金指由可达性等地理优势所产生的利润。租金梯度表示租金随着离参考点（通常是中心商业区）的距离增加而下降，与每项活动的边际距离成本有关，也就是距离对其投标租金的影响。距离对租金梯度有重要影响。竞租曲线函数是土地价格和距离的组合，它描述了土地使用者为了达到一定的目的而愿意在不同地点支付的价格范围。以图 6-2 为例，假设中心商业区（central business district，CBD）代表可达性最好、最理想的位置，其半径为 1 km 的范围内，面积 S 约为 3.14 km^2，租金和可达性的关系可以简化为 $1/S$。距离为 0 时，租金最高；距离为 1 km 时，租金大幅下降，因为可用的土地面积呈指数增长，土地供应增加，租金降低。

土地利用是商业、工业、住宅等不同经济活动竞租的结果。城市用地类型的不同功能对应不同的机会成本，相应地，每一种类型的功能用地在城市的各个区位上有着不同的竞租收益。距城市中心越远，某种类型的功能用地竞租收益往往会逐渐递减，同一区位不同类型的功能用地也有差异性的竞租收益。因此，竞租主体会选择机会成本最低、收益最高的功能用地。从动力机制来看，城市用地演变是各个城市主体不断进行区位选择、土地开发和各种相互作用的结果，特别是土地市场与政府规制之间的相互作用，也在不断地变更城市土地利用类型和城市空间结构。

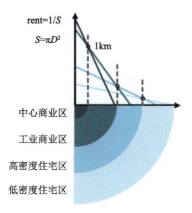

图 6-2　竞租曲线函数（Rodrigue，2020；Pászto，2020）

6.3　出行行为理论

城市交通是城市各类社会经济活动的命脉，对城市经济的可持续发展和民众生活水平的提高发挥着重要作用。在城市化与现代化快速发展的进程中，城市交通拥堵问题逐渐引发了全球的普遍关注，学界对城市交通研究和交通问题的解决，经历了从仅关注交通网络设施布局优化，到以交通流为研究起始点，再到深入研究出行行为机制的发展过程。

20 世纪 50 年代，基于出行的"四阶段"分析法起步发展，这一方法以交通系统和土地利用的相互作用为理论基础，包括出行产生、出行分布、方式划分和交通分配四个推算步骤，主要用来评价基础设施建设项目的影响。该方法采取的是以交通预测为核心的建模技术，是交通规划从定性到定量的一次关键转变，但它很少考虑多目的、多个停留点的出行链导致的人群出行行为的复杂性，缺少对人群行为特征的微观解析。60 年代，基于活动的出行分析方法开始发展并越来越被重视，这个阶段对居民出行的研究集中在非集计方法数学模型结构的构建。70 年代开始出现基于活动方法的系统研究，出行链、个人出行决策、出行活动联系等成为研究的热点，还发展出效用方法、认知-行为方法、活动方法等非集计方法。

近年来，在我国城市人口快速增长、城市规模不断扩大、城市形态和用地布局日新月异、机动车发展势头迅猛的背景下，居民出行结构显著改变，城市交通拥堵日益恶化，也引发了一系列城市社会和环境问题。过去，我国主要侧重于物质环境的建设，城市机动性得到很大改善，但交通产生的根本问题没有得到解决，出行行为的研究才刚起步。随着交通问题的日益突出以及大城市出行调查的开展，国内开始对出行行为的产生机制、交通出行行为与城市土地利用之间的关系进行研究。基于活动的出行行为分析从个体行为出发，将居民的各种出行以链的形式进行跟踪分析，解析交通出行的微观机制，研究人群的出行行为特征。通过这些研究能很好地理解出行需求来自于活动需求、人群面临着时空约束、生活周期会影响出行决策、条件变化时出行决策产生动态相互影响等问题，基于活动的出行行为分析可以为我国城市规划及城市交通规划等提供相关的理论支撑和实践基础。

总体而言，传统的四阶段法比较适用于城市发展早期，经济发展和城市土地利用预测是其得以运用的基础。而对于个体行为的微观视角而言，基于活动的出行行为方法能够解析交通出行的微观机制，研究人们的出行行为特征和选择特征，能更贴切地描述人们的日常活动行为，预测居民出行时间、驻留点、交通方式、目的地选择等情况，对四阶段法是一个很好的改进和补充。现在和未来探索适应我国的基于活动的出行行为理论及需求模型体系，能够为制定科学的交通规划及管理措施提供决策支撑。

6.3.1　出行生成理论

出行生成（以及出行吸引）是城市交通四阶段法中的第一阶段，这一阶段的目标在于求取交通小区的交通出行生成量总值。城市交通的生成量与城市的宏观布局、微观空间结构等存在紧密的相互作用关系，城市空间形态主要通过职住布局和设施布局等因素影响交通需求，交通设施又通过影响区位进而影响地价，从而影响城市空间布局（周素红和闫小培，2005）。在城市交通生成的预测研究中，对于小区交通出行生成量是由小区土地利用状况、出行人群社会经济状况所决定的判断，学界已基本达成共识，因此常用回归分析法对交通小区出行生成量进行建模，其通用形式如下：

$$T_i = a_0 + \sum_k a_k x_{ik} \qquad (6\text{-}2)$$

式中，T_i 为交通小区 i 的出行生成量；x_{ik} 为影响交通小区出行生成量的各项因素，包括土地利用属性、人群社会经济属性、交通基础设施状况等，随模型发展和精细化又纳入家庭社会经济属性、出行目的、出行时段等个人化要素；a_0、a_k 为回归系数。在个别指标的计算流程上，也常用分类生成率法、增长率法、弹性系数法等，来预测不同属性指标的演变趋势。出行吸引量的算法与出行生成量类似。

在实际研究中，如何选取恰当的社会经济指标，以更有效地对群体和个体的交通出行量进行刻画与表征，是当前出行生成理论探索和发展的重点。杨明等（2002）构建了基于土地利用的交通生成预测静态模型，通过居住用地面积及其强度权重计算交通发生量，通过各类用地面积及其吸引权求和计算交通吸引量，简化了传统交通需求模型的交通调查和人口预测步骤。钟鸣等（2007）研究了加拿大阿尔伯塔省交通规划的编制，提出了一种基于 MEPLAN 和 TRANUS 模型的生产、交易、消费分派系统交通生成模型，以刻画整体经济前提下的交通需求模式。Wegener（2014）指出土地利用-交通一体化模型在未来发展中应当考虑城市增量转存量发展、能源结构革新和气候变化带来的交通成本的变化和家庭基本需求的变化。Moeckel 等（2018）总结了综合土地利用-交通生成模型的最新进展，指出有效的综合模型应考虑短期和长期决策的协调、模型的技术集成、微观与宏观框架以及适当的模型复杂性水平。

6.3.2　出行分布理论

出行分布是城市交通四阶段法中的第二阶段，这一阶段的目标在于求取不同交通小区之间的交通交换量，也即交通生成量的时空分布。出行分布的计算结果常用 OD 矩阵进行表示。Willumsen（1978）将出行分布求取方法归为重力模型、基于 Wardrop 第一原理的网络均衡理论模型、最大熵模型三类，此外还有增长系数模型等。其中，重力模型因其具有较强的解释力和敏感性，且对基础数据要求相对较低而被广泛采纳。重力模型的基本形式如下：

$$T_{ij} = k \frac{a_i O_i^{\alpha} b_j D_j^{\beta}}{f(C_{ij})} \qquad (6\text{-}3)$$

式中，T_{ij} 为交通小区 i 与 j 之间的交通分布量；O_i 为交通小区 i 的交通生成量；D_j 为交通小区 j 的交通吸引量；$f(C_{ij})$ 为阻抗函数，表征交通小区 i 与 j 之间的交通成本；k、a、b、α、β 均为模型参数。

在出行分布理论的实际研究中，如何对重力模型中的各项参数进行标定和迭代计算，以及如何优化简化模型迭代和约束算法，从而体现出行分布的影响因素和地理意义，是理论发展的重点。王炜和孙俊（1996）采取基于路径的标号修正法，用链表技术简化四阶段法中交通分配算法的复杂度，从而构建适用于大型交通网络的 OD 反演模型。李旭宏（1997）通过在四阶段法运算中引入阻抗函数来构建交通需求预测的系统平衡模型，以增强模型的预测力，提高 OD 不完整或无 OD 的情况下交通四阶段法的适应性。詹燕和李硕（2000）对比交通分布阶段重力模型与现状法在拟建道路情景下的预测效果，指出重力模型的优越性在于对交通网络的变化更加敏感。何刚（2003）通过将出行行为理论引入交通需求模型，采取随机效用最大化算法、区位因子修正算法、出行方式相关性算法改进四阶段模型，增强四阶段法预测的准确度。有学者提出，出行分布与交通分配、交通分配与交通方式划分的组合模型，通过全局性原则和均衡性原则，以城市交通预测阻抗作为复用变量，以期求得交通分布、交通分配与交通方式划分整体阶段的最优解（喻翔等，2003；黎伟和陈义华，2007）。韦献兰等（2007）对基于 TransCAD 软件的 OD 反推演算法进行了对比研究，提出随机用户平衡法用于 OD 反推具有优越性，同时指出 OD 反推演算中获取种子 OD 矩阵、合理划分交通小区、合理选取监测时段路段的重要性。曹钰和陈仲（2021）通过 GISDK 函数改善 TransCAD 软件内置的四阶段模型算法，以实现四阶段模型的迭代运算。

6.3.3 出行方式选择理论

交通方式划分是城市交通四阶段法中的第三阶段，这一阶段在交通分布 OD 矩阵的基础上求取各类交通方式的分担量与分担率。一般认为，交通方式划分受到出行者个人特征、出行行为特征、交通基础设施情况、交通成本、交通管理政策措施以及建成环境状况的影响。出行方式选择相关理论诞生之初，常用集计模型进行交通小区层面的出行方式分担研究，从而需要大量调查数据作为支撑。自 20 世纪 70 年代以来，以 Mcfadden（1974）为代表的学者引入经济学效用理论，以概率论为基础建立多项 Logit 模型，以表征出行方式选择概率，基本形式如下：

$$T_{ij,k}^{t} = T_{ij} \frac{\exp[\beta^{t} f(C_{ij})_{k}^{t}]}{\sum_{k} \exp[\beta^{t} f(C_{ij})_{k}^{t}]} \tag{6-4}$$

式中，$T_{ij,k}^{t}$ 为 t 时段内从交通小区 i 到 j 使用交通方式 k 的交通量；$f(C_{ij})_{k}^{t}$ 为 t 时段内交通方式 k 的出行阻抗函数，由各类出行方式的成本进行求取。

　　在实际研究中，学者利用出行调查基础数据，通过出行方式选择模型，探索不同人群的出行方式选择因素与特征，完善阻抗函数和约束函数的求取过程。严海等（2021）通过文献回顾提出了老年人出行行为模式研究中所倡导的保障性策略，包括提供定向交通、构建慢行系统、采取需求响应式服务等措施。程龙和陈学武（2015）根据单日出行调查数据研究南京市低收入群体的出行行为特征，发现低收入人群与非低收入人群在通勤出行中没有明显差异，低收入人群从事非通勤出行活动的频率较低，且出行方式的改善促进低收入人群的非通勤出行活动。王安琪等（2021）基于 IC 卡数据研究武汉市轨道交通站点周边残疾人群出行行为特征，发现武汉市残疾人群的出行具有错峰错时、以中短距离为主、以同区出行为主的特征，且受公交站点密度、道路网络密度、公园密度、地铁站通达性等因素的影响。此外，出行方式划分模型也可用于特定交通方式和城市空间发展特征的评价。张丽花等（2011）基于出行链理论构建了考虑多方式换乘复杂性的城市公共交通系统的评价体系。赵莹等（2014）以北京和芝加哥为例，对比了中美城市居民的出行行为特征差异，发现北京市居民的出行行为呈现空间向心性强、事务性出行频次较高、以慢行交通为主的特征，而芝加哥市居民的出行行为则呈现空间发散性强、休闲性出行频次较高、以私家车为主的特征。

6.3.4　出行链理论

　　出行链理论是一种非集计的交通出行行为综合理论，将个体的出行行为抽象为由节点和路径组成的出行链，用出行的全过程代替出行环节作为交通出行研究中的单元（图 6-3）。相较于传统的四阶段模型，出行链理论关注个体特征及其出行行为之间的关联，以及出行各环节之间的内在关联。出行链理论的形成是人本主义地理学思潮影响下交通模型趋于个性化、精细化的重要体现。Handy（1996）提出基于选择和基于活动两种分析视角，以理解个体的出行行为及其影响因素，概括了出行链模型建构的总体框架。

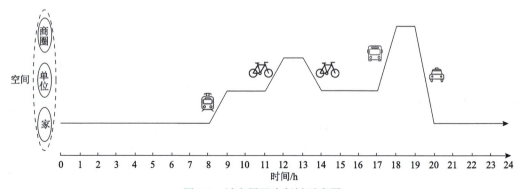

图 6-3　城市居民出行链示意图

基于选择的视角将个体行为放在各类出行约束条件下进行考虑，通过评估出行过程中对时间、空间、经济的约束，以解释个体在出行中的选择。Adler 和 Ben-Akiva（1979）建立了多节点出行链的理论模型，结合效用最大化理论，提出出行链的选择是出行时间成本和费用成本的函数。Thill 和 Horowitz（2010）考虑了出行链选择中的时间限制要素，并对比了约束和非约束两种模型的预测效果。Polat（2012）提出一种出行链选择模型的框架，需考虑出行目的、出行方式、交通供给水平出行特征结构性因素以及建成环境、政策环境、社会经济环境等外部因素，并进行综合建模。

基于活动的视角，将日常活动同出行行为联系在一起，使得个体日常的出行安排可以被出行目的和个人活动特征所描述和解释。Pas 和 Koppelman（1987）基于英国雷丁市的出行调查数据，在实证层面验证了个人出行行为存在日常可变性，并研究了出行行为可变性与出行动机、个人社会经济状况、家庭状况等因素存在关联。Kitamura（1988）研究了出行活动中目的地间的依赖性。Liu 和 Li（2010）从居民出行行为研究的出行链视角，将交通系统的时间维度、空间维度、模式维度和活动类型四个参数系统地结合在一起，将交通系统视作一个有机体。

6.4　交通流与网络理论

6.4.1　交通供需经济理论

交通流在城市道路或轨道通路上的分布本质上是每个出行者根据自己观察到的出行效用选择最优路径，达到纳什均衡的结果，这种系统视角对理解交通流至关重要。为了解决某个交通问题而确定的对基础设施的改建方案或相应交通政策的实施都会影响居民出行选择，从而改变整体交通流的分布，并最终影响措施的实施效果。例如，治理道路拥堵，最直观的方案是扩建道路，增大通行容量，但同时道路通行需求增大，在整体网络中达到路径选择的纳什均衡。一般而言，这种整体交通流分布的改变会减弱方案效果，但在某些极端情况下，会导致拥堵问题加剧。其可见布雷斯悖论，即开通某些路段后交通拥堵情况加剧、通行能力下降。

平衡或者均衡是交通流分布在每次受到扰动之后的最终结果，交通流在各道路的均衡状态（整体分布均衡将在 6.4.3 节详细描述）可借用经济学的供需均衡概念，从"交通需求"和"交通供给"的角度来进行阐述（Sheffi，1984）。在经济学中，均衡的概念意味着市场出清，此时市场需求等于市场供给。图 6-4（a）展示了经济学中的市场供需均衡，其中纵坐标 Q 表示产品的生产量，横坐标 P 表示产品的价格。需求函数曲线表示价格越高市场对该产品的需求量就越少，供给函数曲线表示价格越高该产品的生产量就越多。需求函数和供给函数在均衡点交会，这个点的价格称为均衡价格 P^*，对应的产量表示为 Q^*，*指代均衡或市场出清。在一个完全竞争市场，当市场价格高于均衡价格时[图 6-4（b）]，供给大于需求，生产商会减少产品生产，价格回升。类似地，当市场价格低于均衡价格时，产品供不应求，生产商会扩大生产，价格回落。最终，价格和产量回到均衡点。

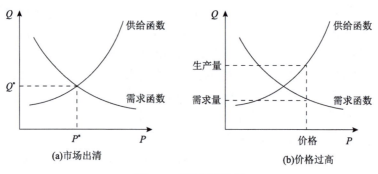

图 6-4   市场供需均衡

从经济学的供需平衡出发，我们很容易概念化某道路上交通流的需求函数。购买产品时，影响需求的是价格，在出行选择道路的语境中，影响需求的是道路通行时间。经济学的市场需求表示为市场对产品的购买量，在交通语境中则是对道路的使用量即道路流量，通常情况下其与道路通行时间呈负相关。但是，在交通语境中不存在供给函数，因为不存在对应产品生产量的所谓生产出来的道路流量，道路流量只是因为道路使用需求而产生。道路的表现函数替代了经济学中的供给函数，其关联了道路通行时间和道路流量，和需求函数一起构建交通流在各路段的需求/表现均衡（对应于经济学的需求/供给平衡）。如图 6-5（a）所示，表现函数曲线表示随着道路流量的增大，道路的通行时间也增加，在表现函数和需求函数的交会点，道路流量和通行时间达到"均衡"，此时的通行时间与道路流量分别用 t^* 与 X^* 表示。当道路通行时间小于 t^* 时，如图 6-5（b）的 t_1 所示，由表现函数可知，道路实际流量为 X_1，从需求函数可知新增道路流量为 X_2，因此道路流量往均衡流量 X^* 靠近，$y = t_1$ 所对应的虚线不断上移，直到与均衡点（X^*, t^*）相交。道路通行时间大于 t^* 时，过程相反，最终实现均衡。

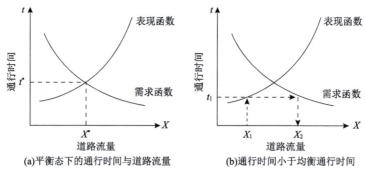

图 6-5   需求/表现均衡

需求函数和表现函数可能会发生改变，情形之一是政府改建交通基础设施或施行交通管制政策。图 6-6 展现了函数改变的情况，第一种情况[图 6-6（a）]是道路扩建，流量对拥堵水平的提升作用减弱，表现函数下移，使得道路能承载的均衡流量从 X^* 增至 X'。第二种情况[图 6-6（b）]表示的是受到扩建道路影响的其他替代性道路上交通需求的萎缩，通行时间相对吸引力的下降表现为需求函数下移，替代性道路上的均衡流量从 X^* 减至 X'' 。

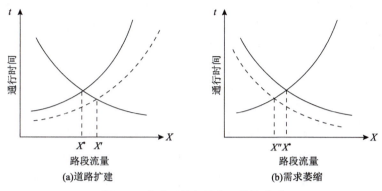

图 6-6　表现函数与需求函数的移动

在以上论述中，为简单起见，讨论范围被集中在道路和道路通行时间，事实上只要用交通设施替代道路，交通服务水平替代道路通行时间，需求/表现均衡可被应用到不同情形的交通服务中。一般来说，交通服务水平都会受到流量的影响，如公共交通中排队的人增多可能会导致等待时间变长，于是表现函数仍然表示交通服务水平与流量呈负相关，而需求函数中显然流量与交通服务水平呈正相关。可在不同具体情形下构建函数，利用均衡来理解问题。

6.4.2　交通流理论

交通流模型中三个基本的交通流特征为流量、密度和速度，通常分别用符号 q 、K 和 u 表示。流量的定义为某一时段内经过道路指定截面的车辆的平均数量。密度表示道路的某个路段在特定时刻单位长度上车辆的平均数量。速度一般指空间平均速度和时间平均速度，分别用 $\overline{u_s}$ 和 $\overline{u_t}$ 表示。前者指某个时刻路段上所有车辆的平均速度，后者指经过路段某截面的车辆的平均速度。

流量、密度和速度之间的基本关系可用以下公式表达（Sheffi，1984）：

$$q = \overline{u_s}K \tag{6-5}$$

在这里，只有当速度为空间平均速度时等式才成立，在这里给出初步证明。将式（6-5）右边乘以时间长度 t ，分子、分母同乘道路长度 l 。$\overline{u_s}t/l$ 表示假设路段上只有一辆车，某一时段内的流量；$\overline{u_s}$ 表示这辆虚拟车的速度为路段上所有车辆的速度平均值；Kl 表示路段上实际的车辆数，因此 $\dfrac{\overline{u_s}t}{l}Kl$ 就表示这段时间内路段的总流量，即 qt 。这就是上式的等价证明。

$$\overline{u_s} Kt = \frac{\overline{u_s} tKl}{l} = \frac{\overline{u_s} t}{l} Kl = \frac{qt}{Kl} Kl = qt \tag{6-6}$$

通常来说，随着密度的增大，道路上车辆的速度会下降。更多的车辆意味着更多的相互干扰，越小的安全距离意味着越低的车速。描述密度和速度负相关关系最著名的等式是格林希尔茨公式，其将速度视为密度的一次函数：

$$u(K) = u_f - \frac{u_f}{K_j} K \tag{6-7}$$

式中，u_f 表示车辆的自由流速度，为 $K = 0$ 的理想情况下的速度；K_j 为完全拥堵时路段的车辆密度，当 $K = K_j$ 时，$u(K) = 0$，将速度视为密度的函数后，流量也可视为密度的函数，即 $q = u(K) K$；把流量放在纵轴、密度放在横轴，就得到交通流基本图。当密度为 0 或达到完全拥堵密度时，路段流量为 0。在某个最佳密度 K_{opt} 下，流量达到最大值，即道路容量。

交通流基本图即图 6-7 中曲线的形态，与交通流模型所做的具体假设相关。基于上文提到的格林希尔茨公式，构建流量和密度的具体函数关系如下。公式表示的二次函数左右对称，当 $K_{opt} = \frac{1}{2} K_j$ 时，路段流量具有最大值 $\frac{1}{4} u_f K_j$，此时车辆的空间平均速度为自由流速度的一半。

$$q(K) = u_f K - \frac{u_f}{K_j} K^2 \tag{6-8}$$

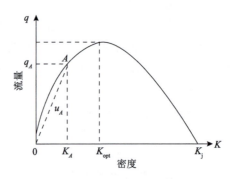

图 6-7　特定路段的交通流基本图

交通流基本图的曲线上任意一点都表示一组特定的交通流特征。以曲线上的 A 点为例，此时密度为 K_A、流量为 q_A，根据三要素基本关系，可得从原点到 A 点的直线斜率就是该路段上所有车辆的平均速度 u_A。

最后，需要探讨速度与流量之间的关系。根据格林希尔茨公式和流量、密度、速度的关系，可得流量-速度函数与流量-密度函数具有相似的函数形态：

$$q(u) = K_{j}(u_{f} - u) - \frac{K_{j}}{u_{f}}(u_{f} - u)^{2} \qquad (6-9)$$

将速度转化为时间，构建通行时间与路段流量的关系，如图 6-8 所示。随着路段车辆密度的增大，空间平均速度下降，通行时间变长，同时流量呈现先快速增加后缓慢衰减的情况。在交通流建模时，流量通常作为关键变量，并假设道路通行时间随着流量增长单调递增，这意味着大多数交通流模型仅使用图 6-8 通行时间与流量函数曲线的下半段，表现函数的单调性在算法设计和计算时间上具有显著优势。在中心城区等交叉口多的地方，交叉口由于红绿灯与行驶路线相互干扰情形的存在，通行容量比路段更小，也更容易产生排队或拥堵，因此路段的交通流超过最大容量的可能性很低，通行时间-流量函数的单调递增假设在一定程度上是合理的。此外，在不区分交叉口或路段流量造成的拥堵时，因为交叉口的排队拥堵与流量具有更敏感的严格正相关关系（不同于路段一个流量对应多个通行时间）且额外拥堵时间的量级更大，可使用美国联邦公路局（BPR）函数等单调递增的表现函数将二者的拥堵统一考虑，测算相关参数，此时需注意相关参数的含义不同于路段的表现函数的各参数。

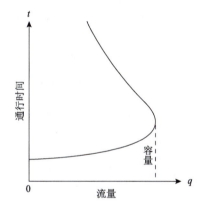

图 6-8　根据格林希尔茨公式构建的通行时间与流量关系

6.4.3　交通流分配理论

本节讨论在整体城市交通网络中交通流分配均衡状态的理论。

如 6.4.1 节所述，交通流在城市道路或轨道通路上的分布，本质上是每个出行者根据自己观察到的出行效用选择最优路径，达到纳什均衡的结果。出行者最优原则即 Wardrop 第一原理，基于这个思想，认为当网络中的交通量分配达到整体均衡时，对于出行者而言，所有被选用路径的出行时间均小于未被选用的路径。换言之，出行者无法通过自身单方面的改变获得更优的路径选择结果。

Wardrop 第一原理所对应的交通流分配算法是用户平衡法（user-equilibrium，UE）。用户平衡法假设出行者具有道路状况的完全信息并且永远做出路径选择的最优决策，还不考虑用户对所选路径效用感知的差异化（de Dios Ortuzar and Willumsen，2011）。当放松出行者感知效用同质化的假设后，平衡条件变为每个出行者都相信他们无法通过自身单方面的改变获得更优的路径选择结果，基于该假设的变体算法称为随机用户平衡法（stochastic-user-equilibrium，SUE）。

用户平衡法的目标函数表达如下，其本质上是有条件求解最小值问题：

$$\min z(\boldsymbol{x}) = \sum_a \int_0^{x_a} t_a(\omega)\,\mathrm{d}\omega \qquad (6\text{-}10)$$

s.t.

$$\sum_k f_k^{rs} = q_{rs} \quad \forall r, s \qquad (6\text{-}11)$$

$$f_k^{rs} \geq 0 \quad \forall k, r, s \qquad (6\text{-}12)$$

式中，路段 a 上的流量 $x_a = \sum_r \sum_s \sum_k f_k^{rs} \delta_{a,k}^{rs}$；$f_k^{rs}$ 为从起点 r 到终点 s 分配到路径 k 上的流量；q_{rs} 为从起点 r 到终点 s 的流量；当路段 a 包含在路径 k 时，$\delta_{a,k}^{rs} = 1$，否则等于 0；t_a 为路段 a 的表现函数，如前所述，通常假设其单调递增。求最小值的目标函数并没有直观上的物理或经济意义，可将其视为解决平衡问题的纯数学建构，结果满足 Wardrop 第一原理。

Wardrop 第二原理认为，当交通网络上的交通流均衡时，所有车辆总出行时间最小。其对应的交通流分配算法是系统最优法（system-optimization，SO），目标函数如下：

$$\min \tilde{z}(\boldsymbol{x}) = \sum_a x_a t_a(\omega) \qquad (6\text{-}13)$$

s.t.

$$\sum_k f_k^{rs} = q_{rs} \quad \forall r, s \qquad (6\text{-}14)$$

$$f_k^{rs} \geq 0 \quad \forall k, r, s \qquad (6\text{-}15)$$

在大多数情况下，交通流分配满足 Wardrop 第一原理，在某些特殊情形下同时满足 Wardrop 第二原理。只满足 Wardrop 第二原理的交通流分布时，用户可以单方面优化出行路径向纳什均衡移动，不过现实中难以存在，因此不建议使用系统最优化分配算法进行交通流模拟。但是，Wardrop 第二原理及其算法可用来明确交通系统最优的流量分布状态，并用最优状态下车辆的总出行时长来评估现有方案的不足。

6.4.4　交通拥堵与外部性理论

路径全部或部分重合的交通流之间会相互影响，根据具体路段的表现函数增加彼此的通行时间，产生拥堵现象。交通拥堵不但造成出行者的时间、精力损失，而且导致燃料、电力浪费，不利于城市经济发展和生态保护，因此已成为现代城市交通亟待解决的重要问题。

　　在现实生活中，拥堵现象的成因一方面是交通基础设施承载能力与出行需求的空间错配，另一方面是过度的车辆（主要是私家车）出行需求。后者本质上源于出行的个人成本和社会成本不同，居民出行的个人成本仅是所选路径的出行成本，但社会成本却需要考虑外部性，即该出行对所选路径上其他车辆通行的负面影响（O'Sullivan，2003）。图 6-9 对拥堵的外部性做了示意，横轴为路段的流量水平，纵轴为出行成本。图 6-9 中有三条曲线：需求曲线，在 6.4.1 节中已经提及，表示在该路段上出行的边际收益；个人出行平均成本曲线，与表现函数曲线相关，表示个人出行在某流量水平下的平均成本（如道路通行时间）；社会边际成本曲线，表示路段上所有车辆因为流量增大所增加的出行成本。因为出行存在外部性，所以社会边际成本曲线在个人出行平均成本曲线的上方，仅当流量为 0 时二者相等（为方便作图，图中未标出）。

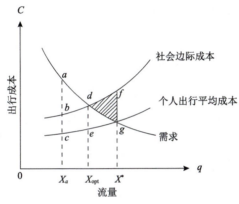

图 6-9　拥堵的外部性

　　假设路段的初始流量水平为 X_a，此时存在出行效用高于出行成本的出行者，因此流量继续增加。当流量增至 X^* 时，出行边际收益等于个人出行成本，实现交通流均衡。因为社会边际成本大于个人出行平均成本，所以社会最优的交通流量水平 X_{opt} 小于 X^*。在经济学中，均衡点左边边际收益曲线之下、边际成本曲线之上的部分可视为社会总福利的增加量（反之为减少量），政策的实施通常要求能增加或最大化社会总福利。当流量水平从 X_a 增至 X_{opt} 时，社会总福利增加量为三角形 abd 的面积。而当流量水平从 X_{opt} 增至 X^* 时，社会总福利减少。最常用来解决拥堵外部性的交通政策是收取拥堵税，向上移动个人出行平均成本曲线，使点 g 往点 d 靠拢。在理想情况下，拥堵税税额为图中 de 线段，表示出行成本换算的货币量，此时"个人最优选择"与"社会最优选择"相同，社会总福利增加量为三角形 dfg 的面积（假设政府收取的拥堵税在其他地方全部返还给了社会总福利）。

<h2 style="text-align:center">参 考 文 献</h2>

曹钰, 陈仲. 2021. 基于 GISDK 实现四步骤交通需求预测模型反馈循环的方法研究. 智能城市, 2(5): 62-63.

程龙, 陈学武. 2015. 基于结构方程的城市低收入通勤者活动-出行行为模型. 东南大学学报: 自然科学版, 45(5): 7.

杜金龙, 朱记伟, 解建仓, 等. 2018. 基于 GIS 的城市土地利用研究进展. 国土资源遥感, 30(3): 9-17.

顾朝林. 1999. 北京土地利用/覆盖变化机制研究. 自然资源学报, 14(4): 307-312.

何春阳, 史培军, 陈晋, 等. 2005. 基于系统动力学模型和元胞自动机模型的土地利用情景模型研究. 中国科学(D 辑: 地球科学), (5): 464-473.

何刚. 2003. 城市交通规划交通需求预测模型的研究. 合肥: 合肥工业大学.

黄怡. 2004. 城市居住隔离及其研究进程. 城市规划汇刊, (5): 65-72, 96.

凯恩斯. 1983. 就业、利息和货币通论. 徐毓枬译. 北京: 商务印书馆.

克里斯塔勒. 1998. 德国南部中心地原理. 王兴中, 常正文译. 北京: 商务印书馆.

黎伟, 陈义华. 2007. 基于四阶段法的交通需求预测组合模型. 重庆工学院学报(自然科学版), (3): 93-95, 102.

李旭宏. 1997. 城市交通分布预测模型研究——系统平衡模型及其应用. 东南大学学报: 自然科学版, 27(A11): 4.

刘盛和, 吴传钧, 陈田. 2001. 评析西方城市土地利用的理论研究. 地理研究, (1): 111-119.

刘盛和, 吴传钧, 沈洪泉. 2000. 基于 GIS 的北京城市土地利用扩展模式. 地理学报, (4): 407-416.

曼昆. 2017. 经济学原理 7 版. 梁小民, 梁砾译. 北京: 北京大学出版社.

史培军, 陈晋, 潘耀忠. 2000. 深圳市土地利用变化机制分析. 地理学报, 55(2): 151-160.

王安琪, 彭建东, 任鹏, 等. 2021. 轨道站点周边建成环境对残疾人出行行为的影响研究——以武汉市189 个轨道站点为例. 地理科学进展, 40(7): 1127-1140.

王炜, 孙俊. 1996. 大型交通网络 OD 矩阵推算方法研究. 东南大学学报, (S1): 49-56.

韦献兰, 李海峰, 耿彦斌, 等. 2007. TransCAD 平台下 OD 矩阵反推结果对比研究. 公路, (6): 7.

许学强, 周一星, 宁越敏. 2022. 城市地理学. 北京: 高等教育出版社.

严海, 金瑞欣, 李涛. 2021. 基于知识图谱的老年人出行行为特征研究进展. 长安大学学报: 自然科学版, 41(4): 101-114.

杨建新, 龚健, 高静, 等. 2019. 国家中心城市土地利用变化稳定性和系统性特征——以武汉市为例. 资源科学, (4): 701-716.

杨明, 曲大义, 王炜, 等. 2002. 城市土地利用与交通需求相关关系模型研究. 公路交通科技, 19(1): 4.

喻翔, 毛敏, 刘建兵. 2003. 城市交通需求预测组合模型的研究. 西南交通大学学报, (1): 75-79.

詹燕, 李硕. 2000. 重力模型在交通分布预测中的应用. 湖南交通科技, 26(2): 3.

张丽花, 张好智, 杨小宝. 2011. 基于乘客出行链的公共交通服务质量评价研究. 公路与汽运, (4): 4.

张晓玲, 吴宇哲, 关欣. 2008. 城市化视角下的土地利用变化研究综述. 农机化研究, (1): 242-245.

张镱锂, 李秀彬. 2000. 拉萨城市用地变化分析. 地理学报, 55(4): 395-406.

赵莹, 柴彦威, 关美宝. 2014. 中美城市居民出行行为的比较——以北京市与芝加哥市为例. 地理研究, (12): 11.

钟鸣, Hunt J D, Abraham J E. 2007. 加拿大阿尔伯塔省土地利用交通模型的发展. 交通运输系统工程与信息, 7(1): 13.

周素红, 闫小培. 2005. 广州城市空间结构与交通需求关系. 地理学报, 60(1): 12.

Adler T, Ben-Akiva M. 1979. A theoretical and empirical model of trip chaining behavior. Transportation Research Part B: Methodological, 13(3): 243-257.

Alonso W. 1964. Location and Land Use. Toward a General Theory of Land Rent. Cambridge, USA: Harvard University Press.

Anselin L. 1989. What is Special About Spatial Data? Alternative Perspectives on Spatial Data Analysis (89-4). Santa Barbara, USA: National Center for Geographic Information and Analysis.

Batty M, Xie Y. 1994. From cells to cities. Environment and Planning B: Planning and Design, 21 (7): S31-S48.

Clarke K C. 2008. Mapping and modelling land use change: An application of the SLEUTH model//Landscape Analysis and Visualisation. New York: Springer: 353-366.

Clarke K C, Hoppen S, Gaydos L. 1997. A self-modifying cellular automaton model of historical urbanization in the San Francisco Bay area. Environment and Planning B: Planning and Design, 24 (2): 247-261.

de Dios Ortuzar J, Willumsen L G. 2011. Modelling Transport. 4th Edition. New York: John Wiley & Sons.

Echenique F. 2008. What matchings can be stable? The testable implications of matching theory. Mathematics of Operations Research, 33 (3): 757-768.

Fishburn P C. 1966. Stationary value mechanisms and expected utility theory. Journal of Mathematical Psychology, 3 (2): 434-457.

Gale D, Shapley L S. 2013. College Admissions and the stability of marriage. The American Mathematical Monthly, 120 (5): 386-391.

Handy S. 1996. Methodologies for exploring the link between urban form and travel behavior. Transportation Research Part D: Transport and Environment, 1 (2): 151-156.

Kahneman D, Tversky A. 1979. Prospect theory: An analysis of decision under risk. Econometrica, 47 (2): 263-291.

Kaiser E J, Godschalk D R, Chapin F S. 1995. Urban Land Use Planning. Champaign, Illinois: University of Illinois Press Urbana.

Kitamura R. 1988. An evaluation of activity-based travel analysis. Transportation, 15 (1): 9-34.

Li X, Yeh A G-O. 2002. Neural-network-based cellular automata for simulating multiple land use changes using GIS. International Journal of Geographical Information Science, 16 (4): 323-343.

Liu X, Liang X, Li X, et al. 2017. A future land use simulation model (FLUS) for simulating multiple land use scenarios by coupling human and natural effects. Landscape and Urban Planning, 168: 94-116.

Liu Z, Li X. 2010. Review of Trip-Chain-Based Travel Activity Study of Residents. Harbin: International Conference on Logistics Systems and Intelligent Management.

Losch A. 1937. Population cycles as a cause of business cycles. The Quarterly Journal of Economics, 51 (4): 649-662.

Losch A. 1954. The Economics of Location. New Haven: Yale University Press.

Manandhar R, Odeh I O A, Pontius R G. 2010. Analysis of twenty years of categorical land transitions in the Lower Hunter of New South Wales, Australia. Agriculture, Ecosystems & Environment, 135 (4): 336-346.

Mcfadden D. 1974. Conditional logit analysis of qualitative choice behavior//Zarembka P. Frontiers in Econometrics. Washington DC: Academic Press: 105-142.

Moeckel R, Garcia C L, Chou A, et al. 2018. Trends in integrated land use/transport modeling: An evaluation of the state of the art. Journal of Transport and Land Use, 11 (1): 463-476.

Nuissl H, Siedentop S. 2021. Urbanisation and land use change//Sustainable Land Management in A European Context: A Co-Design Approach. Berlin: Springer International Publishing: 75-99.

O'Sullivan A. 2003. Urban Economics. Boston: McGraw-Hill/Irwin.

Overmars K D, de Koning G, Veldkamp A. 2003. Spatial autocorrelation in multi-scale land use models. Ecological Modelling, 164 (2-3): 257-270.

Pas E I, Koppelman F S. 1987. An examination of the determinants of day-to-day variability in individuals' urban travel behavior. Transportation, 14 (1): 3-20.

Pászto V. 2020. Economic geography//Spationomy: Spatial Exploration of Economic Data and Methods of Interdisciplinary Analytics. Berlin: Springer International Publishing: 173-192.

Poelmans L, van Rompaey A. 2010. Complexity and performance of urban expansion models. Computers, Environment and Urban Systems, 34(1): 17-27.

Polat C. 2012. The demand determinants for urban public transport services: A review of the literature. Journal of Applied Sciences, 12(12): 1211-1231.

Rodrigue J-P. 2020. The Geography of Transport Systems. London: Routledge.

Santé I, García A M, Miranda D, et al. 2010. Cellular automata models for the simulation of real-world urban processes: A review and analysis. Landscape and Urban Planning, 96(2): 108-122.

Sheffi Y. 1984. Urban Transportation Networks: Equilibrium Analysis With Mathematical Programming Methods. Englewood Cliffs, USA: Prentice Hall.

Thill J C, Horowitz J L. 2010. Travel-time constraints on destination-choice sets. Geographical Analysis, 29(2): 108-123.

Tobler W R. 1970. A computer movie simulating urban growth in the detroit region. Economic Geography, 46(S1): 234-240.

Versace V L, Ierodiaconou D, Stagnitti F, et al. 2008. Appraisal of random and systematic land cover transitions for regional water balance and revegetation strategies. Agriculture, Ecosystems & Environment, 123(4): 328-336.

Webber M M. 2016. The urban place and the nonplace urban realm//Webber M M. Explorations into Urban Structure. Philadelphia: University of Pennsylvania Press: 79-153.

Weber A, Friedrich C J. 1929. Alfred Weber's Theory of the Location of Industries. Chicago: The University of Chicago Press.

Wegener M. 2014. Land-Use Transport Interaction Models. Berlin: Springer-Verlag.

Willumsen L G. 1978. Estimation of an O-D Matrix from Traffic Counts: A Review. Leeds: University of Leeds.

Zhang D, Liu X, Wu X, et al. 2019. Multiple intra-urban land use simulations and driving factors analysis: A case study in Huicheng, China. GIScience & Remote Sensing, 56(2): 282-308.

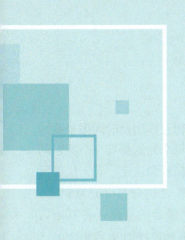

第7章

量化模型算法

7.1　城市土地利用类型识别技术

本书将研究区划分为规则网格，首先根据真实土地利用数据与地理信息兴趣点（POI）数据构建 POI 类型和土地利用类型的对应关系与权重。其次，计算每类 POI 的频数比例和类别比例。最后，根据 POI 的类别比例和平均面积构建综合指标，选择网格内综合指标最大的用地类型作为该网格的主导用地类型。计算公式如下：

$$F_i = n_i / N_i \quad (i = 1, 2, \cdots, 7) \tag{7-1}$$

$$C_i = \frac{F_i}{\sum F_i} \times 100\% \quad (i = 1, 2, \cdots, 7) \tag{7-2}$$

式中，n_i、N_i 分别为 i 类 POI 在网格和研究区内的数量；F_i 为频数比例；C_i 为类别比例。考虑 POI 数据较难在空间上反映准确的道路与交通设施用地分布，因此 CitySPS 平台根据各级道路的宽度计算道路缓冲区，并且将道路缓冲区面积占比大于一定阈值的网格设置为道路与交通设施用地。此外，还结合了空间分辨率为 30 m 的土地覆盖遥感监测数据集对非建设用地的范围进行修正。

7.2　城市土地利用变化模型

城市的发展演变是在外部控制因素与局部城市单元自身扩展能力变化因素共同影响下的结果，受到不同尺度的社会、经济和自然因素的综合影响和共同制约。因此，集成 CA 模型、Markov 模型、Logistic 回归模型等构建复合的 Logistic-CA 模型模拟城市用地演变过程。

7.2.1　CA 模型

CA 模型是一种时间、空间和状态均离散，考虑局部空间相互作用及时间因果的网格动力学模型。CA 模型将每个网格划分为大小适当的元胞，每个元胞都有一个特定的状态并遵循相应的转换规则，未来的状态由邻域条件制定的转换规则决定。若 k 代表元胞的状态，并在一个有限集合 S 中取值，则整数集 Z 上状态集 S 的分布可记为 S^Z，r 表示元胞的邻域半径，则 CA 的动态演化就是在时间上状态组合的变化，将其记为 $F:S_t^Z \rightarrow S_{t+1}^Z$。其动态演化是由各个元胞的局部演化函数即局部转换规则 f 所决定的，假定其为最简单的一维 CA，则其在元胞及其邻域范围内的状态集为 S_t^{2r+1}，局部函数为 $f:S_t^{2r+1} \rightarrow S_{t+1}$。对区域空间内的所有元胞独立施加上述局部转换规则，就可以得到全局的演化：$F(c_t^i) = f(c_t^{i-r}, \cdots, c_t^i, \cdots, c_t^{i+r})$。

从构成来看，CA 由元胞、元胞状态空间、邻域、演化规则四部分组成，$f:A = (L, S, N, f)$。其中，A 为一个 CA，L 为元胞空间，S 为元胞的有限状态集，N 为单个元胞的邻域集合，f 为局部转换规则函数。

在二维 CA 中，元胞和元胞空间按三角形、正方形或六边形网格排列。限于计算处理、表达和输出显示，通常将其转换为正方形网格处理；元胞空间的状态则取值于一个有限的离散集；邻域元胞范围需定义一定的规则来明确，在一维 CA 中通常以半径确定，二维 CA 的邻域定义包括邻域位于与中心元胞相邻 4 方向上的 Von Neumann 型[图 7-1（a）]、邻域位于中心元胞周围 8 方向上的 Moore 型[图 7-1（b）]及扩展 Moore 型[图 7-1（c）]等多种；局部转换规则是依据元胞当前状态及邻域状况来确定下一时刻元胞状态的函数。

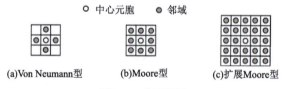

○ 中心元胞　　● 邻域

(a)Von Neumann型　　　(b)Moore型　　　(c)扩展Moore型

图 7-1　典型邻域

在简单多数 CA 模型中，对于元胞空间：$L = \{C_{ij} | 1 \leq i \leq n, 1 \leq j \leq n\}$，$n$ 为网格行列数，则位于 i 行 j 列的元胞 C_{ij} 可用矩阵形式表示：

$$\begin{bmatrix} C_{11} & C_{12} & \cdots & C_{1n} \\ C_{21} & C_{22} & \cdots & C_{2n} \\ \vdots & \vdots & & \vdots \\ C_{n1} & C_{n2} & \cdots & C_{nn} \end{bmatrix} \quad (7\text{-}3)$$

元胞状态集 $S = \{1, 2, 3, \cdots, v\}$，领域采用 Moore 型，对于任一元胞 C_0，其邻域共 8 个元胞 $C_1, C_2, \cdots, C_8$，边界元胞的邻域通过扩展得到。首先统计所有邻域的状态，将其数量计入向量：$\begin{bmatrix} n_1 & n_2 & n_3 & \cdots & n_k & \cdots & n_v \end{bmatrix}$，其中 n_k（$k = 1, 2, \cdots, v$）代表邻域中处

于状态 v 的元胞数量。之后，查找该向量最大元素的下标，并将当前元胞的状态转化为 k_0 状态类型：

$$k_0 \in \left\{ k \middle| n_k = \max(n_1, \cdots, n_v) \right\} \tag{7-4}$$

CA 模型能够描述区域中相互作用的多系统单元的集体行为随时间的演变情况，其由于强大的空间运算能力、空间可视化能力、适于模拟复杂系统行为等优势，被越来越多地应用于城市及其他现象的动态模拟中。

7.2.2　Markov 模型

城市用地类型的演变是随时间的发展而变化和转移的，可以年为单位，选择某些年份作为时间点，判断时间点及相邻两两之间各种用地类型的变化，由此形成一个随机转移问题。这一研究问题满足 Markov 这一离散的随机数学模型，即通过研究初始时刻事物的状态及状态间的转移概率来研究后一时点。按照过程的发展，将时间离散化为 $1, 2, \cdots, n$。若时刻 t 时，过程处于状态 S_t 的概率是 $a_i(t)$，那么如式（7-5）所示的状态随机转移过程为 Markov 过程。

$$a_i(t+1) = \sum_{j=1}^{n} a_i(t)P_{ij} \quad (i=1, 2, \cdots, n) \tag{7-5}$$

无后效性和稳定性是 Markov 模型的两大特征。其中，无后效性是指状态转移概率仅与转移出发状态、转移步数、转移后状态有关，而与转移前的时刻无关。稳定性是指经过一步转移的状态转移概率矩阵在某一随机过程中的任何时刻都相等。因此，在一定条件下，城市用地的动态演变具有 Markov 过程的性质，这一方法在用地变化模拟预测中应用广泛。应用于城市用地演变模型的基本公式为：$S_{t+1} = P_{ij}S_t$。其中，S_t 和 S_{t+1} 分别指 t 时刻和 $t+1$ 时刻的用地类型状态，P_{ij} 为 t 时刻用地类型发生转换的概率。

$$P_{ij} = \begin{pmatrix} P_{11} & \cdots & P_{1n} \\ \vdots & & \vdots \\ P_{n1} & \cdots & P_{nn} \end{pmatrix}, \ P_{ij} \in [0,1) \text{且} \sum_{n} P_{ij} = 1 \quad (i, j = 1, 2, \cdots, n) \tag{7-6}$$

7.2.3　Logistic 回归模型

Logistic 回归模型可以在城市模拟中根据诸多因素确定用地类型转化的概率，模型的变量参数值可通过历史数据标定。在 t 时刻城市用地单元 i 转化为其他性质用地的概率 p_{ij}^t 为

$$p_{ij}^t = \frac{1}{1 + \exp(-U_{ij}^t)} \tag{7-7}$$

$$U_{ij}^{t} = \gamma_0 + \gamma_1 x_1^t + \gamma_2 x_2^t + \cdots + \gamma_n x_n^t \qquad （7\text{-}8）$$

式中，$\gamma_0, \gamma_1, \gamma_2, \cdots, \gamma_n$ 为权重系数；$x_1^t, x_2^t, \cdots, x_n^t$ 为土地利用转换的各项驱动因子。

7.3　存量人口的居住与就业地选择模型

　　本书中存量区位选择模型的主要研究对象为城市存量常住人口，主要行为包括居住和就业。模型可分为常住人口存量居住区位选择模型和就业区位选择模型两大部分。模型从常住人口居住和就业的微观决策主体角度出发，通过比较不同居住地和就业地效用，寻找最优空间区位，并重塑存量人口的居住和就业分布格局，预测存量常住人口居住和就业分布格局演化、生长。

　　本书在构建人口与就业存量区位选择模型过程中，相较于以往模型，在时空动态度、系统化集成、要素识别、理论支撑等方面予以改良（图 7-2）。霍兰（2019）、希利尔（2008）学者将人口、就业分布从新经济地理学的静态截面分析提升至动态演变预测层面，考虑城市复杂系统，从区域经济、交通系统、土地利用、生态安全等多视角共同组成系统模拟，基于功能分区（Corbusier et al.，1973）、职住平衡（Giuliano and Small，1993；Peng，1997）、行为学、经济学、人口学理论等构建城市常住人口居住和就业迁移选择行为与迁移距离、房价、可达性、商业设施、工业设施等之间的响应关系。以存量更新迁移视角，基于随机效用理论（Chorus et al.，2008）、距离衰减效应、效用最大化原则等，分不同性别年龄结构人群和劳动力人口不同就业行业类别，考虑居住和分布主要影响因素及其作用机理，构建人口与就业随机效用选择模型，模拟、

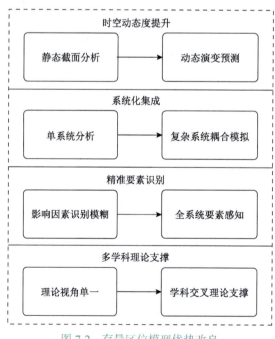

图 7-2　存量区位模型优势改良

预测并输出城市存量常住人口居住和就业分布格局。存量常住人口分布格局可提供社会经济活动基底图层——人口分布现状，其在政策意义方面有助于厘清设施与服务分布及容量需求，强化就业、养老、儿童福利、托育、家政等民生领域供需对接，进一步优化公共资源配置（Zanella et al.，2014）。就业分布在社会经济意义方面，有助于厘清产业与企业分布及容量，科学合理布局产业园区、孵化园、转化园，为产业集群发展提供决策支撑；助力"就业网格化管理"，结合人口分布，强化职住匹配，减少通勤，缓解交通拥堵压力和交通碳排放等。

在 CitySPS 平台模型量化之前需先实现多源时空大数据库的构建，基于经济普查数据、手机信令数据、人口普查数据、POI 数据、统计年鉴数据（交通运输统计年鉴、城市建设统计年鉴）、OSM（open street map）路网数据等进行数据清洗、集成、变换、规约，构建多源时空大数据库（图 7-3）。

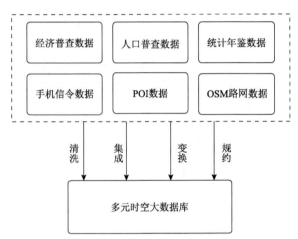

图 7-3　多源时空大数据库数据来源及示意图

存量区位选择模型架构主要分为感知分布影响因素、分析计算区位效用、随机效用离散选择模型构建和分布系统模型模拟预测四大板块（图 7-4）。

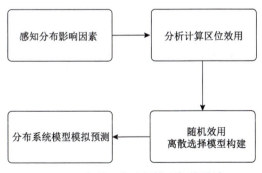

图 7-4　存量区位选择模型架构设计

7.3.1　感知常住人口居住和就业分布及主要影响因素

采用多源时空大数据感知人口、就业分布及主要影响因素。数据源主要包括手机信令数据、普查数据、企业工商注册数据、互联网 POI 数据、卫星遥感大数据等。手机信令数据主要用于获取城市不同人群居住分布和居住地迁移、不同行业类别就业分布数据和就业地迁移数据，具体包括年龄标签（age）、性别标签（gender）、核心用户标签（is_core）、驻留信息（ptype）、居住地网格编号（tid_reside）、就业地网格编号（tid_job）、网格人口数量（cid）等信息，并识别不同人群居住地分布及迁移情况、不同行业类别就业地分布和就业迁移情况。普查数据主要用以校核人口分布；企业工商注册数据主要用来校核就业分布；互联网 POI 数据主要包括如商业设施、工业设施、公共服务设施、房价等影响居住和就业分布因素的数据（Huang et al.，2020）；卫星遥感大数据主要用以分析工业、商业、公共服务等用地的空间分布。

7.3.2　居住地、就业地区位随机效用计算

基于随机效用理论和现有研究对居住地、就业地选择随机效用变量分析，通过相关性分析等统计学方法，综合选取如房价、可达性、建成环境变量、距离等影响居住地和就业地迁移行为效用的主要因子。以居住地区位随机效用计算为例，居住地区位选择模型总效用 $U_n(i,j)$ 包括现居住地效用 $L_n(i)$、居住迁移效用 $R_n(i)$ 和迁移目的地居住效用 $\mathrm{NL}_n(j)$ 三项，公式如式（7-10）所示。

$$U_n(i,j) = L_n(i) + R_n(i) + \mathrm{NL}_n(j) \tag{7-9}$$

$$
\begin{aligned}
L_n(i) &\sim F\left(X_{i,1}, X_{i,2}, \cdots, X_{i,n}\right) \\
R_n(i) &\sim F\left(Y_1, Y_2, \cdots, Y_n\right) \\
\mathrm{NL}_n(j) &\sim F\left(X_{j,1}, X_{j,2}, \cdots, X_{j,n}\right)
\end{aligned}
\tag{7-10}
$$

式中，$L_n(i)$ 包括由区域 i 房价、可达性、职住关系系数等组成的函数；$R_n(i)$ 以区域 i 和 j 的空间距离作为函数表示；$\mathrm{NL}_n(j)$ 为由区域 j 房价、可达性、职住关系系数等组成的函数。

7.3.3　随机效用离散选择模型构建

将基于手机信令数据识别的居住迁移和就业迁移数据作为被解释变量，并构建二元 Logit 模型，公式如式（7-11）所示，以居住地或者就业地区位选择模型总效用作为解释变量。基于 CitySPS 平台的 C 端进行参数估计。这里以居住地区位选择模型为例。

$$P_n(i \sim j) = \frac{\exp\left[U_n(i \sim j)\right]}{\sum_{i \in A_i} \exp\left[U_n(i \sim j)\right]} \tag{7-11}$$

式中，$P_n(i \sim j)$ 为从区域 i 向区域 j 进行居住地迁移（或就业地迁移）的概率；A_i 为区域 i 的集合以及变量。

1. 常住人口居住分布系统模型模拟预测

要对模型实现预测功能，需建立各居住地选择因素与行为选择的时序关系，如公共基础设施影响居民居住地选择存在滞后效应，故对模型引入时序关系，从时间维对模型予以补充。对前文所感知识别的常住人口分布影响主要因素，均附以时间维，即变量均具有时间变化特征。以 $t-1$ 为基准时点，t 为预测时点，$t-2$ 为基准年前一个单位时点，$t-3$ 以此类推。构建 t 时点被解释变量与 $t-1$、$t-2$ 甚至 $t-n$ 时点解释变量间的量化关系[式（7-12）]，并根据实际数据求解参数，因此实现预测功能。

$$M(t) \sim F\left(x_1^{t-1}, x_1^{t-2}, \cdots, x_1^{t-n}, x_2^{t-1}, \cdots, x_2^{t-n}, \cdots, x_m^{t-n}\right) \quad （7\text{-}12）$$

式中，$M(t)$ 为 t 时点被解释变量；x_m^{t-n} 为 $t-n$ 时点的第 m 个解释变量。

2. 就业分布系统模型模拟预测

依据上文原则，建立各就业地的区位选择因素和行为选择本身的时序关系，如可达性等就业地区位环境要素，故对模型引入滞后效应关系。补充时间维度，丰富模型时空动态性。对前文感知的就业分布影响因素均引入时间维度，丰富变量特征。模型构建方法同常住人口居住分布系统模型模拟预测。其通用数学公式与式（7-12）保持一致。

7.4　空间增量人口与就业的空间分布模型

本书中空间增量分布模型的主要研究对象为城市新增常住人口，主要研究行为包括居住和就业。模型可分为常住人口居住空间增量分布模型和就业空间增量分布模型两大部分。模型构建常住人口居住吸引力函数和就业吸引力函数，通过不同区域居住吸引力和就业吸引力的相互竞争，寻找增量分配空间，对新增人口的居住和就业分布格局进行构造，预测新增常住人口居住和就业分布格局的形成及演化过程。

本书在构建空间增量分布模型中，考虑城市圈层结构、城市设施布局及规划等因素，引入居住拥挤度、就业岗位拥挤度、职住关系系数、房价等因子，构建职住匹配、商业活力、交通可达性、住房价格、产业设施的居住吸引力函数和就业吸引力函数。通过居住和就业吸引力的空间分异，将新增常住人口和就业岗位按照居住吸引力和就业吸引力占全局的比例进行权重分配。对于新增常住人口，考虑人口总量、年龄结构和性别结构，分不同人群；对于就业考虑产业结构差异，划分各行业新增就业，并提出增量分配权重的概念（任智等，2020），构建常住人口居住空间增量分布模型和就业空间增量分布模型，对各类增量分别按照居住吸引力函数和就业吸引力函数区域权重进行空间分配，模拟、预测并输出城市新增常住人口居住和就业分布格局。常住人口增量及分布格局可作为政府规划发展目标和城市生长的表征，其在政策意义方面，有助于为城市发展提出规划依据和判断，对接未来各类设施和服务容量需求与分布需求（彭建东等，2022；仲亮和徐磊青，2022），及时扩容，拓展城市设施发展弹性和可持续发展可能性，避免出现人口激增而设施匹配不足引起的一系列如交通拥堵、住房紧张、工业污染、噪声、供水不足、犯罪率上升等社会经济发展、社会安全、生态环境方面的城市问题。就业增量及分布格局可助力产业发展、结构转型升级和民生就业保障工作等，在社会经济意义方面，就业增量直接体现为城市劳动力供给水平增长情况，直接挂钩社会经济发展；就业增量分布体现城市不同区域产业发展潜力，可服务于产业布局和产业调整升级融合"一盘棋"，实现区域、跨区域协同联动发展等。

空间增量分布模型架构主要分为感知人口和就业增量分布的影响因素、居住吸引力和就业吸引力函数构建、空间增量分布模型构建、空间增量分布系统模拟预测四大模块（图 7-5）。

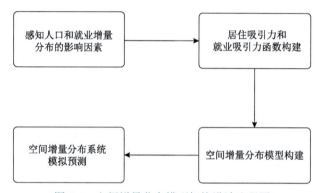

图 7-5　空间增量分布模型架构设计流程图

7.4.1　感知人口和就业增量分布的影响因素

基于多元时空大数据库和存量区位选择模块的研究结果，进一步识别解析新增常住人口居住和就业分布的主要影响因素。数据源包括手机信令数据、普查数据、卫星遥感大数据、互联网 POI 数据等。与存量区位选择模型手机信令数据使用方式不同的是，其不仅识别城市不同人群居住分布、不同行业类别就业分布，并且通过新增户籍省份（province_name）、户籍城市（city_code）等字段以及多期数据共同识别新增常住人口的居住和就业分布情况，并基于统计年鉴、人口普查、经济普查等官方数据予以校核。

7.4.2　居住吸引力和就业吸引力函数构建

居住吸引力和就业吸引力是区域内人口和就业在此进行区位选择所获得的效用产出。通过聚类分析、相关性分析、主因子分析法等选取如房价、可达性、基础设施、职住关系系数等对新增常住人口居住和就业分布产生影响的关键变量，并借鉴柯布-道格拉斯生产函数形式，将居住吸引力或者就业吸引力视为区域内各类变量要素投入所带来的产出，构造居住吸引力函数和就业吸引力函数。以居住吸引力函数为例，居住吸引力函数主要考虑可达性、基础设施建设、就业机会等变量，公式如式（7-13）所示。

$$Y = AK^{\alpha}M^{\beta}N^{\gamma} \tag{7-13}$$

式中，被解释变量 Y 为居住吸引力；参数 A 为变量对于居住吸引力提升的效率；K、M、N 分别为不同的投入要素；α、β、γ 分别为 K、M、N 的产出弹性。

7.4.3　空间增量分布模型构建

以常住人口居住空间增量分布模型为例，基于居住吸引力函数，对常住人口增量提出空间增量分配思想，即区域新增居住人口占全局内新增居住人口的比值取决于该区域居住吸引力占全局居住吸引力之和的比值。且在分配之前，需确定新增常住人口年龄结构、性别结构等，对不同人群分别展开计算，并基于 CitySPS 平台的 C 端进行参数估计。空间增量分配思想理论表达式如式（7-14）所示。

$$\rho_i = Y_i \Big/ \left(\sum_i Y_i \right) \tag{7-14}$$

式中，ρ_i 为区域 i 居住吸引力占全局的比例；Y_i 为区域 i 的居住吸引力。

7.4.4　空间增量分布系统模拟预测

建立各居住地、就业地吸引力与影响因素的时序关系，如公共基础设施建设、房价和就业机会的增长潜力等对居住、就业吸引力影响的滞后效应，从而实现模型预测功能。通过向模型中引入时序关系，从时间维角度分别附以居住、就业吸引力以及相关主要影响因子变量，使其具有时间维特征。以 $t-1$ 为基准时点，t 为预测时点，$t-2$ 为基准年前一个单位时点，$t-3$ 以此类推。构建 t 时点居住、就业吸引力与 $t-1$、$t-2$ 甚至 $t-n$ 时点解释变量间的量化关系，并对此再次进行模型参数标定。以居住吸引力计算为例，公式如式（7-15）所示。

$$Y_i^t \sim F\left[(x_1^{t-1})^{\alpha_{x11}} \cdots (x_1^{t-n})^{\alpha_{x1n}}, (x_2^{t-1})^{\alpha_{x21}} \cdots (x_2^{t-n})^{\alpha_{x2n}}, (x_m^{t-1})^{\alpha_{xm1}} \cdots (x_m^{t-n})^{\alpha_{xmn}} \right] \tag{7-15}$$

式中，Y_i^t 为 t 时点区域 i 的居住吸引力；x_m^{t-n} 为 $t-n$ 时点的第 m 个解释变量；α_{xmn} 为 $t-n$ 时点第 m 个解释变量的产出弹性。

7.5　房价-交通动态反馈模型

房地产价格模型中，由 DiPasquale 和 Wheaton（1992）提出的存量-流量模型将房地产存量、增量及价格联系起来，并将时间因素引入模型，具有动态特征。短期内，房地产价格能够迅速调整，使房地产需求等于现有存量，而房地产流量（即房地产存量的变动）会随着时间推移而出现，且具有一定的滞后性。放松原模型中房地产价格仅取决于对其他变量（如利率、土地供给等）当期值的假定，再加上交通出行成本的影响，简化模型如下：

$$F(x) = \alpha_0 + \alpha_1 A + \alpha_2 B + \alpha_3 C + \cdots + \alpha_n N \tag{7-16}$$

式中，A、B、C、N 分别为住房价格、人口密度、就业岗位密度、出行成本等自变量；α_0、α_1、α_2、α_3、α_n 分别为对应自变量的回归参数。

7.6　出行率–出行链复合模型

交通需求分布模块采取出行率–出行链复合模型，通过对手机信令原始数据进行清洗，来识别不同人群典型出行链路径、特征，并通过人群信息和出行链信息反演城市交通分布 OD 矩阵。基于这一思路，研究将交通模型中的分散模型及模拟模型进行综合使用，以综合两类模型的优势，这在一定程度上弥补了以往交通研究中分散模型仅用于特定区域、特定群体的中微观研究，模拟模型因其模拟流程基于理论状况，导致存在实际模拟误差较大等模型缺陷。

出行率部分考虑城市土地利用和道路交通水平等要素对城市交通需求的影响机理，在此基础上选取适当的方法与指标构建预测模型。通过分析城市交通出行率与土地利用和道路交通水平之间的关系，标定各项指标要素的回归系数，以此为基础对目标年出行率进行预测，从而提高交通需求生成量的模型预测精度。

首先计算出行链选择概率，简化模型如下：

$$A \sim F(P^{t-1},\ P^{t}) \tag{7-17}$$

式中，A 为特定人群选择某一出行链的概率；P^{t-1} 和 P^{t} 分别为 $t-1$ 时刻和 t 时刻选择某一出行链的人数。其次计算居民出行意愿，表达式为

$$T \sim F(Q,P) \tag{7-18}$$

式中，Q 为某类人群所属出行链产生的总出行量；P 为某类人群的初始出行量；T 受居民社会经济属性、建成环境等因素影响。

某时期各条出行链的选择人数计算公式如下：

$$\mathrm{Po}^{t} = P^{t} \times A \tag{7-19}$$

式中，A 为某组别人群选择某出行链的月平均出行概率；P^{t} 为 t 时刻某类人群的初始出行量；Po^{t} 为 t 时刻某类人群选择某出行链的人数。

基于出行链基本规律，在基于家的出行之中，对家所在单元计算生成量，对非家所在单元计算吸引量，在基于非家的出行之中，对出行起点计算生成量，对出行终点计算吸引量，公式如下：

$$G_{r,a,c}^{t} = \begin{cases} T_{c,\mathrm{HB}}, & r\text{为家} \\ T_{O,r,c,\mathrm{NH}}, & r\text{为非家} \end{cases} \tag{7-20}$$

$$A_{r,a,c}^{t} = \begin{cases} 0, & r\text{为家} \\ T_{D,r,c} + T_{O,r,c,H}, & r\text{为非家} \end{cases} \tag{7-21}$$

式中，$T_{c,\text{HB}}$ 为出行链包含的基于家的出行量；$T_{O,r,c,\text{NH}}$ 为出行链之中以网格 r 为起点、非家网格为终点的出行量；$T_{D,r,c}$ 为出行链中以网格 r 为终点的出行量；$T_{O,r,c,H}$ 为出行链中以网格 r（非家网格）为起点、家网格为终点的出行量；$G_{r,a,c}^{t}$ 为空间单元 r 在出行链 c 中的交通生成量；$A_{r,a,c}^{t}$ 为空间单元 r 在出行链 c 中的交通吸引量。

在交通生成量和吸引量的基础上计算交通分布。基于出行链基本规律和交通四阶段模型基本原理，将各条出行链的交通需求量分配到该出行链的各节点之间。实际计算时，对于某一特定出行环节，累加包含该环节的全部出行链的初始出行量，由此得到城市交通分布 OD 矩阵。

7.7　模式划分与交通流分配

交通需求分布模块如前述完成的是传统四阶段交通规划的交通生成和交通分布步骤，本模块完成的是模式划分与交通流分配的步骤。本模块的目的是通过模式划分与交通流分配实现各路段上的需求/表现平衡以及整体交通网络中出行者路径选择的纳什均衡。计算流程分为四个步骤：①出行路径选择；②模式划分；③交通流分配；④收敛条件验证。

1. 出行路径选择

出行模式定义为一组交通工具的集合，出行者选择了特定出行模式后，可在集合内的交通工具之间进行换乘。模型中考虑七类交通工具：步行、自行车、摩托车、私家车、出租车、公交车以及地铁，其中公交和地铁的运输服务受到线路和站点的限制。默认出行模式分为三类：第一类出行模式的主体为私家车，可与地铁等公共交通工具进行换乘，以便模拟私家车+地铁等现实生活中存在的 P+R 换乘行为。第二类出行模式的主体为摩托车，也可考虑其与私家车以外的交通工具进行换乘。第三类出行模式的主体包括除私家车与摩托车以外的所有交通工具，对于非私有交通工具，乘客理论上具有自由的换乘选择权。交通工具间的换乘成本矩阵可以进行修改，达到限制换乘的目的。

因为模型纳入对换乘行为的考量，所以需要先对各 OD 对的潜在出行路径进行选择，以确定在各路段上可能采用的交通工具，来确保后续算法执行。路径定义为物理链路上各路段和其上交通方式的组合，对于同一条物理链路，各路段采用不同的交通工具就意味着不同的路径。量化路径阻抗是进行路径选择的基础，路径阻抗由其各组成部分 (l, k) 对（其中，l 表示路段，k 表示交通方式）的广义出行成本 $\text{Cost}_{l,k}$ 加和得到。路径内路段的出行成本 $\text{Cost}_{l,k}$ 则由时间、货币和换乘成本三个组分构成。

$$\text{Cost}_m = \sum_{(l,k)\in m} \text{Cost}_{l,k} \qquad (7\text{-}22)$$

路径选择基于两个原则：第一，在指定特定 OD 对和出行模式下选择的路径数目后，按照出行成本从小到大进行路径选择。第二，需要尽量提供差异化的交通工具和物理链路选择，使模型最后迭代均衡的流量分配情况符合实际情况。当潜在路径数目大于 1 时，模型通过重叠控制避免选出重叠度高的路径集合。对于不同的道路类型，重叠控制的程度也有所不同。例如，模型对路径间高速公路重叠度的容忍度相对高于支路重叠度。

2. 模式划分

路径选择完毕后，该模块就开始迭代过程。流量根据离散选择模型或用户平衡法被分配到路径并加总到物理链路上，更新物理链路的时间和货币成本，最终反映在各路径的广义出行成本上。各路径的成本按照流量加权被统计为特定 OD 对下居民采用某种出行模式出行的成本，进而根据离散选择模型计算出行模式划分的比例。

对于 a 群体，M 出行模式的路径的平均广义出行成本 $\text{Cost}_{ij,a,M}$ 可通过其所含的路径阻抗 Cost_m 加权计算得到，权重为 $T_{ij,a,m}$，即路径 m 上的流量。交通流分配需要多轮迭代以达到平衡，第一轮由于还未分配流量，所以使用取平均值的方法。N 表示每个 OD 对属于 M 出行模式的 a 群体选择的路径数目。$T_{ij,a,M}$ 为给定 OD 对和群体类型时出行模式 M 的流量。然后，使用多元 Logistic 模型计算出行模式比例。

$$\text{Cost}_{ij,a,M} \sim F(\text{Cost}_m, N)（第 1 轮）\tag{7-23}$$

$$\text{Cost}_{ij,a,M} \sim F(\text{Cost}_m, T_{ij,a,m})（第 n 轮，n \neq 1）\tag{7-24}$$

3. 交通流分配

模型提供两种流量分配的方法。第一种为基于离散选择模型，对于每一个特定出行模式 M，流量分配的公式如下：

$$p_{ij,a,m} \sim F(\gamma_a, \text{Cost}_m)\tag{7-25}$$

$$T_{ij,a,m} = T_{ij,a,M} \, p_{ij,a,m}\tag{7-26}$$

式中，γ_a 为经验参数，需自行设置。公式计算得到某出行模式下居民选择特定路径出行的概率，进而得到路径流量。

第二种为基于用户平衡法的流量分配算法。该算法对每个 $T_{ij,a,M}$，找到该出行模式下可行的最小阻抗路径进行全有全无分配，得到初始路径流量。通过再次计算各路段对于各种交通方式的出行成本，更新各路径的广义出行成本，执行全有全无算法，得到各路径附加流量 $\text{Apnd}\_T_{ij,a,m}$，确定迭代方向。迭代步长 λ（$0 \leqslant \lambda \leqslant 1$）由以下一维极值问题决定：

$$\min z(\lambda) \sim F(\text{Cost}_{l,k}, \text{Apnd}\_T_{l,k} - T_{l,k})\tag{7-27}$$

确定迭代步长后，更新路径流量，将路径的交通流加总到路段。基于各路段流量变动百分比的最大值和设定阈值的比较进行收敛性检查，其中 θ 为预定精度值。

$$\max_{l,k}\left(\frac{\left|T_{l,k}-T\_\mathrm{pre}_{l,k}\right|}{T\_\mathrm{pre}_{l,k}}\right)\leq\theta \tag{7-28}$$

在进行后续拥堵情形参数计算时，用户可选以下两种选项，并调整相应参数。

选项一为格林希尔茨公式，通过设定单位标准小型车的占用道路面积和各等级道路属性，计算研究时段内道路面积占用率 K_l，得到拥堵速度：

$$v_{l,k}\sim F(\mathrm{vfree}_{l,k},K_{\max},1-K_l) \tag{7-29}$$

式中，$\mathrm{vfree}_{l,k}$ 为道路交通方式 k 的自由速度；在格林希尔茨公式中，K_l 为道路实际车辆密度；$K_{\max}$ 为道路完全阻塞时的车辆密度。在 CitySPS 平台，模型通过同时对 K_l 和 $K_{\max}$ 进行单位变换，将 K_l 转换为道路面积占用率，$K_{\max}$ 为完全阻塞时的道路面积占用率。

选项二为采用 BPR 变式。将经典 BPR 函数中的时间替换为速度，得到计算拥堵速度或实际速度的公式如下：

$$v_{l,k}\sim F(\mathrm{vfree}_{l,k},\mathrm{VE}_l,\alpha_l,C_l,\beta_l) \tag{7-30}$$

式中，α_l、β_l、C_l 为模型参数，可通过标定获得，在本交通流分配模块中，BPR 函数的三个参数由道路的技术等级和行政等级决定默认值，用户也可通过外部输入的方式自行设置。

4. 收敛条件验证

从第二轮开始，在用户平衡法完成后计算所有路段流量和机动车通行速度的变化百分率绝对值，并计算流量、速度变化百分率绝对值均小于设定阈值的路段比例。若该路段比例小于等于设定值，则迭代终止，输出结果；若该路段比例大于设定值，迭代继续。

参 考 文 献

霍兰. 2019. 隐秩序：适应性造就复杂性. 周晓牧, 韩晖译. 上海: 上海科技教育出版社.

彭建东, 邢露, 杨红. 2022. 基于供需匹配的养老服务设施规划布局研究. 地球信息科学学报, 24(7): 1349-1362.

任智, 钟鸣, 李大顺, 等. 2020. 基于空间增量模型的人口与就业岗位分布预测. 城市交通, 18(5): 68-75.

希利尔. 2008. 空间是机器：建筑组构理论. 杨滔, 张佶, 王晓京译. 北京: 中国建筑工业出版社.

仲亮, 徐磊青. 2022. 基于多源数据的社区生活圈服务设施与人口匹配关系研究——以宁波市中心城区为例. 上海城市规划, (2): 101-107.

Chorus C G, Arentze T A, Timmermans H J P. 2008. A random regret-minimization model of travel choice.

Transportation Research Part B: Methodological, 42(1): 1-18.

Corbusier L, Giraudoux J, Eardley A, et al. 1973. The Athens Charter. New York: Grossman Publishers.

DiPasquale D, Wheaton W C. 1992. The markets for real estate assets and space: A conceptual framework. Real Estate Economics, 20(2): 181-198.

Giuliano G, Small K A. 1993. Is the journey to work explained by urban structure? Urban Studies, 30(9): 1485-1500.

Huang Z, Qi H, Kang C, et al. 2020. An ensemble learning approach for urban land use mapping based on remote sensing imagery and social sensing data. Remote Sensing, 12(19): 3254.

Peng Z R. 1997. The jobs-housing balance and urban commuting. Urban Studies, 34(8): 1215-1235.

Zanella A, Bui N, Castellani A, et al. 2014. Internet of things for smart cities. IEEE Internet of Things Journal, 1(1): 22-32.

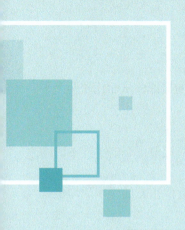

第 8 章

模型有效性检验

一个完备的、可以交付使用的城市系统模型不仅应当具有坚实的理论基础以及合理的计算模型，还应当通过有效性检验，本章将系统介绍各个子模块的模型统计检验方法以及精度校验方法，以保证模型的可用性以及可信度。

8.1 统 计 检 验

模型各子模块算法统计检验方法汇总如表 8-1。

表 8-1　模型各子模块算法统计检验方法汇总表

子模块名称	子模块内部算法名称	使用的统计检验方法
人口与就业分布：人口就业总量	多系统要素参数回归算法	R^2、T 检验、F 检验
	ARIMA 模型的人口年龄预测算法	R^2、ADF 检验、AIC 与 BIC 准则
人口与就业分布：人口就业分布	二元 Logistic 回归算法	Z 统计量、LR 统计量
	空间增量模型算法	R^2、T 检验
城市用地模拟与演变、房地产价格	多系统要素参数回归算法	R^2、T 检验、F 检验
交通需求分布	交通出行率算法	R^2、T 检验、F 检验、Granger 因果关系检验
交通方式分担与路径分配	模式划分随机效用模型算法	R^2、卡方检验、Z 检验

8.1.1 T 检验

T 检验（T-test）又称学生 T 检验，是统计推断中常见的一种检验方法，主要用于样本含量较小（如 $n<30$），统计量服从正态分布，但方差未知的情况（Rice，1995；贾俊平，2018）。但当样本量较大时，很少考虑 T 检验的使用情况，只有当样本数较

小时，要求样本正态分布。T 检验是用 T 分布来推导差异发生的概率，从而比较两个平均数的差异是否显著。它与 F 检验、卡方检验等并列。

T 检验最常见的四个用途：

（1）单样本 T 检验，用于检验总体方差未知、正态数据或近似正态的单样本的均值是否与已知的总体均值相等。

（2）配对样本 T 检验，用于检验两对独立的正态数据或近似正态的样本的均值是否相等，这里可根据总体方差是否相等分类讨论。

（3）独立样本 T 检验，用于检验一对配对样本的均值的差是否等于某一个值。

（4）回归系数的显著性 T 检验，用于检验回归模型的解释变量对被解释变量是否有显著影响。

其在 CitySPS 平台中均得以使用，下面以回归系数的显著性检验为例进行阐述。首先假设一个多元线性回归模型：

$$Y_i = \beta_0 + \beta_1 X_{1i} + \beta_2 X_{2i} + \cdots + \beta_p X_{pi} + \varepsilon_i \qquad (8\text{-}1)$$

并将其改写为矩阵形式，具体如下：

$$y = x\beta + \epsilon \quad \text{或} \quad \hat{y} = X\hat{\beta} \qquad (8\text{-}2)$$

式中，y 为 n 阶单位方阵，方程满足 X 为满秩阵、Gauss-Markov 条件、随机误差项服从正态分布等假设。

$$y = \begin{pmatrix} y_1 \\ y_3 \\ \vdots \\ y_n \end{pmatrix}_{n\times 1}, \quad X = \begin{pmatrix} 1 & x_{11} & x_{12} & \cdots & x_{1p} \\ 1 & x_{x1} & x_{22} & \cdots & x_{2p} \\ \vdots & \vdots & \vdots & & \vdots \\ 1 & x_{n1} & x_{n2} & \cdots & x_{np} \end{pmatrix}_{n\times(p+1)} \qquad (8\text{-}3)$$

$$\beta = \begin{pmatrix} \beta_0 \\ \beta_1 \\ \vdots \\ \beta_p \end{pmatrix}_{(p+1)\times 1}, \quad \varepsilon = \begin{pmatrix} \varepsilon_1 \\ \varepsilon_2 \\ \vdots \\ \varepsilon_n \end{pmatrix}_{n\times 1} \qquad (8\text{-}4)$$

根据 T 分布的构造定义，得出

$$\left(\hat{\beta}_{j-1} - \beta_{j-1} \big/ \hat{\sigma}\sqrt{c_{j-1,j-1}} \right) \sim t(n-p-1)(j=1,2,\cdots,p+1) \qquad (8\text{-}5)$$

一般要检验解释变量 X_j 对被解释变量是否有显著影响，也即检验回归系数 $\hat{\beta}_{j-1}$ 是否显著不为 0，在这种情况下则取 $\beta_{j-1} = 0$。而在一般情况下。检验回归系数 $\hat{\beta}_{j-1}$ 是否等于给定的 β_{j-1}，则有

$$H_0 : \hat{\beta}_{j-1} = \beta_{j-1}$$

$$H_1 : \hat{\beta}_{j-1} \neq \beta_{j-1}$$

取显著性水平 α，获取自由度为 $n-p-1$ 的双侧 α 的 t 界值 $t_{\frac{\alpha}{2}, n-p-1}$。若计算出来的 T 统计量的绝对值 $\dfrac{\hat{\beta}_{j-1} - \beta_{j-1}}{\hat{\sigma}\sqrt{c_{jj}}} > t_{\frac{\alpha}{2}, n-p-1}$，则拒绝原假设，即结果不显著，否则不拒绝原假设。

　　通过 T 检验对回归系数显著性进行检验，可以判断自变量对因变量解释的可信度，以及该数学模型的可信度，在 CitySPS 平台中，人口与就业分布模块、城市用地模拟与演变模块、房地产价格模块、交通需求分布模块、交通方式分担与路径分配模块都使用了这一统计检验值作为模型构建依据和参数标定结果校验依据。

　　其中，如人口与就业分布模块，采用 T 检验的 T 统计量对参数回归的显著性进行检验，符合显著性水平 α，即通过假设，保证了模型的置信度。

8.1.2　F 检验与卡方检验

　　卡方检验（chi-squared test）是一种统计量的分布在零假设成立时近似服从卡方分布的假设检验。在没有其他限定条件或说明时，卡方检验一般指的是皮尔逊卡方检验。在卡方检验的一般运用中，研究人员将观察量的值划分成若干互斥的类，并且使用一套理论（或零假设）尝试说明观察量的值落入不同分类的概率分布的模型。而卡方检验的目的就在于去衡量这个假设对观察结果所反映的程度。

　　"皮尔逊卡方检验"的零假设为：一个样本中已发生事件的次数分配会遵守某个特定的理论分配。在零假设中，每个事件是类别变量的一种类别或级别，所有事件总概率等于 1。"皮尔逊卡方检验"可用于两种情景的变项比较：适配度检验和独立性检验。"适配度检验"验证一组观察值的次数分配是否异于理论上的分配。"独立性检验"验证从两个变量抽出的配对观察值组是否互相独立。不管哪个检验，都包含三个步骤：①计算卡方检验的统计值 χ^2，把每一个观察值和理论值的差做平方后，除以理论值再加和；②计算统计值 χ^2 的自由度；③依据研究者设定的置信水平，查出该自由度下的卡方临界值，比较它与第一步得出的 χ^2 统计值，推论能否拒绝零假设。

　　人口与就业分布模块、交通方式分担与路径分配模块都使用卡方检验统计量作为模型构建依据和结果校验依据。例如，在交通方式分担与路径分配模块中，需要标定模式划分的多元 Logit 公式参数，为保证结果可靠，就需要对卡方统计量进行检验。

　　F 检验（F-test），亦称联合假设检验、方差齐性检验。它是一种在零假设下，统计值服从 F 分布的检验。其通常用来分析超过一个参数的统计模型，以判断该模型中的全部或一部分参数是否适合用来估计总体。典型的 F 检验为检验一系列服从正态分布的总体是否有相同的标准差，此检验亦应用于方差分析中。在回归分析中，F 检验有两个作用：一是检验整个回归模型是否具有解释力，二是检验回归模型中特定自变量是否具有解释力。

F 检验还可以用于三组或者多组之间的均值比较，但是如果被检验的数据无法满足均是正态分布的条件时，该数据的稳健性会大打折扣，特别是当显著性水平比较低时。但如果数据符合正态分布且 α 值至少为 0.05，该检验的稳健性还是可靠的。

F 检验的分子、分母各是一个卡方变量除以各自的自由度。F 检验用以检验单一变量可否排除于模型外，即进行只缩减单一变量之偏 F 检验（partial F-test）时，$F = t^2$。

在 CitySPS 平台模型中，人口与就业分布模块、城市用地模拟与演变模块、房地产价格模块、交通需求分布模块都使用了 F 检验统计量作为模型构建依据和结果校验依据。其中，如人口与就业分布模块，采用 F 检验对参数回归模型算法的变量独立性进行检验，在变量符合模型架构的情况下，即该变量适合进入该模型，保证了变量数据本身对模型稳健性的贡献。

8.1.3　R^2

回归 R^2（regression　R^2）是指可由自变量解释或预测的因变量样本方差的比例，利用预测值和残差，将因变量 Y_i 写成预测值与残差 $\hat{u}i$ 之和：

$$Y_i = \hat{Y}_i + \hat{u}_i \tag{8-6}$$

R^2 即 $\hat{Y}_i$ 的样本方差与 Y_i 的样本方差之比，在数学上可以表示为被解释平方和（ESS）与总平方和（TSS）之比，其中 ESS 和 TSS 分别表示如下：

$$ESS = \sum_{i=1}^{n} (\hat{Y}_i - \overline{Y})^2 \tag{8-7}$$

$$TSS = \sum_{i=1}^{n} (Y_i - \overline{Y})^2 \tag{8-8}$$

R^2 也可以表示为 1 减去残差平方和与总平方和之比，则 $R^2 = \dfrac{ESS}{TSS} = 1 - \dfrac{SSR}{TSS}$。

R^2 可以视作回归线能解释的 Y_i 样本波动中的那一部分，其取值范围为 0～1，如果 $R^2 = 0$，则 ESS $= 0$，表示被解释平方和为 0，残差平方和等于总平方和，则给予回归的 Y_i 预测值是 Y_i 的样本均值，X_i 解释不了 Y_i 的任何变化；如果 $R^2 = 1$ 则 SSR $= 0$，所有残差都为 0，X_i 解释了 Y_i 的所有变化。R^2 接近 0 表示回归变量不能很好地预测 Y_i，而 R^2 接近 1 表示 Y_i 能较好地被回归变量预测。

在多元统计分析时，有一种现象称为"拟合优度膨胀"，其表现为无论新增加的自变量是否对因变量具有实质解释作用，R^2 都会升高。这是因为，在模型中增加一个回归元时，按照定义，残差平方和绝对不会增加，而总平方和绝对不会变小。形式上拟合优度膨胀是由回归自由度的上升引起的，为了纠正自变量增加引起的拟合优度的虚假上升，需要对计算公式进行修正：

$$R_{\text{adj}}^2 = R^2 - \frac{m}{n-m-1}(1-R^2) = 1 - \frac{n-1}{n-m-1}(1-R^2) \tag{8-9}$$

由式（8-9）得到校正相关系数平方 R_{adj}^2；m 为自变量数目；n 为样本大小。

对于过原点的回归而言，$R^2 = \dfrac{\text{ESS}}{\text{TSS}} = 1 - \dfrac{\text{SSR}}{\text{TSS}}$ 不再成立，因为这个算式计算的 R^2 可能为负，即样本均值 $\overline{Y}$ 比解释变量更多地解释了 Y_i 的波动，因而可以用 Y 的实际值和拟合值之间相关系数的平方来计算 R^2，公式如下，对于通过原点的回归，计算 R^2 往往没有一套特定的规则。

$$R^2 = \frac{\left[\sum_{i=1}^{n}(Y_i - \overline{Y})(Y_i - \hat{\overline{Y}})\right]^2}{\sum_{i=1}^{n}(Y_i - \overline{Y})^2 \sum_{i=1}^{n}(\hat{Y}_i - \hat{\overline{Y}})^2} \tag{8-10}$$

通过 R^2 和 R_{adj}^2，可以判断自变量对因变量的解释程度，以及该预测数学模型的预测效果和自变量与因变量之间的匹配程度，一般来说，较小的 R^2 表明很难准确地预测某个观测的 Y 值。在 CitySPS 平台的计算过程中，人口与就业分布模块、城市用地模拟与演变模块、房地产价格模块、交通需求分布模块、交通方式分担与路径分配模块，都使用这一统计量作为模型构建依据和结果校验依据。

其中，人口与就业分布模块采用 R^2 回归平方和对参数回归模型算法、ARIMA 模型人口年龄预测算法的拟合优度进行检验，符合模型显著拟合优度的情况，即模型有效表达的函数对应关系，保证了模型的模拟真实度；采用 R^2 回归平方和对空间增量模型算法的拟合优度进行检验，保证了人口预测的基本可靠性。

交通需求分布模块采用 R^2 回归平方和对交通出行率算法的拟合优度进行检验，通过不断调整模型函数确定了最终选择使用的出行率模型，保证了模型的拟合优度较为显著。

交通方式分担与路径分配模块采用 R^2 回归平方和对模式划分随机效用模型算法的拟合优度进行检验，确定了有效表达的模型函数对应关系，保证了模拟精确度。

8.1.4　Granger 因果关系检验

Granger 因果关系统计量用来检验模型中其他回归变量没有包含的预测内容是否被回归变量滞后项所包含，如果滞后项变量组不包含预测内容，则所有滞后项的系数均为零。检验这一原假设的 F 统计量称为 Granger 因果关系统计量，这一检验称为 Granger 因果关系检验。

Granger 因果关系检验是一种假设检验的统计方法，用于检验一组时间序列 Y 是否为另一组时间序列 X 的原因，它的基础是回归分析中的自回归模型，回归分析一般只能求得不同变量间的同期相关性，但在自回归模型中通过一系列检验可以揭示同一变量的时间滞后相关性。

考虑一般时间序列回归模型，包含了 k 个其他预测变量，其中第一个预测变量有 q_1 阶滞后，第二个预测变量有 q_2 阶滞后，以此类推：

$$
\begin{aligned}
Y_t = \beta_0 + \beta_1 Y_{t-1} + \beta_2 Y_{t-2} + \cdots + \beta_p Y_{t-p} + \delta_{11} X_{1t-1} + \delta_{12} X_{1t-2} + \cdots \\
+ \delta_{1q_1} X_{1t-q_1} + \cdots + \delta_{k1} X_{kt-1} + \delta_{k2} X_{kt-2} + \cdots + \delta_{kq_k} X_{kt-qk} + u_t
\end{aligned}
\tag{8-11}
$$

其中，

（1）$E(u_t | Y_{t-1}, Y_{t-2}, \cdots, X_{1t-1}, X_{1t-2}, \cdots, X_{kt-1}, X_{kt-2}, \cdots) = 0$。

（2）随机变量（ $Y_t, X_{1t}, \cdots, X_{kt}$ ）平稳分布；当 j 较大时，（ $Y_t, X_{1t}, \cdots, X_{kt}$ ）和（ $Y_{t-j}, X_{1t-j}, \cdots, X_{kt-j}$ ）独立。

（3）$X_{1t}, \cdots, X_{kt}$ 和 Y_t 具有非零、有限四阶矩。

（4）不存在完全多重共线性。

Granger 因果关系统计量为检验这个式子中某个变量所有取值的系数（如 $X_{1t-1}, X_{1t-2}, \cdots, X_{1t-q}$ 的系数）均为零假设的 F 统计量。这个原假设暗含着这些回归变量中不含有其他回归变量没有包含的有关 Y_t 的预测内容，这个原假设的检验就是 Granger 因果关系检验。

简要来说，Granger 因果关系指的是如果 X Granger 导致 Y，则给定回归中的其他变量后，X 是 Y 的有用预测变量。例如，考虑交通出行率与其过去值的关系。基于式（8-11）多元回归的 OLS 估计值，设定原假设为出行率变量中的一个滞后项系数是零，计算该原假设的 F 统计量，可以验证过去的出行率是否导致现在出行率的变化，它意味着出行率的过去值中包含有助于预测出行率变化且不包含在其他变量中的信息。

进行 Granger 因果关系检验的一个前提是时间序列具有平稳性，否则会导致虚假回归问题出现，在进行 Granger 因果关系检验之前，首先应该对各指标时间序列的平稳性进行单位根检验，如常用的 ADF 检验。且 Granger 因果关系的结论只是一种统计关系，不是真正意义上的因果关系，如果并未充分考虑干扰因素的影响和时间序列间非线性的相互关系，那么不能将该结论作为肯定或否定因果关系的依据。

在 CitySPS 平台的计算过程中，人口与就业分布模块、城市用地模拟与演变模块、房地产价格模块、交通需求分布模块、交通方式分担与路径分配模块，都使用了这一统计量作为模型滞后量的构建依据和结果校验依据。

其中，人口与就业分布模块采用 ADF 检验对 ARIMA 模型的人口年龄预测算法各指标时间序列的平稳性进行单位根检验，确保不出现虚假回归问题。

交通需求分布模块采用 Granger 因果关系检验对交通出行率自回归指标进行校验，确定解释变量前一期交通出行率的确导致现期交通出行率的变化，保证模型设计可靠性。

8.2　精度校验

CitySPS 平台各子模块对应的特殊指标及精度校验方法如表 8-2 所示。

表 8-2　CitySPS 平台各子模块对应的特殊指标及精度校验方法

子模块名称	子模块特殊指标	精度检验方法
人口与就业分布：人口就业总量	常住人口总量、就业岗位总量、老龄化率、未成年比例、产业结构比例	总体精度（绝对误差、相对误差），空间精度（准确率）
人口与就业分布：人口就业分布	人口分布、分人群人口分布、就业分布、分行业就业分布	总体精度（绝对误差、相对误差），空间精度（准确率、精确率、召回率）
城市用地模拟与演变、房地产价格	城市土地利用分布、房价分布	总体精度（绝对误差、相对误差），空间精度（准确率、Kappa 系数）
交通需求分布	交通出行量、分人群交通出行量	总体精度（绝对误差、相对误差、平均绝对误差）
交通方式分担与路径分配	出行方式选择比例、机动车通行速度、拥堵延时指数、地铁站出入流量	总体精度（绝对误差、相对误差、平均绝对误差）

8.2.1　总体精度

模型对数据进行训练、模拟、预测，为了判断一个模型的性能，需要一组没有参与预测模型的数据集，并采用该数据集评价预测模型的准确率（李博，2017；刘宝锤，2019）。模型的预测效果评价，即精度验证，通常用绝对/相对误差、平均绝对误差、均方误差、均方根误差等。

1. 绝对误差（absolute error）与相对误差（relative error）

设 Y 为实际值，Y_1 为预测值，令 E 为绝对误差，其计算方法如下：

$$E = Y - Y_1 \tag{8-12}$$

即以实际值与预测值的差值作为绝对误差。

设 e 为相对误差，其计算方法如下：

$$e = \frac{Y - Y_1}{Y} \tag{8-13}$$

2. 平均绝对误差（mean absolute error，MAE）

由于预测误差具有正负差异，为了避免正负抵消，所以采用绝对值并取其平均值。其计算方法如下：

$$MAE = \frac{1}{n}\sum_{i=1}^{n}|E_i| = \frac{1}{n}\sum_{i=1}^{n}|Y_i - Y_{1i}| \tag{8-14}$$

3. 均方误差（mean squared error，MSE）

均方误差是预测误差平方和的平均数，由于加强了较大误差在指标中的作用，从而提高了这个指标的灵敏性。

$$\text{MSE} = \frac{1}{n}\sum_{i=1}^{n}E_i^2 = \frac{1}{n}\sum_{i=1}^{n}(Y_i - Y_{1i})^2 \qquad (8\text{-}15)$$

4. 均方根误差（root mean squared error，RMSE）

均方根误差是均方误差的平方根，也可称为标准误差，其可代表预测值的离散程度。

$$\text{RMSE} = \sqrt{\frac{1}{n}\sum_{i=1}^{n}E_i^2} = \sqrt{\frac{1}{n}\sum_{i=1}^{n}(Y_i - Y_{1i})^2} \qquad (8\text{-}16)$$

8.2.2　空间精度

对于如土地利用类型分布、人口分布、房价分布等空间数据，其精度检验常采用的评价指标有基于混淆矩阵的分类精度，如准确率（accuracy）、精确率（precision）、召回率（recall）和 Kappa 系数等。下文以二分类混淆矩阵（表 8-3）为例进行指标算法阐述。

表 8-3　二分类混淆矩阵

	预测为是	预测为否
实际为是	TP	FN
实际为否	FP	TN

1. 准确率

准确率即正确识别的样本占全量样本的比例，也即总体精度（overall accuracy，OA），此处为了与前文的总体精度进行区分，这里称为空间总体精度，其计算方式如下：

$$\text{accuracy} = \frac{\text{TP+TN}}{\text{TP+TN+FP+FN}} \qquad (8\text{-}17)$$

式中，TP 为预测正确的正类；TN 为预测正确的负类；FP 为预测错误的负类（被预测为正类）；FN 为预测错误的正类（被预测为负类）。

2. 精确率

精确率即预测正确的正类样本数量占全部预测为正类的比例，其计算方式如下：

$$\text{precision} = \frac{\text{TP}}{\text{TP} + \text{FP}} \qquad (8\text{-}18)$$

3. 召回率

召回率即预测正确的正类数量占真正的正类总数量的比例，其计算方式如下：

$$\text{recall} = \frac{\text{TP}}{\text{TP} + \text{FN}} \tag{8-19}$$

4. Kappa 系数

Kappa 系数是基于混淆矩阵计算的一种衡量分类精度的指标（黄红梅等，2018；吕晓玲和宋捷，2016），其计算公式如下：

$$K = \frac{P_0 - P_e}{1 - P_e} \tag{8-20}$$

$$P_e = \frac{(\text{TP} + \text{FN})(\text{TP} + \text{FP}) + (\text{TN} + \text{FN})(\text{TN} + \text{FP})}{N^2} \tag{8-21}$$

式中，P_0 为每一类正确分类的样本数量之和除以总样本数量，也就是空间总体精度即准确率；N 为总样本个数。常见的评价指标如准确率，能够直接反映分类正确的比例。但在实际分类问题中，各类别的样本数量往往不均衡。那么，在不平衡数据集中，模型容易因大类别而忽略小类别，此时整体准确率高，但部分类别完全无法被召回。而 Kappa 系数，针对不平衡的矩阵，Kappa 值越低，越有利于"惩罚"模型的"偏向性"。Kappa 系数的阈值范围为[–1，1]，但通常 Kappa 值分布于[0，1]。Kappa 系数在 0.0～0.20 表示极低的（slight）一致性、0.21～0.40 表示一般的（fair）一致性、0.41～0.60 表示中等的（moderate）一致性、0.61～0.80 表示高度的（substantial）一致性、0.81～1 表示几乎完全一致（almost perfect）。

基于以上方法，对模型主要预测结果进行精度检验，检验结果如表 8-4 所示。以人口分布与迁移模块为例，CitySPS 平台已经实现高精度月度级预测。图 8-1 为 2020 年 12 个月北京市 1km 网格级别的人口分布与迁移平均模拟精度，其中平均模拟精度为 88.15%，12 月精度最高。

表 8-4　城市系统模拟预测精度表

预测指标	预测精度/%
城市用地分布预测	88.16（空间总体精度）
居住人口分布预测	71.3（空间总体精度）
就业岗位分布预测	83.03（空间总体精度）
房地产价格预测	84（空间总体精度）
交通需求预测	92.06（相对误差）
私人出行模式预测	81.4（相对误差）

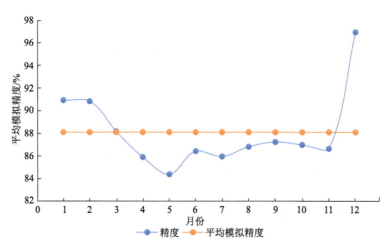

图 8-1   CitySPS 平台人口分布与迁移模块平均模拟精度

8.3   动态趋势一致性校验

模型通过改变迭代周期实现了长期与短期的预测功能。为了评估模型在长短期预测的解释力以及模型预测结果在长短期预测中的合理性，对模型的短期预测趋势和长期预测趋势的一致性进行分析与检验。

选取预测的关键变量进行检验，对其长期（每 5 年）和短期（每 1 年）的预测结果进行对比分析，判断其发展趋势的一致性。

1. 城市用地模拟与演变模块

如图 8-2 所示，在短期预测中，建设用地面积呈现增长率下降的趋势，根据图 8-3 也可以看出，在长期预测的结果中呈现相同的趋势。

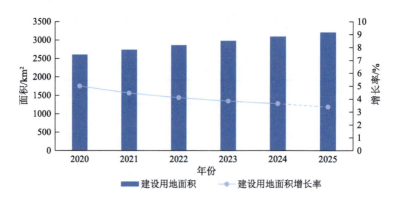

图 8-2   2020～2025 年北京市建设用地规模预测（基准预测）

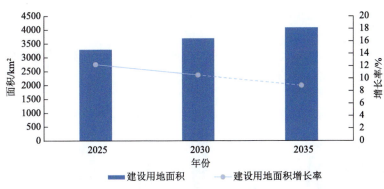

图 8-3 2025～2035 年北京市建设用地规模预测（基准预测）

如图 8-4 所示，在短期预测中，呈现七类建设用地均扩张的趋势，其中公共管理与公共服务用地、居住用地、商业服务设施用地增长较多。在长期预测中也呈现出基本一致的趋势（图 8-5）。

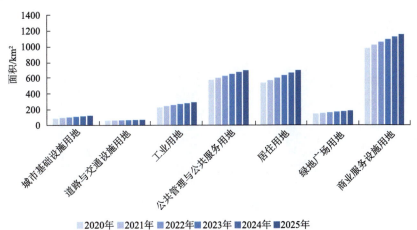

图 8-4 2020～2025 年北京市建设用地结构预测（基准预测）

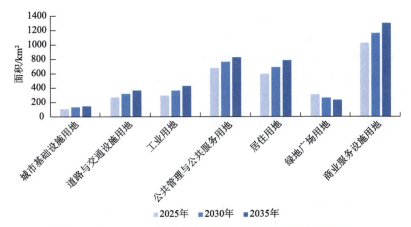

图 8-5 2025～2035 年北京市建设用地结构预测（基准预测）

2. 人口与就业分布模块

如图 8-6 和图 8-7 所示，在短期预测与长期预测中，人口与就业总量均呈现稳定的增长趋势，较为契合北京市的现实情况。

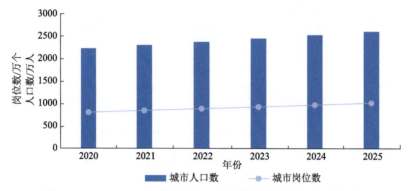

图 8-6　2020～2025 年北京市人口与就业总量预测（基准预测）

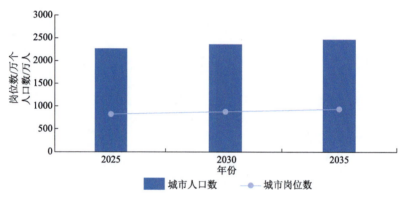

图 8-7　2025～2035 年北京市人口与就业总量预测（基准预测）

3. 交通需求分布模块

从短期预测结果来看（图 8-8），北京市日交通需求预测量逐年下降，各年度下降绝对量约为 95 万人次，而从长期预测结果来看（图 8-9），交通需求会在 2030 年左右有一个峰值。短期预测结果受到 2020 年新冠疫情的影响较大，呈现出行量下降的趋势，而长期预测平滑了 2020 年新冠疫情等突发事件的影响，预测出一个出行量小幅上升再趋于平稳的趋势，显示出模型通过长期预测与短期预测功能，在意外事件的响应中具有优势。

4. 交通方式分担与路径分配模块

从短期预测结果来看（表 8-5），居民出行方式结构变化较为平稳，全市机动车运行状况（拥堵状况）也较为平稳，没有大幅变化，基本持平。从长期预测结果来看（表 8-6），居民出行方式选择从长期来看也显得较为平稳，而到 2035 年，拥堵会明显好转，这主要得益于道路等基础设施的建设与优化，使得高等级道路线路增加。

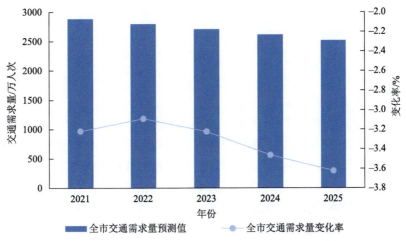

图 8-8　2020～2025 年北京市交通需求量预测（基准预测）

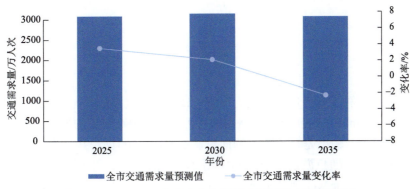

图 8-9　2025～2035 年北京市交通需求量预测（基准预测）

表 8-5　2020～2025 年北京市出行结构与交通运行预测（基准预测）

年份	全市绿色出行比例/%	小汽车平均行驶速度/（km/h）
2020	84.17	58.39
2021	84.10	58.45
2022	84.11	58.45
2023	84.14	58.33
2024	84.19	58.35
2025	84.30	58.35

表 8-6　2025～2035 年北京市出行结构与交通运行预测（基准预测）

年份	全市绿色出行比例/%	小汽车平均行驶速度/（km/h）
2025	74.97	57.93
2030	75.49	57.77
2035	74.93	89.99

8.4　机器学习比对校验与预测

8.4.1　模型功能

机器学习作为数据驱动模型的代表，能够根据输入-输出变量反映一种笼统的直接因果关系，虽然不能解释变量之间的内部规律，但是可以直接对数据进行分析，在样本量足够的情况下模拟精度高。因此，CitySPS 平台在土地利用类型划分、交通出行模式划分等特定的城市计算分析子系统中，通过融合城市机理的白箱模型、数据驱动的机器学习算法等不同的技术路径，实现计算结果的相互校验。以 POI 划分土地利用类型为例，CitySPS 平台通过图卷积神经网络（graph convolutional network，GCN）等机器学习方法，基于 POI 数据划分格网土地利用类型，并对基于可解释的机理模型划分的土地利用结果进行校核。

8.4.2　原理概述

1. node2vec

node2vec 是一种综合考虑深度优先搜索（DFS）邻域和宽度优先搜索（BFS）邻域的图嵌入（graph embedding）方法，是用来产生网络中节点向量的模型，输入是网络结构（可以无权重），输出是每个节点的向量。node2vec 的算法共分为三个部分：计算转移概率的预处理、随机游走的模拟和使用 SGD 的优化。每个阶段都可以并行化处理，这有助于加速 node2vec 算法的训练。

首先，引入用于学习节点 Embedding 的 Skip-gram 算法，并给出特征表达式为

$$\max \sum_{n \in v} \log \Pr\left[N_S(u) \mid f(u) \right] \tag{8-22}$$

式中，u 为节点；$N_S(u)$ 为节点 u 通过采样策略 S 得到的邻点；$f(u)$ 为一个映射矩阵。

为了使优化问题易于处理，我们做出两个假设，以得出式（8-22）中 Pr 的表达式：

（1）有条件的独立性。假设观察邻域节点的可能性与观察任何其他邻域节点无关，给定源的特征表达式，从而得到可能性的表达式：

$$\Pr\left[N_S(u) \mid f(u) \right] = \prod_{n_i \in N_S(u)} \Pr\left[n_i \mid f(u) \right] \tag{8-23}$$

（2）特征空间中的对称性。源节点和邻域节点在特征空间中具有对称效应。因此，将每个与源节点相邻的一对节点的可能性建模为通过参数化的特征经过点积运算得到的 softmax 单元：

$$\Pr\left[n_i \mid f(u)\right] = \frac{\exp\left[f(n_i) \cdot f(u)\right]}{\displaystyle\sum_{v \in V} \exp\left[f(v) \cdot f(u)\right]} \tag{8-24}$$

node2vec 优化的目标是给定每个顶点条件下，令其近邻顶点（如何定义近邻顶点很重要）出现的概率最大，即式（8-24）的最优化解。

然后，采用随机游走的方式获取顶点的近邻序列，node2vec 采用的是一种有偏的随机游走。给定当前顶点 v，访问下一个顶点 x 的概率为

$$P(c_i = x \mid c_{i-1} = v) = \begin{cases} \dfrac{\pi_{vx}}{Z}, (v,x) \in E \\ 0 \end{cases} \tag{8-25}$$

式中，π_{vx} 为顶点 v 与顶点 x 之间的未归一转移概率；Z 为归一化常数。

node2vec 引入两个超参数 p 和 q 来控制随机游走的策略，假设当前随机游走经过边 (t, v) 到达顶点 v，设 $\pi_{vx} = \alpha_{pq}(t,x) \cdot w_{vx}$，$w_{vx}$ 为顶点 v 与顶点 x 的边权。

$$\alpha_{pq}(t,x) = \begin{cases} \dfrac{1}{p}, d_{tx} = 0 \\ 1, d_{tx} = 1 \\ \dfrac{1}{q}, d_{tx} = 2 \end{cases} \tag{8-26}$$

式中，d_{tx} 为顶点 t 与顶点 x 之间的最短路径距离。

在任何随机游走中，选择起始节点 u 都存在隐式偏差。由于我们得到了所有节点的表达式，因此通过模拟从每个节点开始的固定步长为 l 的随机游走来抵消这种偏差。每一次随机游走中，都将根据转移概率 π_{vx} 进行采样。二阶马尔可夫链的转移概率 π_{vx} 可以预先计算，因此使用别名采样（alias sampling）可以在时间复杂度为 $O(1)$ 的时间内有效完成模拟随机游走的节点采样。node2vec 的三个阶段，即计算转移概率的预处理、随机游走的模拟和使用 SGD 的优化，应当按顺序执行。每个阶段都是可并行化和异步执行的，有助于 node2vec 的整体可扩展性（Grover，2016）。

2. 图像池化

池化操作是对特征图的向下采样（down sampling）。对图像的池化较为简单，只需给定步长和池化类型。但是图像池化受限于非欧的数据结构（不具有平移不变性的数据），不能简单操作。简而言之，图像池化就是对图像进行合理化的缩略。其中，图粗略化（graph coarsening）是图像池化的主流方法之一（图 8-10）。这种方法是 Hard Rule 方法的可训练版本，先对节点进行聚类，然后合成一个超级节点，以达到池化效果。其流程大概是：软聚类>合成超级节点>粗略化。

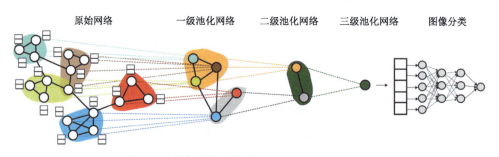

图 8-10　图粗略化池化原理（Ying et al.，2018）

在 CitySPS 平台中，由于采用的数据属于非欧数据，因此不能使用传统的卷积神经网络（CNN）模型中的池化进行图像的向下采样。对于一张采用 node2vec 方法得到的 POI 网络数据图像，通过图像池化技术得到每一个子图的特征汇聚，即格网的特征向量，可以降低图的规模，降低训练模型的数据输入量，同时保持图的基本结构，保证训练结果的准确性。

3. GCN

对于二维普通图像数据，一般采用卷积神经网络来提取图片的特征。卷积神经网络的关键在于卷积核（kernel），卷积核相当于一个个小窗口，通过将其在图片上平移，对每一个窗口内进行卷积来提取特征。这里的关键在于图片要在结构上保持平移不变形：一个小窗口无论移动到图片的哪一个位置，其内部的结构都是一模一样的，因此卷积神经网络可以实现参数共享。在 CitySPS 平台中，由于获得的 POI 网络数据是一种不规则的拥有复杂结构的非欧数据，不具有平移不变性，因此不能采用卷积神经网络来提取其中的特征。同时，考虑城市大数据获取难度较高，CitySPS 平台使用图卷积神经网络来提取 POI 网络数据的特征，划分格网的土地利用类型。

图卷积神经网络是一种能对图数据进行深度学习的方法。图卷积算子如式（8-27）所示，设中心节点为 i。

$$h_i^{l+1} = \sigma(\sum_{j \in N_i} \frac{1}{c_{ij}} h_i^l w_{R_i}^l) \qquad (8\text{-}27)$$

式中，h_i^l 为节点 i 在第 l 层的特征表达；c_{ij} 为归一化因子；N_i 为节点 i 的邻居，包含节点 i 自身；R_i 为节点 i 的类型。图域卷积相当于傅里叶域相乘，首先对图和卷积核做傅里叶变换后相乘，再进行傅里叶反变换，就得到了图域卷积。傅里叶变换和傅里叶反变换可以写成矩阵相乘的形式，那么对应的图卷积就写成了矩阵相乘的形式。

8.4.3　技术路线

基于上述技术要点，CitySPS 平台采用的技术路线如图 8-11。

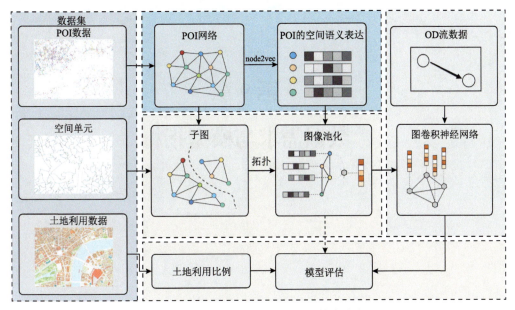

图 8-11　机器学习识别土地功能技术路线

（1）基于 POI 的空间分布构建 Delaunay 三角网，以 POI 为节点，三角网的连边为边，点和点之间的距离反比为连边的权重，进行随机游走，生成序列。使用 node2vec 模型训练生成的序列捕获 POI 的空间临近关系，得到每一种类型 POI 的向量。

（2）根据构建的 POI 网络，依据格网做切分，使用图像池化技术得到每一个子图的特征汇聚，即格网的特征向量。

（3）根据格网与格网之间的 OD 流，计算不同 OD 间长时间序列流的相似度。

（4）以格网为节点、OD 流为连边、OD 流的相似度为连边的权重，构建图卷积网络，汇聚领域信息更新格网特征向量，预测格网的土地利用功能。

参 考 文 献

黄红梅, 张良均, 张凌, 等. 2018. Python 数据分析与应用. 北京: 人民邮电出版社.

贾俊平. 2018. 《统计学（第 7 版）》学习指导书. 北京: 中国人民大学出版社.

李博. 2017. 机器学习实践作用. 北京: 人民邮电出版社.

刘宝锺. 2019. 大数据分类模型和算法研究. 昆明: 云南大学出版社.

吕晓玲, 宋捷. 2016. 大数据挖掘与统计机器学习. 北京: 中国人民大学出版社.

Grover A L J. 2016. node2vec: Scalable Feature Learning for Networks. San Francisco: Association for Computing Machinery's Special Interest Group on Knowledge Discovery and Data Mining.

Rice J A. 1995. Mathematical Statistics and Data Analysis. Belmont, CA: Duxbury Press.

Ying R, You J, Morris C, et al. 2018. Hierarchical Graph Representation Learning with Differentiable Pooling//Proceedings of the 32nd International Conference on Neural Information Processing Systems. New York, United States: Curran Associates Inc.: 4805-4815.

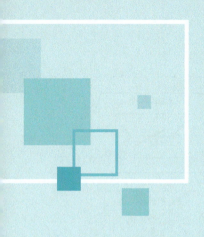

第 9 章
数据需求与模型指标

9.1 数 据 需 求

CitySPS 平台的优点之一是数据的轻量化，对数据类型的需求较少，并采用常见易得的数据。CitySPS 平台的数据主要包括基础地理信息数据、多源时空大数据（手机信令数据、POI 数据、房价数据等）和统计数据。所有数据以数值、CSV 表格、地理信息系统中的矢量文件和栅格文件等形式存储于 CitySPS-DaaS（CitySPS 平台下的数据服务平台）数据库中。

9.1.1 基础地理信息数据

基础地理信息是指通用性最强、共享需求最大、几乎被所有与地理信息有关的行业采用并作为统一的空间定位和进行空间分析的基础地理单元，主要由自然地理信息中的地貌、水系、植被以及社会地理信息中的居民地、交通、边界、特殊地物、地名等要素构成。

行政区划底图数据为城市区县级、街道级行政区划矢量地图面数据，包括街道或区县的编号、名称、所属区县或城市，以及空间信息。基于全市的矢量地图，通过 ArcGIS 中的渔网切分工具，可获得全市尺度的 1km 网格底图数据，包括网格的编号以及空间信息。街道行政单元以及 1km 网格为 CitySPS 平台模型主要的研究分析单元。

路网矢量数据主要将四个来源的数据作为基础进行校核加工，分别是国家基础地理信息中心 1∶25 万矢量地图数据、OSM 路网数据、电子地图和相关总体规划与交通专项规划中的道路现状图及规划图。

土地利用数据主要来自遥感影像数据。目前，常用的有国家基础地理信息中心牵头制作的首套全球 30m 的土地覆盖数据集 GlobeLand30、清华大学宫鹏团队生产的具有精细分辨率的全球土地覆盖观测与监测数据集（finer resolution observation and monitoring of global land cover，FROM_GLC）、中国科学院徐新良团队开发的中国多时期土地利用/土地覆盖遥感监测数据集（CNLUCC）等。

9.1.2　多源时空大数据

1. 手机信令数据

手机信令数据具有样本量大、时效性强、覆盖范围广、获取成本低、时空粒度精细等优势特征，能够克服传统数据在样本量和时效性方面的局限性。CitySPS 平台的手机信令数据来源为某运营商，基础表包含 grid、route_node、stay_poi、user_attribute 等 14 个表，基础数据标签约 60 个。涉及数据标签、数据提取、清洗、扩样、校正、二次加工及数据实际意义和应用用途。数据属性主要包含时间、经纬度等时空位置标签，人口年龄、性别、户籍、职业类别、收入等经济社会标签，道路节点、路段线、交通方式及速度等交通设施及运行标签。部分标签内容见表 9-1。

表 9-1　手机信令数据部分标签

序列	字段名称	类型	含义	说明
1	uid	string	用户唯一标识 ID	
2	stime	timestamp	出行开始时间	
3	etime	timestamp	出行结束时间	
4	grid_id	bigint	位置网格编号	早 5 点到晚 8 点
5	weekday_day_time	bigint	工作日白天停留时长	
6	label_code	string	标签分类编号	
7	label_name	string	标签分类名称	
8	is_high	string	是否是重要道路节点	十字路口等确定道路方向的节点
9	is_core	string	是否是核心用户	用户在本省出现超过 10 天
10	mode	int	交通方式	1-公路，2-铁路，3-飞机，4-地铁，0-其他，公路和地铁识别较准

手机信令数据的空间精度可达百米级，如在中心城区可精确至 200～250m 精度范围。同时手机信令数据在时间上的精度可达分钟级。CitySPS 平台应用手机信令数据进行人口分布、居民出行链、人群移动、出行方式划分等分析（图 9-1 和图 9-2）。

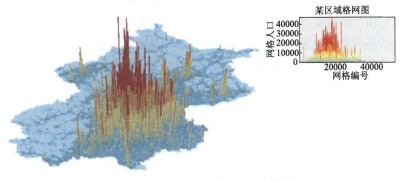

图 9-1　城市居住或就业人口分布图

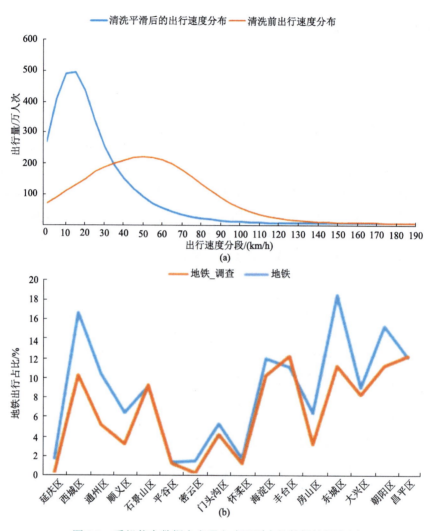

图 9-2　手机信令数据在交通方式识别中的数据挖掘实例

2. POI 数据

城市兴趣点（POI）主要描述与人们生活密切相关的地理实体（如车站、公园、学校等）的空间和属性信息，包括实体的名称、地址和坐标等。与利用统计调查数据、遥感数据等方法相比，POI 数据具有样本量大、时效性强、涵盖信息细致且范围广泛等优势，能够更加高效准确地识别城市空间和反映城市变化。CitySPS 平台在城市土地利用类型划分、功能区识别、用地预测等方面用到了 POI 数据。CitySPS 平台使用的北京 POI 数据来自高德地图和百度地图，涵盖了交通设施、住宿、餐饮、购物、公共设施、科教文化、金融保险、体育休闲、医疗保健、政府机构及社会团体等多个大类（表 9-2），每个大类下包含若干个中类和小类。每条 POI 数据包括经纬度、名称、地址、类型、行政区等重要的属性信息（表 9-3）。

表 9-2　POI 数据类别信息　　　　　　　　　（单位：条）

数据大类	POI 数据量				
	2010 年	2015 年	2018 年	2019 年	2020 年
交通设施服务	15933	68625	127729	140020	161886
住宿服务	7131	21336	45839	60617	72010
体育休闲服务	10732	35279	69509	78150	88335
公共设施	16486	27185	44609	48403	51807
公司企业	50125	144209	249528	297691	332914
医疗保健服务	10769	27292	49446	57505	65413
商务住宅	26700	80928	93513	99897	118131
地名地址信息	23698	225306	329811	359950	384926
摩托车服务	347	577	1577	1951	2348
政府机构及社会团体	17901	34827	60962	76857	91261
汽车服务	5860	13253	30297	36835	43864
汽车维修	4076	7286	14262	17766	21166
汽车销售	1418	3020	5801	6947	8264
生活服务	43789	161155	332198	382788	453014
科教文化服务	17271	54230	109939	128350	148122
购物服务	67781	253378	538374	622631	707039
道路附属设施	443	1157	2249	2296	2336
金融保险服务	10168	25022	40327	43572	46691
风景名胜	3370	11894	15999	17476	19406
餐饮服务	51611	191524	380551	443144	517414

表 9-3　POI 数据部分标签信息

字段	含义	格式
ID	POI 数据的编号	数字标识
Name	POI 数据点的名称	文字标识
Address	POI 数据点的地址信息	文字标识
Longitude	坐标的经度	以（°）为单位（0°～180°E/W）
Latitude	坐标的纬度	以（°）为单位（0°～90°N/S）
Type 1	类别大类	文字标识
Type 2	类别中类	文字标识
Type 3	类别小类	文字标识

3. 房价数据

房价数据来源于各大房地产企业网站，通过网络爬虫爬取相关房地产交易数据，可以获得小区房源的坐标、售价、建筑面积、区域、地址等信息（表 9-4），利用 ArcGIS 里的克里金插值工具，可以获得全域内的房价分布数据（图 9-3）。

表 9-4　房价数据部分数据字典

字段名称	单位	说明
小区名称	—	小区名称
小区均价	元	小区平均房价
建筑面积	m²	小区内建筑面积
房屋用途	—	包括写字楼、平房、普通住宅、公寓、别墅、四合院等
区域	元	小区所在的行政区
经度	（°）	WGS1984 坐标系统下的经度坐标
纬度	（°）	WGS1984 坐标系统下的纬度坐标

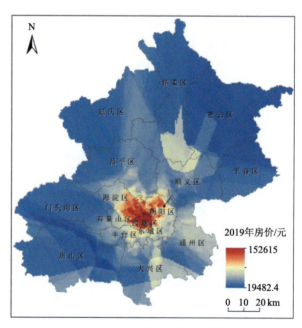

图 9-3　2019 年北京房价插值图

9.1.3　统计数据

CitySPS 平台中所使用的统计数据的来源主要为普查数据、抽样调查数据、统计公报及年鉴、专题调查等；所包含的门类主要有人口普查、经济普查、企业工商注册数据、城市统计年鉴及专题统计年鉴等；所包含的指标涉及社会结构、经济发展、土地利用、交通运行等多个方面。图 9-4 为 CitySPS 平台中的统计数据类别及用途。

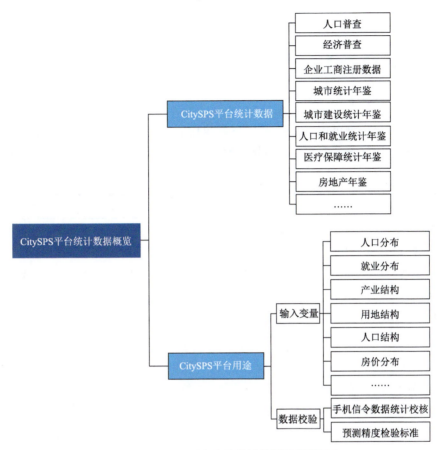

图 9-4　CitySPS 平台中的统计数据类别及用途

9.1.4　居民出行调查数据

手机信令数据因个人隐私保护等，在反映居民的社会经济信息上存在不足，需要调查进行补充。我国大多城市均进行了全市层面的居民出行抽样调查，CitySPS 平台将这些调查数据同手机信令大数据进行融合使用。

例如，北京市第五次综合交通调查收集了 4 万户家庭约 12 万常住人口的居民出行信息，涉及全市 16 个区县的 265 个街道（乡、镇）的 999 个村居委会，包括居民的社会经济属性、活动目的、出行时间、出行距离、交通方式、乘车路线、交通费用、停车情况等信息。

CitySPS 平台应用居民出行调查数据，依据年龄、性别对人群进行划分，计算各个交通单元（街道或交通小区）的拥车率。通过未成年人（低于 18 岁）、劳动力（19～59 岁）、老年人（高于 60 岁）三档年龄类别和男、女两类性别的交叉组合，将人群分为六类，服务于交通方式分担与路径分配模块的计算。

9.2　模型计算结果的输出指标

9.2.1　人口就业与土地住房类指标

1. 人口与就业指标

CitySPS 平台模型可以输出的人口与就业指标主要包括城市住房匹配度、老龄化率、居住分布、职住关系系数、人口抚养比、新增人口总量、人口密度等（表 9-5）。

表 9-5　人口与就业输出指标

输出指标	数据尺度	时间单元	计量单位	指标含义
城市住房匹配度	城市	年	—	住房面积/人口总量
老龄化率	城市	年	%	老龄化水平
未成年人比例	城市	年	%	未成年人占比结构
就业岗位总量	城市	年	个（万个）	城市法人单位就业岗位总量
常住人口总量	城市	年	人（万人）	城市常住人口总量
居住分布	交通小区	年/月	人（万人）	交通小区居住分布
就业分布	交通小区	年/月	个（万个）	交通小区就业分布
行业就业结构占比	城市	年	%	城市不同行业的就业结构
职住关系系数	城市/交通小区	年/月	—	地区就业岗位和居住人口平衡水平
人口抚养比	城市/交通小区	年	%	劳动力需抚养或赡养人口水平
新增人口总量	城市	年	人（万人）	城市人口增长情况
人口密度	城市	年	人/km^2	区域人口拥挤度

2. 土地利用与房价指标

土地利用与房价的输出指标包括房价分布数据、城市土地利用分布图、用地面积、建设用地面积、分类型土地利用面积、用地混合度等（表 9-6）。其中，房价分布数据是综合人口密度、就业岗位密度、出行成本等数据进行回归计算所得。城市土地利用分布图是反映各种用地类型在地理空间上分布情况的重要工具，是城市总体规划中必不可少的要素，能够直观地反映各类用地在空间上的变化。CitySPS 平台采用 Logistic-CA 模型的模拟结果，空间分辨率为 250m。用地面积、建设用地面积、分类型土地利用面积等基于城市土地利用分布图进行统计。用地混合度指城市拥有的土地利用类型所占比重的综合组成状况，其值的大小反映了区域内不同土地利用功能的混合程度，计算公式如下：

$$\text{LUM}_i^t = -\frac{\sum_v^N p_{i,v}^t \ln p_{i,v}^t}{\ln N} \tag{9-1}$$

式中，LUM_i^t 为 t 时期区域 i 的用地混合度；$p_{i,v}^t$ 为区域 i 内土地利用类型 v 在总用地中的比例；N 为区域 i 内部的用地类型数目。一般而言，用地混合度越高，表示区域所负荷的功能类型越多、各种土地功能分配越均衡；用地混合度越低，表示街道的用地分配比较单一，所承受的功能压力越重。

表 9-6　土地利用与房价输出指标

输出指标	数据尺度	时间单元	计量单位	指标含义
房价分布数据	城市/区县/街道/1km 格网	年	元	区域平均商品住房价格
用地面积	城市/区县/街道	年	km²	区域行政边界内的总面积，包括建设用地面积与其他用地面积
建设用地面积	城市/区县/街道	年	km²	城市建设用地面积，包括居住用地、商业用地、城市公用设施用地、工业用地、道路与交通设施用地、公共管理与公共服务用地、绿地广场用地等各项建设用地面积之和
分类型土地利用面积	城市/区县/街道	年	km²	八种土地利用类型（居住用地、商业用地、城市公用设施用地、工业用地、道路与交通设施用地、公共管理与公共服务用地、绿地广场用地、其他用地）的用地面积
城市土地利用分布图	城市	年	—	城市各类土地利用类型的空间分布图
用地混合度	城市/区县/街道/1km 格网	年	—	城市拥有的土地利用类型所占比重的综合组成状况

9.2.2　交通指标

1. 交通需求指标

交通需求输出指标包括空间单元人群出行生成量、空间单元人群出行吸引量、空间单元人群出行率、空间单元人群初始出行量、人群在空间单元之间的出行分布量、空间单元人群基于家的出行量、空间单元人群非基于家的出行量等变量（表 9-7）。经过模型运算，可输出按人群和空间单元细分的各项交通需求核心指标，以期对城市交通需求进行精细模拟和精准预测，输出指标可以代入模型进行交通流量预测和迭代计算，也可以直接用于评估交通政策和规划目标。

表 9-7　交通需求输出指标

输出指标	空间尺度	时间尺度	数据类型
空间单元人群出行生成量	街道、网格	年	二维数组

续表

输出指标	空间尺度	时间尺度	数据类型
空间单元人群出行吸引量	街道、网格	年	二维数组
空间单元人群出行率	街道、网格	年	二维数组
空间单元人群初始出行量	街道、网格	年	二维数组
人群在空间单元之间的出行分布量	街道、网格	年	三维数组
空间单元人群基于家的出行量	街道、网格	年	二维数组
空间单元人群非基于家的出行量	街道、网格	年	二维数组

2. 交通流量指标

交通流量输出指标包括拥堵延时指数、路段流量、路段机动车当量、路段各方式出行量、路段各方式通行速度（表 9-8）。输出指标为交通政策决策、专项规划等提供数据支持。

表 9-8　交通流量输出指标

输出指标	空间尺度	时间尺度	计量单位	数据类型
拥堵延时指数	路段	年	—	二维数组
路段流量	路段	年	人次	二维数组
路段机动车当量	路段	年	标准车当量数	二维数组
路段各方式出行量	路段	年	人次	二维数组
路段各方式通行速度	路段	年	km/h	二维数组

拥堵延时指数的定义为对于小汽车和公交车路段，实际通行时间与自由通行时间的比值。例如，一个路段的自由通行时间为 5min，高峰期耗时 15min，则高峰期该路段的拥堵延时指数为 3。

9.3　模型中的决策调控指标

9.3.1　决策调控指标

在模型设计层面，用户通过预留的决策输入指标接口，可以将决策或规划信息以关键指标的形式输入，对决策所产生的政策后果进行模拟计算和预测评估，决策者通过模拟结果，对决策进行量化评估，进而做出优化方案。这些决策调控输入指标涵盖了住房管理、人口与就业发展政策、城市用地与空间管控、交通规划与管理等领域（表 9-9）。这些决策调控指标可以根据决策者的需求和待评估的决策情况进行设计，实现"量身定制"的政策评估效果。

表 9-9　决策调控输入指标

领域	输入指标
住房管理	全市住房价格限定范围
人口与就业发展政策	全市居住人口变化总量
	全市新增人口中 60 岁以上人群的总量
	全市新增人口中 18 岁以下人群的总量
	全市就业岗位数变化总量
	全市分类型的就业岗位比例
	全市研究单元的职住关系系数限定值
城市用地与空间管控	全市某类型用地面积变化总量
	全市易涝点
	全市耕地红线、生态保护红线
	全市建设用地计划供应量
	全市某类型用地上普通建筑的平均容积率
	全市某类型用地上绿色建筑和普通建筑的比例
	全市某类型用地上绿色建筑的平均容积率
	给定任一最小格网用地类型
交通规划与管理	全市居民的单位时间价值
	全市机动车保有量
	全市增收交通拥堵税税费
	增减任一最小路段（道路交叉口）
	增减任一地铁线路（站点）、公交线路（站点）
	全市新能源小汽车比例
	全市公交车单次票价
	全市地铁单位里程票价
	全市机动车行驶单位里程的燃油费

下面以北京市为例，对各决策调控输入指标的含义进行详细介绍。

（1）全市住房价格限定范围。为贯彻落实国家房地产市场调控政策，切实将房价控制在合理水平，CitySPS 平台支持设定全市各街道单元单位住房平均价格上限值的调控目标，模拟该目标下城市发展态势。北京建议设定范围为 50000～60000 元/m^2。

（2）全市居住人口变化总量。城市常住人口为城市社会经济活动的主体，规划引导调控城市常住人口总量增长，对于城市经济良性发展、城市人口结构健康演变、城市规模稳定增长等均具有重要意义。CitySPS 平台支持规划全市常住人口总量增长目标，以人为本进行目标导向规划。《北京城市总体规划（2016 年—2035 年）》提出，北京市常住人口规模 2020 年控制在 2300 万人以内，2020 年以后长期稳定在这一水平。北京市 2020 年末常住人口 2189 万人，建议短期至 2025 年，年人口增量调节值在 20 万人以内，2025 年以后人口基本不再增长。

（3）全市新增人口中 60 岁以上人群的总量。中国社会老龄化问题逐步凸显，摸清老龄人口基数，对于优化城市人口年龄结构、促进社会经济生产、配置老龄化服务设施、建设老龄友好城市，均具有重要意义。CitySPS 平台支持规划全市老龄化结构特征，模拟特定城市人口发展阶段、老龄化率对城市未来的影响，以及服务于提升城市老年生活水平。北京市第七次全国人口普查数据显示，60 岁以上人口占比 19.6%，未来老龄化趋势会进一步增强。

（4）全市新增人口中 18 岁以下人群的总量。中国生育意愿逐步降低、政策鼓励多胎生育。未成年人作为城市人口生力军，其数量结构的健康性对社会意义重大。CitySPS 平台规划未成年人口结构，如评估和模拟预测生育政策达到特定效果时，对城市系统整体的影响。2020 年，北京市 18 岁以下人口比例约为 14%。

（5）全市就业岗位数变化总量。就业是民生根基。CitySPS 平台支持对城市就业岗位总量进行规划调控，响应国家稳就业、保民生的政策方针，鼓励产业发展带动就业发展，这对于规划评估社会生产力水平、社会经济发展态势具有重大意义。2018 年，北京市城镇新增就业人口 42.3 万人；2019 年，北京市城镇新增就业人口 35.1 万人；2020年，北京市城镇新增就业人口 26.1 万人，新增就业人口呈下降趋势，可根据政府预期新增就业量目标进行设定。

（6）全市分类型的就业岗位比例。就业结构可反映产业结构，现有城市大多需要进行城市产业转型升级调整。CitySPS 平台支持在厘清现有产业结构的情况下，规划调整主导产业、支柱产业，扶持新兴产业，进行产业调整城市模拟实验，以期为城市发展改革、城市产业结构转型提供支持。《北京市"十四五"时期高精尖产业发展规划》提出，北京必须保持发展高精尖产业的战略定力，深入落实京津冀协同发展战略，坚定不移疏解非首都功能，加快科技创新构建高精尖经济结构，探索实践具有首都特色的产业转型升级之路，塑造参与全球产业合作和竞争新优势。高精尖产业主要涉及先进制造业、软件和信息服务业、科技服务业。

（7）全市研究单元的职住关系系数限定值。城市就业和居住空间的匹配有助于缓解长距离、潮汐式交通带来的交通拥堵问题，减少环境污染，提升居民生活质量。职住关系系数由各研究单元内的就业岗位数与居住人口数量之比进行衡量，其对居民居住和就业区位选择以及交通出行产生影响。该系数在 0.75～1.5 表示职住基本平衡；0.3～0.75 以及 1.5～3 表示轻度失衡；0.1～0.3 以及 3～10 表示中度失衡；小于 0.1 以及大于10 表示重度失衡。

（8）全市某类型用地面积变化总量。城市政府有自身的建设用地供应计划，可以根据自己需要增加或减少某一类用地的面积，CitySPS 平台支持对城市未来用地总量与用地结构进行调控，模拟该政策指导下的城市系统发展状态。《北京城市总体规划（2016 年—2035 年）》提出，压缩中心城区产业用地，严格执行新增产业禁止和限制目录。适度增加居住及配套服务设施用地，优化居住与就业关系。增加绿地、公共服务设施和交通市政基础设施用地。

（9）全市易涝点。CitySPS 平台支持设定城市中易在暴雨时淹没的路段，模拟在极端天气下，部分道路通行受阻情景下的城市运行状态。

（10）全市耕地红线、生态保护红线。城市划定耕地红线与生态保护红线，其内部的非建设用地禁止侵占。CitySPS 平台支持在耕地红线、生态保护红线的约束下，在严守用地底线的条件下，模拟城市用地演变、居住选择、交通运行等方面的运行情况。《北京城市总体规划（2016 年—2035 年）》提出，坚决落实最严格的耕地保护制度，坚守耕地规模底线，加强耕地质量建设，强化耕地生态功能，实现耕地数量质量生态三位一体保护。2020 年耕地保有量不低于 166 万亩[①]。以生态功能重要性、生态环境敏感性与脆弱性评价为基础，划定全市生态保护红线，占市域面积的 25%左右。强化生态保护红线刚性约束，勘界定标，保障落地。

（11）全市建设用地计划供应量。城市政府每年提出建设用地供应计划，设定入市的各类用地面积。CitySPS 平台支持在该政策条件下的模拟预测。北京市 2020 年、2021 年、2022 年度计划安排建设用地供应总量均为 3710hm²，即 37.1km²。

（12）全市某类型用地上普通建筑的平均容积率。容积率指单位面积土地上的建筑容量，即建筑物面积与用地面积的比率，是衡量建设用地使用强度的重要指标。根据《城市居住区规划设计标准》（GB 50180—2018），北京属于 II 类气候区，15min 生活圈居住区用地控制指标为，住宅建筑平均层数 4～6 层，容积率 0.8～1.0；住房建筑平均层数 7～9 层，容积率 1.0～1.2；住房建筑平均层数 10～18 层，容积率 1.2～1.4。

（13）全市某类型用地上绿色建筑和普通建筑的比例。在我国碳达峰、碳中和的战略目标下，推进低能耗的绿色建筑建设有重要意义。截至 2021 年底，北京市民用建筑（非生产性居民和公共建筑）绿色建筑覆盖率达 16.8%。根据 2020 年 7 月住房和城乡建设部、工业和信息化部等七部门印发的《绿色建筑创建行动方案》的要求，到 2022年，当年城镇新建建筑中绿色建筑面积占比应达到 70%。北京市年新增建筑面积约为已有总建筑面积的 5%，因此，建议按照绿色建筑覆盖率年增 3%～5%进行调节。

（14）全市某类型用地上绿色建筑的平均容积率。国家针对绿色建筑给予一定容积率补助措施，绿色建筑容积率略高于普通建筑。根据国家和地方的规定，奖励容积率在1%～5%。

（15）给定任一最小格网用地类型。CitySPS 平台支持对局部用地的类型进行调整，根据规划需要改变任意格网的土地类型，模拟在该约束条件下的用地演变情况。

（16）全市居民的单位时间价值。该指标用于衡量居民出行成本，代表居民每小时的货币机会成本，一般以人均可支配收入衡量。以北京市 2020 年为例，年工作日按照$12 \times 30 \times 5/7 = 257.14$ 天计算，每天工作 8h，全年北京市居民人均可支配收入为 69434元，估算得到居民平均每小时出行的时间价值为 33.75 元，单位时间价值（VOT）的增减与居民人均可支配收入比例一致。

（17）全市机动车保有量。过高的机动车保有量将给城市土地、能源、交通、环境等方面带来负担，因此应合理控制其增长。CitySPS 平台支持对机动车保有量控制条件

---

① 1 亩≈666.7m²。

下的交通出行模式选择、流量分配进行模拟。截至 2020 年底，北京市私人小微型客车保有量 473.0 万辆，建议按照年增量低于 50 万辆的水平进行调控。

（18）全市增收交通拥堵税税费。交通拥堵税政策在英国、美国、新加坡等国家作为拥堵治理的策略得到了推广与应用，在减少车辆高峰期出行以及降低碳排放方面有较好的效果。根据英国的交通拥堵税税费，建议调控范围为 10～50 元。

（19）增减任一最小路段（道路交叉口）。CitySPS 平台支持对底层路网进行修改，可在网页端进行线路和交叉口的新增、修改、删减。

（20）增减任一地铁线路（站点）、公交线路（站点）。CitySPS 平台支持对城市公交站点与地铁站点进行修改，可在网页端进行线路和站点的新增、修改、删减，建议按照北京市地铁线路规划进行编辑。

（21）全市新能源小汽车比例。新能源小汽车的普及对于城市节能减排、实现可持续发展意义重大。截至 2021 年底，北京市私人电动乘用车达 12.4 万辆，占私人小汽车的比例为 2.6%。每年新能源乘用车指标为 5 万～6 万个，因此建议设置新能源汽车比例年增 1%左右。

（22）全市公交车单次票价。公交票价的变化可能进一步影响居民公交出行的选择。北京市当前票价为 2 元/次，建议下调幅度不超过 75%。

（23）全市地铁单位里程票价。地铁票价的变化可能影响居民地铁出行的选择。北京市当前票价为 0.5 元/km，建议下调幅度不超过 75%。

（24）全市机动车行驶单位里程的燃油费。燃油费的变化可能影响居民私家车出行的选择。北京市当前燃油费约为 1 元/km，建议调控幅度为下降 30%至上升 30%。

9.3.2　决策综合指标

CitySPS 平台对于决策的作用过程模拟和效果预测不仅仅体现在上述的单一部门，而且还可以通过决策组合，对主题式的城市战略决策进行模拟和预测评估。CitySPS 平台默认设置八种城市战略的决策调控变量组合，见表 9-10，用户也可进行自定义决策调控变量组合，以满足个性化需求。

表 9-10　八种城市战略的决策调控变量组合

城市战略	决策调控变量组合	城市战略	决策调控变量组合
生长城市	全市新增居住人口总量	全龄友好城市	全市新增人口中 60 岁以上人群的总量
	全市新增就业岗位数总量		全市新增人口中 18 岁以下人群的总量
	全市各类就业岗位比例		全市各类型用地面积
	全市住房价格限定范围		全市研究单元的职住关系系数限定值
	全市建设用地计划供应量		给定任一最小格网用地类型
	全市各类型用地面积		全市公交车单次票价
	全市机动车保有量		全市地铁单位里程票价
	全市居民的单位时间价值		增减任一地铁线路（站点）、公交线路（站点）

续表

城市战略	决策调控变量组合	城市战略	决策调控变量组合
存量更新城市	增减任一地铁线路（站点）、公交线路（站点）	全龄友好城市	增减任一最小路段（道路交叉口）
	增减任一最小路段（道路交叉口）	紧凑城市	增减任一地铁线路（站点）、公交线路（站点）
	全市研究单元的职住关系系数统一临界值		全市新增居住人口总量
	全市某类型用地面积变化总量/比例		全市研究单元的职住关系系数统一临界值
	全市某类型用地上普通建筑的平均容积率		给定任一最小格网用地类型
	给定任一最小格网用地类型		全市住房价格限定范围
	全市住房价格限定范围		全市居民的单位时间价值
收缩城市	全市新增人口中 60 岁以上人群的总量		全市机动车保有量
	全市新增居住人口总量		全市增收交通拥堵税带来的机动车出行成本提高比例
	全市新增就业岗位数总量		全市某类型用地上普通建筑的平均容积率
	全市各类就业岗位比例		增减任一最小路段（道路交叉口）
	全市机动车保有量	韧性城市	增减任一最小路段（道路交叉口）
	全市居民的单位时间价值		增减任一地铁线路（站点）、公交线路（站点）
	全市各类型用地面积		全市易涝点
低碳城市	全市各类型用地面积	生态城市	增减任一地铁线路（站点）、公交线路（站点）
	全市机动车保有量		全市各类型用地面积
	全市增收交通拥堵税带来的机动车出行成本提高比例		给定任一最小格网用地类型
	全市各交通方式使用的能源类型比例		全市易涝点
	全市公交车单次票价		全市各交通方式使用的能源类型比例
	全市地铁单位里程票价		全市公交车单次票价
	全市某类型用地上普通建筑的平均容积率		全市地铁单位里程票价
	全市某类型用地上绿色建筑和普通建筑的比例		全市机动车行驶单位里程的燃油费
	全市某类型用地上绿色建筑的平均容积率		全市住房价格限定范围

9.3.3　决策感应指标

CitySPS 平台的输出指标面向决策支撑（表 9-11），可通过这些输出指标综合评价城市的运行状态，主要体现在社会宜居、经济高效和生态文明等方面。具体指标包括就业、居住、出行、公共服务设施便利度、道路交通设施、道路交通承载水平、环境质量、低碳环保等方面。

表 9-11　决策感应指标

目标层	准则层	指标层	
		指标类别	具体决策感应输出指标
社会宜居	获得感	就业	分类型就业岗位密度
			职住关系系数
		居住	居住人口密度
			居住密集度
			住房价格水平
			城市新增住房与人口匹配度
			居民人均住房面积
		出行	人均机动车保有量
			平均出行时长
			平均出行费用
			平均通勤时长
			平均通勤费用
			居民出行 OD 分布
			居民出行方式结构
			公共交通出行分担率
			慢行交通出行分担率
	幸福感	公共服务设施便利度	生活服务设施 1km 覆盖率
			城市通勤便捷化水平
			公交站点 500m 覆盖率
		环境舒适度	绿地公园 1km 服务圈人口覆盖率
			绿地公园 1km 服务圈居住用地覆盖率
		工作辛劳度	平均上班离家时间
			平均下班到家时间
	包容感	交通公平	分组别出行时间成本
			分组别出行花费
			分组别出行综合成本

续表

目标层	准则层	指标层	
		指标类别	具体决策感应输出指标
经济高效	基础设施	道路交通设施	道路网密度
			道路交叉口密度
			地铁线路密度
			公交线路密度
			区位可达性
		道路交通承载水平	路段分交通方式的交通流量
			路段交通流量
			高峰出行效率
			交通拥堵指数
		城市雨洪韧性	压力层危险性
			状态层敏感性
			响应层适应性
	创新活力	人口活力	老龄化率
		经济活力	人口抚养比
			少儿抚养比
			老年抚养比
生态文明	低碳节能	绿色出行	绿色出行占比
		低碳环保	全市综合交通碳排放量
			单位出行人均碳排放
			全市综合交通能耗总量
			单位出行人均能耗
			碳中和指数
		环境质量	绿化覆盖率
			全市综合交通污染物排放量
			城市土地使用可持续性
	空间管控	用地集约	用地类型分布结构
			区域开发强度
			用地混合度
		用地绿色	用地碳排放量
			用地碳汇量

1. 目标层

指标目标层设置社会宜居、经济高效和生态文明三项。在以人为本的思想下，城市的社会宜居程度意义重大。社会宜居指标对城市适宜居住程度进行综合评价，通过对城市获得感、幸福感、包容感的计算评估，分别从就业、居住、出行等指标对城市人居环境进行把控，形成一套全面的城市协调发展和社会宜居环境评估体系。具体来看，社会宜居由获得感、幸福感和包容感三个准则层指标及下级就业、居住、出行、公共服务设施便利度、环境舒适度、工作辛劳度、交通公平七大类别指标构成。

同时，我国经济正处于高速增长向高质量发展转变的阶段，经济高效成为城市稳健发展的一个重要的衡量指标。基于经济高质量发展的内涵特征，选择基础设施及创新活力评估区域经济运行效率。经济高效由基础设施和创新活力两个准则层指标及下级道路交通设施、道路交通承载水平、城市雨洪韧性、人口活力、经济活力五大类别指标构成。

最后，响应我国生态文明建设以及碳达峰、碳中和重大战略，提出对城市生态文明建设情况的衡量体系。从低碳节能、空间管控两个基本目标出发，对碳中和指数、绿化覆盖率、用地混合度等指标进行计算和把控，致力于总体评估低碳节能与空间管控水平。生态文明指标由低碳节能和空间管控两个准则层指标及下级绿色出行、低碳环保、环境质量、用地集约、用地绿色五大类别指标构成。

2. 准则层

获得感、幸福感与包容感是社会宜居目标层下的准则层指标。获得感作为衡量社会治理有效度的指标，体现了城市建设和治理能力现代化带来的福利增量，与群众就业、居住、出行存在紧密的联系。幸福感指人类基于自身的满足感与安全感而主观产生的一系列欣喜与愉悦的情绪，受到公共服务设施便利度、环境舒适度以及工作辛劳度等影响。包容感是城市人文和管理的重要尺度，旨在揭示市民是否能够公平享有城市交通服务，关注不同出行人群的利益。

基础设施和创新活力是经济高效目标层下的准则层指标。基础设施是城市生存和发展所必须具备的工程性基础设施和社会性基础设施的总称，是使城市顺利进行各种经济活动和其他社会活动而建设的各类设施的总称。创新是引领发展的第一动力，在国家深入实施创新驱动发展战略的背景下，城市创新活力是城市发展质量的重要考量因素，人口活力和经济活力是影响城市创新活力的关键因素。

低碳节能和空间管控是生态文明目标层下的准则层指标。低碳节能指城市能够有较低（更低）的温室气体（二氧化碳为主）排放量以及尽可能地减少能源消耗量。空间管控以总体规划、详细规划为依据，对陆海所有国土空间进行保护、开发和利用，按照规划严格管控区域边界、土地用途和土地使用条件等。

3. 指标层

1）指标类别

就业、居住、出行与居民生活的获得感密切相关，就业是衡量区域经济发展的重要指标，充分的就业岗位和均衡的职住关系是区域良好的劳动环境与就业政策落实的体现，是保障和改善民生的头等大事。就业指标分别通过分类型就业岗位密度和职住关系系数进行测度，反映区域就业水平。居住是重要的城市功能之一，受城市人口社会、住房商品经济、用地规划多方面的影响。居住指标分别通过居住人口密度、居住密集度、住房价格水平、城市新增住房与人口匹配度、居民人均住房面积进行测度，体现区域人、地、房的关系。出行影响城市的经济、社会发展水平，与城市居民日常生活息息相关，出行和通勤时长的效率与成本是制约城市发展的重要因素。出行指标分别通过平均出行时长、平均出行费用、平均通勤时长、平均通勤费用等进行测度，体现区域不同角度的出行效率及成本差异。

公共服务设施便利度、环境舒适度、工作辛劳度是衡量城市幸福感的重要方面。公共服务设施是宜居城市建设的重要组成部分，公共服务设施的均衡布局和合理安排是提升居民生活便利程度的重要基础。公共服务设施便利度指标分别通过生活服务设施1km覆盖率、城市通勤便捷化水平、公交站点500m覆盖率进行测度，体现城市公共服务设施的便利程度。环境舒适度对提高居民幸福感具有重要作用。绿地在空间上合理分布可促进城市公平与健康发展，它能够提供丰富的社会文化服务和生态服务。环境舒适度指标分别通过绿地公园1km服务圈人口覆盖率、绿地公园1km服务圈居住用地覆盖率进行测度，反映居民对城市公园绿地的可达水平。工作辛劳度是影响居民生活品质的主要因素，通勤时长是对工作辛劳度的第一感受，通过区域平均上下班耗时进行度量。工作辛劳度指标分别通过平均上班离家时间、平均下班到家时间反映因工作通勤带来的时间成本损耗。

交通公平是衡量城市包容感的重要指标。交通公平是指考虑年龄、收入、工作、出行方式等情况的不同城市居民群体，其合理利用城市交通资源的公平性。交通公平指标分别通过分组别出行时间成本、分组别出行费用、分组别出行综合成本进行测度，体现不同人群获得交通资源分配的合理程度。

基础设施从道路交通设施、道路交通承载水平、城市雨洪韧性三个方面衡量。道路交通设施是城市多种交通方式出行的基础条件，体现区域交通设施建设的完善程度。道路交通设施指标分别通过道路网密度、道路交叉口密度、地铁线路密度、公交线路密度、区位可达性进行测度，反映区域基础设施空间分布水平。道路交通承载水平是指道路能够承载的交通流的能力，决定了道路的服务水平以及交通服务的质量。道路交通承载水平指标分别通过路段分交通方式的交通流量、路段交通流量、高峰出行效率、交通拥堵指数进行测度，体现区域道路运行情况。城市雨洪韧性是指城市面临雨洪灾害时，快速应对灾害风险和冲击，恢复并保持交通、基础设施等功能正常运行的能力。城市雨洪韧性指标分别通过压力层危险性、状态层敏感性、响应层适应性进行测度，反映城市抵御自然灾害、灾后恢复、生态脆弱性及社会财产暴露性的水平。

创新活力涵盖人口活力、经济活力两方面。人口活力是促进区域社会经济高质量发展的重要动力，老龄化人口提升导致劳动适龄人口比例降低，从而影响区域人口活力。人口活力指标主要通过老龄化率进行测度，体现区域人口活力水平及人口结构特征。经济活力体现在不同的人口结构对城市经济发展的影响上，不同的人口年龄结构决定城市不同的消费结构和经济结构。经济活力指标主要通过人口抚养比、少儿抚养比、老年抚养比进行测度，反映人口结构变化对经济活力的影响。

城市的低碳节能水平从绿色出行、低碳环保以及环境质量三个方面衡量。步行、自行车等绿色出行方式对缓解城市道路交通拥堵、降低交通能耗、减少空气环境污染有重要作用，引导居民出行方式向绿色出行转变对于城市低碳绿色发展意义重大。绿色出行指标主要通过绿色出行占比进行测度，反映城市慢行交通的出行分担情况。环境质量可衡量区域自然环境的优劣，区域绿化水平及生态环境状况的好坏直接影响城市居民生活质量。环境质量指标主要通过绿化覆盖率、全市综合交通污染物排放量、城市土地使用可持续性进行测度。低碳环保是从健康、环保的绿色出行方式的角度，倡导节约能源、提高能效、减少污染、兼顾效率的出行方式。低碳环保指标主要通过全市综合交通碳排放量、单位出行人均碳排放、全市综合交通能耗总量、单位出行人均能耗、碳中和指数进行测度，反映区域碳排放的整体水平。

空间管控涵盖用地集约、用地绿色两方面。用地集约指挖掘土地潜力，节约土地资源，充分发挥土地资源的资产效益，保证城市土地的有效供给，从而促进城市经济稳定发展。用地集约指标主要通过用地类型分布结构、区域开发强度、用地混合度进行测度，体现区域不同类型用地的结构及土地资源利用情况。用地绿色是对用地碳吸收量和碳汇能力的综合考量，通过土地利用优化、平衡碳排放和碳吸收的关系，建设绿色低碳城市。用地绿色指标主要通过用地碳排放量、用地碳汇量，反映区域由用地产生的碳排放水平。

2）具体决策感应输出指标

就业包括两个具体指标：分类型就业岗位密度通过用地面积和不同类型就业岗位数量进行计算，是衡量就业分布空间特征的重要变量之一。职住关系系数通过单元就业岗位数量和居住人口数量进行计算，是衡量城市职住平衡和评估城市获得感的指标之一。

居住包括五个具体指标：居住人口密度通过居住人口数量和用地面积之比进行计算，是评价城市居住情况以及城市居民获得感的指标之一。居住密集度是从空间视角下展现人口密度和建设用地分配量之间的匹配度关系，是体现城市居民居住质量的重要指标。住房价格水平受到社会、经济、人口、政策多方面的影响，是城市居民选择定居生活的重要因素。城市新增住房与人口匹配度用来衡量城市新增住房是否能够满足新增人口带来的新住房需求。居民人均住房面积反映了城市居住用地使用的平均水平，可部分反映居民的居住质量，与居住用地面积及人口数量密切相关。

出行包括九个具体指标：人均机动车保有量反映了机动车拥有的平均水平，过高的人均机动车保有量将对城市土地、能源、交通、环境带来负担，应合理控制其增长。平均出行时长考虑各种出行方式的耗时，反映区域出行整体耗时水平，是衡量区域出行能力的重要因素。平均出行费用考虑各种出行方式的费用，反映区域出行平均耗费货币成本水平，是衡量区域出行能力的重要因素。平均通勤时长是指居住地往返工作地的交通行为所消耗的时间成本，反映城市通勤的现实情况。平均通勤费用是指居住地往返工作地的交通行为所消耗的货币成本，反映城市通勤的现实情况。居民出行 OD 分布是指起点与终点间的交通出行量，可以表示交通发生量的现实情况。居民出行方式结构体现居民采用步行、机动车、公共交通等出行方式的比例，反映居民出行方式的结构特征。公共交通出行分担率是衡量公共交通出行在总交通出行中所占比重的关键指标。慢行交通出行分担率是衡量慢行交通出行在总交通出行中所占比重的关键指标。

公共服务设施便利度包括三个具体指标：生活服务设施 1km 覆盖率是指生活服务设施 1km 范围内覆盖的人口占总人口的比重，是表征城市生活服务设施分布的均衡性与合理性的指标。城市通勤便捷化水平指城市 45min 通勤圈内覆盖的人口占总人口的比重，是表征城市交通通勤时长合理性的指标。公交站点 500m 覆盖率指公交站点 500m 范围内覆盖的人口占总人口的比重，是表征城市公交站点分布的均衡性与合理性的指标。

环境舒适度包括两个具体指标：绿地公园 1km 服务圈人口覆盖率指绿地公园 1km 范围内覆盖的人口占总人口的比重，是从人口角度表征城市绿地公园分布的均衡性与合理性的指标。绿地公园 1km 服务圈居住用地覆盖率指绿地公园 1km 范围内覆盖的居住用地占总用地的比重，是从用地角度表征城市绿地公园分布的均衡性与合理性的指标。

工作辛劳度包括两个具体指标：平均上班离家时间反映从居住地到工作地所耗费的时间，是体现工作辛劳度的一个方面，上班离家时间越长，说明该区域通勤便捷程度越弱。平均下班到家时间反映从工作地到居住地所耗费的时间，是体现工作辛劳度的另一个方面，下班到家时间越长，说明该区域通勤便捷程度越弱。

交通公平包括三个具体指标：分组别出行时间成本是考虑区域不同人群出行耗费的时间成本，能够体现区域不同类型居民出行的时间效率。分组别出行花费是考虑区域不同人群出行耗费的货币成本，能够体现区域不同类型居民出行的费用。分组别出行综合成本是综合考虑出行过程中不同类型人群出行耗费的经济、时间各类成本，是优化城市出行方式和结构的主要依据。

道路交通设施包括五个具体指标：道路网密度是在城市一定区域内，道路网的总里程与该区域面积的比值，是表征城市道路网发展规模的基本指标。道路交叉口密度是城市各研究单元单位用地的道路交叉口数量，是影响城市道路通行能力的重要因素。地铁线路密度通过区域地铁线路长度和区域面积进行计算，能够反映居民获得城市轨道交通服务的便捷程度。公交线路密度通过区域公交线路长度和用地面积进行计算，反映居民出行接近公交线路的程度，是公共交通服务水平的重要指标。区位可达性计算交通网络中从某一区位到达另一区位的出行距离，能够反映城市内部区域之间的交通便捷程度。

道路交通承载水平包括四个具体指标：路段分交通方式的交通流量表示城市各路段上，采用步行、机动车、公共交通等交通方式的交通流量，是城市交通流量与结构的具体表现。路段交通流量可以反映城市道路交通流量空间集聚程度，是评价城市道路交通运行情况的重要指标之一。高峰出行效率是高峰期各类道路上机动车的平均行驶速度，是衡量城市居民通勤体验的重要标准之一。交通拥堵指数是综合反映道路网畅通或拥堵的概念性指数值，是评估城市区域路网的交通运行状态的重要标准之一。

城市雨洪韧性包括三个具体指标：压力层危险性反映城市生态系统当前受到的外部压力，包括人类内部活动的压力和外部自然环境的压力，是从城市基础设施角度衡量城市经济发展的重要指标之一。状态层敏感性反映城市生态系统当前的状态，可以表示城市生态系统的承载能力，是从城市基础设施角度衡量城市经济发展的重要指标之一。响应层适应性指城市面临灾害威胁时，能够快速应对灾害风险和冲击，保持正常的社会服务和快速的灾后恢复能力，是从城市基础设施角度衡量城市经济发展的重要指标之一。

人口活力包括一个具体指标：老龄化率体现城市老龄化进程的快慢程度，社会老龄化程度是影响城市经济发展最直观且具有代表性的重要指标之一。

经济活力包括三个具体指标：人口抚养比是指总体人口中非劳动年龄人口数与劳动年龄人口数之比，是从整体人口结构角度评估城市经济发展的重要指标之一。少儿抚养比是指某一区域人口中少年儿童数与劳动年龄人口数之比，反映劳动年龄人口抚养少年儿童的压力，是评估城市经济高效发展的重要指标之一。老年抚养比通过老年人口数和劳动年龄人口数计算得出，是从经济角度反映人口老龄化社会后果的重要指标之一。

绿色出行包括一个具体指标：绿色出行占比表征以步行和自行车为出行方式的出行里程占居民出行总里程的比重，是衡量城市出行结构是否绿色的重要指标。

低碳环保包括五个具体指标：全市综合交通碳排放量通过各方式交通里程以及单位碳排放量计算得出，是评估城市交通碳排放情况的重要标准之一。单位出行人均碳排放通过交通出行总量和交通碳排放量计算得出，是评估城市交通碳排放平均水平的重要标准之一。全市综合交通能耗总量通过交通出行总量和燃料单位能耗计算得出，是评估城市交通能耗情况的重要标准。单位出行人均能耗通过交通出行总量和交通能耗总量计算得出，是评估城市交通能耗平均水平的重要标准。碳中和指数由用地碳汇、碳排放及交通碳排放计算，是衡量城市节能减排的重要指标之一。

环境质量包括三个具体指标：绿化覆盖率通过城市公园绿地面积与城市总建成面积的比重衡量城市绿化水平。全市综合交通污染物排放量通过交通出行总量和单位出行量污染排放系数计算得出，是评估城市交通污染物排放情况的重要标准。城市土地使用可持续性是城市建设用地增长率与人口增长率的比重，是衡量城市土地增长是否能够与人口增长速度相匹配，从而实现用地可持续的重要指标。

用地集约包括三个具体指标：用地类型分布结构是城市用地分布的精细化展示。区域开发强度表示建设用地占区域总面积的比重，用以衡量区域的土地开发程度。用地混合度通过城市某区域内各类型用地面积及总用地面积进行计算，可以衡量城市内部土地利用功能的平衡性及多样性。

用地绿色包括两个具体指标：用地碳排放量利用各类型用地面积以及各单元碳排放量，观察并评估城市不同区域的碳排放情况。用地碳汇量利用各类型用地面积以及各单元碳汇量，计算城市不同区域各类用地吸收的二氧化碳量，从而衡量城市的碳汇能力。

第 10 章
运行平台开发与高性能计算

城市计算引擎的开发，需要满足信息安全性和开发运行可控性的要求，同时也要满足高性能计算的要求。CitySPS 平台的规划建设，以信息安全和开发运行可控性为首要考虑，从软硬件基础架构层面进行系统设计：基础硬件方面，采用了基于国产化芯片组的高性能服务器设备；基础软件方面，采用了国产化操作系统及数据库软件；核心业务开发语言方面，采用了开源计算机语言。以此为基础，构建起完整的城市计算平台、用户操作平台与数据管理平台，能够较好地满足安全可控与运行高效的要求，从而确保城市信息平台具备自主可控的基础环境支持，具备长期稳定发展的必要先决条件。

10.1　城市计算引擎

10.1.1　城市计算引擎架构设计

城市计算引擎是 CitySPS 平台支撑城市发展趋势推演、预测与预警等主要功能的核心服务支持模块。其通过数据库存储和管理数据，并以接口的方式向用户操作平台提供所需数据，主要包含以下四大内容（图 10-1）。

1. 数据导入层

数据导入层包含标准化数据和地域性参数。数据管理平台清洗原始数据并进行数据标准化处理，在标准化数据输入的基础上对地域性参数进行自动化运算，最后参照《博雅智城·CitySPS 平台数据制备手册》进行数据校核，确保数据符合规范并可运行。数据导入层接收从数据管理平台中输入的标准化数据和地域性参数，其通过高性能服务器软硬件环境的支持，存储在海量高性能数据库中，对输入参数进行持久化管理，满足高性能计算的数据需求。

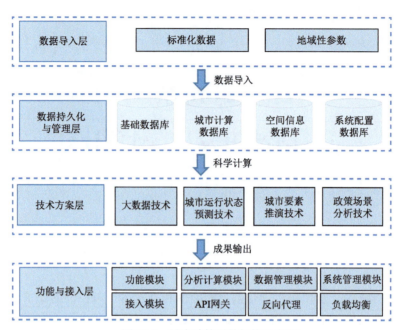

图 10-1　城市计算引擎架构示意图

2. 数据持久化与管理层

城市计算引擎在主业务逻辑层与数据库层之间构建了数据持久化与管理层，以提高数据与软件的集成度，提升平台的通用性、易扩展性与可拓展性。在数据持久化方案下，输入数据在内存中由数据模型构建为易于数据库识别的存储模型，关系型数据库接收存储模型并进行存储。研究显示，JSON 类型的数据存储搭配高版本关系型数据库的持久化方案，可以满足大部分的业务需求，并尽可能地减少访问数据库数据的次数。同时软件平台的软硬件适配、数据存储和业务数据分析也具有更好的通用性和扩展性，能够支持各类数据处理操作（任杰，2021）。在数据持久化方案中，数据存储的效率和读取速率都得到了显著的提高，也增强了 B/S 架构平台数据调用的并发承受能力和并发访问控制能力。持久化方案清晰的应用系统结构层次和模块解耦能力提高了系统平台的可扩展性和易维护性（汪萌和曲俊华，2010）。

为了防止数据持久化处理出现问题，城市计算引擎对数据导入层输入的标准化数据进行二次校核，将符合平台数据规范的标准数据存入高性能数据库。数据库根据存储数据的类别又划分为基础数据库、城市计算数据库、空间信息数据库及系统配置数据库。城市计算引擎按照数据类型将不同的数据存入相应的数据库中，建立空间索引，对数据持久化对象进行保存、更新等基本操作，满足平台高性能计算的数据需求。数据持久化提升了系统代码的复用性和可读性，操作配置文件即可完成数据库的转换，并且实现了代码的自优化，减少前后端频繁的交互，控制访问数据库的次数，使平台更高效稳定地运行。

3. 技术方案层

城市计算引擎的技术方案层涉及大数据技术、城市运行状态预测技术、城市要素推演技术以及政策场景分析技术。城市要素推演技术是城市计算引擎的关键技术。城市内的土地、人口、生态、产业链、公共交通等要素需要从复杂系统的高度进行系统化的量化分析和模拟预测预警。城市系统中相互联系的各要素处于动态、非均衡的状态中，系统模型存在高度的复杂性以及非线性特征。城市系统模型的高效运行需要对城市各个要素之间进行系统的连接，CitySPS 平台建立了城市全系统动态量化模拟模型，真实模拟城市全貌，提高了模型量化预测城市未来发展趋势的准确性和科学性。

城市要素推演技术在既有城市系统模型的基础上纳入更多的要素，反映城市整体系统：在土地利用和交通两个核心子模块的前项因素维度，向区域人口、经济和自然资源条件等要素拓展；在后项效应维度，纳入能源消耗、碳排放影响等，并增加政策感应模块。通过设计子模块的运算流程，将前序模块预测结果作为子模块间关联预测变量，体现城市子系统间的相互影响；通过设置核心内生变量，反映子系统间相互影响的时滞效应；通过模型迭代，实现更长期的预测功能，形成一套完整的、科学的城市系统动态模拟与预测技术。

大数据技术在统计数据以及基础地理信息数据的基础上，融合多元地理时空大数据，以提高模型微观模拟能力，并利用 POI 数据、手机信令数据等，克服了传统模拟与预测技术数据受限的问题。互联网大数据具有空间分辨率和时间分辨率较细致、数据实时等特点，为城市系统模拟与预测技术提供全面、连续的要素观察和研究手段。基于手机信令数据提取的城市分类别常住人口及就业人口分布数据和迁移数据、城市内不同街道间的 OD 数据、城市内人口流动的交通出行链数据，实现了网格级的精细化城市模拟与预测，对于城市用地模拟可达到 250m 网格尺度，对于人口分布模拟可达到 1km 网格尺度，对于交通出行模式划分和流量分配模拟可精确到路段尺度。

CitySPS 平台支持多种决策模拟与优化方案选择，为决策者提供了多种决策调控接口，可对城市人口与就业分布、房地产价格、交通需求分布、交通方式分担与路径分配等方面的未来发展目标、政策场景等进行模拟，并作出预警判别，从而评估决策的合理性和总体效益。以低碳场景为例，其模拟了在调整土地利用结构目标、绿色建筑覆盖率目标、公交地铁票价等预期政策下的城市碳排放结果，模型预测当城市工业用地与居住用地在自然演变结果的基础上减少 10%时，城市用地碳排放可降低 5%，城市综合碳排放可降低 2.5%；当公共建筑与住宅建筑的绿色建筑覆盖率提高至 50%时，城市综合碳排放可降低 4%，城市建筑碳排放可降低 6.2%。CitySPS 平台提供了可供选择的低碳城市场景下降低碳排放的最优调控路径，用户可以根据前后各街道单元的碳排放变化情况进一步选择调控路径。政策模拟结果为城市减排政策的制定提供了有力的数据支撑。

4. 功能与接入层

功能与接入层提供了功能模块与接入模块。功能模块包含分析计算模块、数据管理模块和系统管理模块。城市计算引擎进行一次完整的运算，须依次运行城市用地模拟与演变模块、人口与就业分布模块、房地产价格模块、交通需求分布模块、交通方式分担与路径分配模块等，该平台采用模块化组织方案，对全系统计量模型进行计算分析，以输出指标的方式将计算结果传入数据管理模块。数据管理模块接收输入、输出指标，使用数据持久化技术进行标准化管理，并存入数据库，为 CitySPS-SaaS 平台（CitySPS 平台下的软件服务平台）提供数据支持。接入模块包含 API 网关、反向代理、负载均衡等。API 网关整合了一些服务共有的功能，避免客户端与独立微服务直接交互，减少服务的调用次数，控制流量。Nginx 的反向代理以 Web 服务器的形式使外部用户可以对内部服务器发送请求，其缓存技术提升了用户的访问效率，也降低了服务器访问的负载。反向代理对外仅提供 IP 和端口号，增强了内部系统的安全性和灵活性，负载均衡收集后端服务的调用信息，如连接数、响应时间等，根据收集的信息横向扩展集群，将请求分配到多个处理节点，分摊系统的处理压力，提高系统运行效率和性能。

10.1.2　服务器硬件

CitySPS 平台的主要计算部分采用了 B/S 架构，即浏览器/服务器架构。其中，服务器端主要基于 ARM 架构的鲲鹏服务器进行开发，同时也能对 X86 服务器进行适配。浏览器端适配各个平台的浏览器，包括 X86 或者 ARM 架构的主机、手机和平板等。

市面上 CPU 的两种主流架构主要有精简指令集和复杂指令集。X86 属于典型的复杂指令集，ARM 属于典型的精简指令集，它们的区别在于不同的 CPU 设计理念和处理方法，并且这两类指令集的执行效率各不相同。一般来说，精简指令集的效率更高，功耗更好，复杂指令集的功能更全能。从硬件角度来看，复杂指令集处理的是不等长指令，它必须对不等长指令进行分割，因此在执行单一指令时需要进行较多的处理工作。而精简指令集执行的是等长精简指令，CPU 在执行指令时速度较快且性能稳定。因此，在并行处理方面，精简指令集明显优于复杂指令集，精简指令集可同时执行多条指令，它可将一条指令分割成若干个进程或线程，交由多个处理器同时执行，所以它的制造工艺简单且成本低廉。

CitySPS 平台使用华为海思设计的鲲鹏 920 系列芯片，该芯片兼容 ARMv8 指令集。鲲鹏芯片进行了革命性改进，为解决计算子系统的单核算力问题，自主开发了处理器内核，并针对每个内核使用多发射、乱序执行和优化分支预测等技术进行优化设计。面对服务器的挑战，集成了 64 个自研核心，将 DRAM 通道数量从 6 通道提升至 8 通道，提高了 DRAM 的主频和总带宽，还集成了 PCIe 4.0、CCIX 等高速接口以及 2 个 100GB/s RoCE 端口。从这个角度来看，鲲鹏芯片已重新定义了服务器算力平台。目前应用鲲鹏芯片的服务器型号有泰山 2280、泰山 5280、泰山 X6000 等。截至 2019 年 7 月，已经过华为云实际测试并供鲲鹏生态使用的操作系统主要包括华为自研的 EulerOS 2.8、Ubuntu 18.04 和 CentOS 7.5。

10.1.3　数据库

数据库是指以一定的组织方式存储的相互关联的数据集合。数据库是"按照数据结构来组织、存储和管理数据的仓库"，是一个长期存储在计算机内的、有组织的、可共享的、统一管理的大量数据的集合。数据库是计算机应用系统中专门管理数据资源的系统，作为计算机三大基础软件（操作系统、数据库、中间件）之一，向下可充分发挥

硬件算力，向上可支撑上层的应用需求，是信息系统高效运行的关键基础。

虽然目前中国的数据库管理系统市场仍由国外品牌主导，但近年来国产数据库软件发展较快，尤其自 2009 年以来，国内多个 IT 公司相继投入数据库软件研发工作，推出了国产化的数据库产品。目前，国内数据库软件比较主流的有 TiDB、openGauss、OceanBase 等。

TiDB 是一款定位于在线事务处理/在线分析处理的融合型数据库产品，实现了一键水平伸缩，具备强一致性的多副本数据安全、分布式事务、实时联机分析处理（online analytical processing，OLAP）等重要特性，同时兼容 MySQL 协议和生态，迁移便捷，运维成本极低，可以帮助企业最大化发挥数据价值，充分释放企业增长空间。得益于存储计算分离的架构设计，TiDB 能够一键水平扩容或者缩容；可按需分别对计算、存储进行在线扩容或者缩容，扩容或者缩容过程中对应用运维人员透明。

openGauss 是华为推出的一款开源关系型数据库管理系统，采用木兰宽松许可证 v2 发行。其深度融合华为在数据库领域多年的深入积累和实践经验，结合企业级场景需求，持续构建竞争力特性。同时，openGauss 也是一个开源、免费的数据库平台，鼓励社区进行贡献、合作。openGauss 具有复合应用场景性、高性能、高可用性、AI 能力等。①复合应用场景性：行存储，支持业务数据频繁更新场景；列存储，支持业务数据追加和分析场景。②高性能：通过多核数据结构，增加检查点，大内存缓冲区管理实现百万级 tpmC。③高可用性：支持主备同步，异步多种部署模式；数据页 CRC 校验，损坏数据页通过备机自动修复。④AI 能力：具备 AI4DB 能力，包括参数智能调优与诊断、慢 SQL 发现；具备 DB4AI 能力，兼容 MADlib 生态，支持 70+算法。

OceanBase 是由蚂蚁集团完全自主研发的企业级分布式关系数据库，基于分布式架构和通用服务器，实现了金融级可靠性及数据一致性，拥有 100%的知识产权，始创于 2010 年。OceanBase 具有数据强一致、高可用、高性能、在线扩展、高度兼容 SQL 标准和主流关系数据库、低成本等特点。

CitySPS 平台采用海量公司提供的 Vastbase 数据库，基于 openGauss 开源企业级数据库开发。Vastbase 具有极致性能、高度兼容、安全可控等特征。Vastbase 在基础架构、SQL 引擎、存储引擎等众多方面都做了大量改进，包括锁机制、NUMA、Checkpoint、线程化等多方面的优化，整体性能遥遥领先于同类数据库，在双路的鲲鹏处理器服务器上能达到 150 万的 tpmC 值。Vastbase 具有数据分区、向量化执行和行列混合引擎、高可靠事务处理、高并发和高性能、SQL 自诊断、内存表等核心功能。

10.1.4　服务器操作系统

在计算机系统中，操作系统（operating system，OS）是其最基本也是最重要的基础性系统软件。操作系统是管理计算机硬件与软件资源的计算机程序。操作系统需要处理如管理与配置内存、决定系统资源供需的优先次序、控制输入设备与输出设备、操作网络与管理文件系统等基本事务。

可将主流操作系统分为手机端与 PC 端，手机端的操作系统主要包括 Android 与

IOS，PC 端的操作系统包括 Windows、Unix、Linux、Mac OS 操作系统。

　　Windows 系统是由美国微软公司研发的操作系统，问世于 1985 年。Windows 采用了图形用户界面（graphical user interface，GUI），相比之前的 MS-DOS 需要输入指令使用的方式更为人性化。Windows 操作系统能够作为个人计算机的主流操作系统，其优异的人机操作性是重要因素。Windows 操作系统界面友好，窗口制作优美，操作动作易学，多代系统之间有良好的传承，计算机资源管理效率较高，效果较好。Windows 操作系统作为优秀的操作系统，由开发操作系统的微软公司控制接口和设计，公开标准，因此有大量商业公司在该操作系统上开发商业软件。Windows 操作系统的大量应用软件为客户提供了方便，这些应用软件门类全、功能完善、用户体验性好。硬件的良好适应性是 Windows 操作系统的一个重要特点。Windows 操作系统支持多种硬件平台，对于硬件生产厂商来说，这种宽泛、自由的开发环境，激励了这些硬件公司选择与 Windows 操作系统相匹配，也激励了 Windows 操作系统不断完善和改进，同时，硬件技术的提升也为操作系统功能拓展提供了支撑。

　　Unix 操作系统是一个强大的多任务、多用户操作系统。按照操作系统的分类，Unix 系统属于分时操作系统。早在 20 世纪 60 年代末，AT&T 贝尔实验室的 Ken Thompson、Dennis Ritchie 及其他研究人员为了满足研究环境的需要，结合多路存取计算机系统研究项目的诸多特点，开发出了 Unix 操作系统。至今，Unix 本身固有的可移植性使它能够用于任何类型的计算机，如微机、工作站、小型机、多处理机和大型机等。

　　Linux 的全称是 GNU/Linux，是一种免费使用和自由传播的类 Unix 操作系统，其内核由林纳斯·本纳第克特·托瓦兹于 1991 年 10 月 5 日首次发布，它主要受到 Minix 和 Unix 思想的启发，是一个基于 POSIX 的多用户、多任务、支持多线程和多 CPU 的操作系统。它能运行主要的 Unix 工具软件、应用程序和网络协议。它支持 32 位和 64 位硬件。Linux 继承了 Unix 以网络为核心的设计思想，是一个性能稳定的多用户网络操作系统。伴随着互联网的发展，Linux 得到了来自全世界软件爱好者、组织、公司的支持。它除了在服务器方面保持着强劲的发展势头以外，在个人电脑、嵌入式系统上都有着长足的进步。使用者不仅可以直观地获取该操作系统的实现机制，还可以根据自身的需要来修改完善 Linux，使其最大化地适应用户的需要。Linux 的基本思想有两点：第一，一切都是文件；第二，每个文件都有确定的用途。其中，第一点详细来讲就是系统中的所有都可以归结为一个文件，包括命令、硬件和软件设备、操作系统、进程等。对于操作系统内核而言，其都被视为拥有各自特性或类型的文件。至于说 Linux 是基于 Unix 的，在很大程度上也是因为这两者的基本思想十分相近。

　　中国的操作系统国产化浪潮源于 20 世纪末，国产操作系统多为以 Linux 为基础二次开发的操作系统，具有代表性的国产操作系统包括中标麒麟、银河麒麟、深度（Deepin）、华为鸿蒙等。

　　中科方德桌面操作系统由中科方德软件有限公司推出，适配海光、兆芯、飞腾、龙芯、申威、鲲鹏等国产 CPU，支持 X86、ARM、MIPS 等主流架构，支持台式机、笔记本、一体机及嵌入式设备等形态整机、主流硬件平台和常见外设。中科方德桌面操作系统还预装软件中心，已上架运维近 2000 款优质的国产软件及开源软件。最近更新系统为中科方德桌面操作系统 5.0，该系列产品支持国产 X86 硬件平台，定位于支持桌面设备领域 Linux、Windows、安卓三大应用生态，打造国产 X86 平台融合生态图谱。

技德系统：X 系列。该系统采用银河麒麟操作系统的内核以及技德应用兼容技术，极大地扩充了操作系统应用生态，可同时适用于桌面电脑和移动终端，不仅解决了国产操作系统中应用软件少的短板，还解决了同一操作系统不支持终端多样化的问题。

红旗 Linux 是中国较大、较成熟的 Linux 发行版之一，也是国产较出名的操作系统，与日本、韩国的 Linux 厂商共同推出了 Asianux Server，并且拥有完善的教育系统和认证系统。

深度（Deepin）是一个致力于为全球用户提供美观、易用、安全、免费的使用环境的 Linux 发行版。它不仅包括对全球优秀开源产品进行集成和配置，还开发了基于 Qt5 技术的深度桌面环境、基于 Qt5 技术的自主 UI 库 DTK、系统设置中心，以及音乐播放器、视频播放器、软件中心等一系列面向普通用户的应用程序。

银河麒麟是由国防科技大学、中国软件与技术服务股份有限公司、联想集团、浪潮集团有限公司和北京民族恒星科技有限公司合作研制的闭源服务器操作系统。该操作系统是 863 计划重大攻关科研项目，目标是打破国外操作系统的垄断，银河麒麟研发一套中国自主知识产权的服务器操作系统。银河麒麟完全版共包括实时版、安全版、服务器版三个版本，简化版是基于服务器版简化而成的。

CitySPS 平台的操作系统采用 openEuler。openEluer 是一款开源操作系统，其内核基于 Linux，支持鲲鹏及其他多种处理器，能够充分释放计算芯片的潜能，是由全球开源贡献者构建的高效、稳定、安全的开源操作系统。其适用于数据库、大数据、云计算、人工智能等应用场景。openEuler 支持多样性的设备，主流的计算架构 100%覆盖，包括 ARM、X86、RISC-V、SW-64 等。

10.1.5　开发语言

CitySPS 平台主要使用 Python 语言实现科学计算过程。Python 是一种开源、解释性、面向对象、动态数据类型的高级程序设计语言，具有可控性强、开发效率相对较高、可拓展性强等特点。同时，Python 的第三方库相对丰富，可扩展性强。CitySPS 平台在实现城市计算的过程中包含大量的地理信息数据处理，主要用到的第三库有NumPy、geopandas、Rasterio 等。

1. NumPy

NumPy 是 Python 语言的一个扩展程序库，支持大量的维度数组与矩阵运算，此外也针对数组运算提供大量的数学函数库，NumPy 的前身 Numeric 最早由 Jim Hugunin与其他协作者共同开发，2005 年 Travis Oliphant 在 Numeric 中结合了另一个同性质的程序库 Numarray 的特色，并加入了其他扩展而开发了 NumPy。NumPy 为开放源代码，并且由许多协作者共同维护开发。NumPy 是一个运行速度非常快的数学库，主要用于数组计算，包含一个强大的 N 维数组对象 ndarray、广播功能函数整合、C/C++/Fortran 代码的工具、线性代数、傅里叶变换、随机数生成等功能。

2. geopandas

geopandas 是用来处理地理空间数据的 Python 第三方库，它是在 pandas 的基础上建立的，完美地融合了 pandas 的数据类型，并且提供了操作地理空间数据的高级接口，使得在 Python 中进行 GIS 操作变成可能。geopandas 中的核心数据结构是 geopandas.GeoDataFrame（pandas.DataFrame 的子类），可以存储几何列并执行空间操作。geopandas.GeoSeries 是 pandas.Series 的子类，主要用于处理几何形状。因此，GeoDataFrame 是 pandas.Series（数值、布尔、文本等传统数据）以及 geopandas.GeoSeries（点、多边形等几何形状）的组合。每个 GeoSeries 可以包含任何几何类型（甚至可以将它们混合在一个数组中），并有一个 GeoSeries.crs 属性，它存储关于投影的信息，因此，GeoDataFrame 中的每个 GeoSeries 可以用于不同的投影中。

3. Rasterio

GIS 通常使用 GeoTIFF 和其他格式来组织和存储网格栅格数据集，如卫星图像和地形模型。Rasterio 读写这些格式，并提供了一个基于 Numpy 的 N 维数组和 GeoJSON 的 Python API，其性能高、认知负荷低、代码简洁。

10.2 用户操作平台

10.2.1 用户平台架构

CitySPS 平台基于 B/S 架构（即浏览器/服务器架构）。相较于 C/S 架构（即客户端/服务器架构），B/S 架构与浏览器密切相关而与操作系统关系不大，因此其跨平台性更好，也更易升级和维护。

目前，Web 开发得如火如荼，各种前后端框架及 Web 服务器精彩纷呈，且随着网络传输速度和安全性能的提升及非关系型数据库、Canvas/WebGL、Sass/SCSS、WebAssembly 等技术的发展和成熟，Web App 的表现越来越好。在 https://roadmap.sh/ 中给出了前端开发、后端开发等一些主流的技术路线图，其可作为目前相关技术发展的系统性的归纳总结。

通常 Web 开发离不开前后端开发及 Web 服务器，前端框架的程序设计语言基本上是 JavaScript（含 TypeScript），部分主流前端框架概况如表 10-1 所示，而后端框架相较于前端框架而言选择更加丰富，部分主流后端框架概况如表 10-2 所示，部分主流 Web 服务器概况如表 10-3 所示。

表 10-1　部分主流前端框架概况

前端框架	Logo	官网	简介
Vue		https://cn.vuejs.org/	最早由 Evan You 开发，设计模式受 MVVM（model-view-view model）启发，主要关注视图层（view layer），是一个渐进式（progressive）的开发框架
React		https://reactjs.org/	由 Facebook 团队开发维护，使用虚拟 DOM 动态渲染页面，以声明式编写 UI，可自由封装组件，并引入 Hook 函数简化组件交互逻辑，是一个 UI 框架
Angular		https://angular.io/	由 Google 团队开发维护，遵循 MVC 设计模式，双向绑定数据，将控制器模块化，并可以自定义组件拓展功能，是一个更加成熟的前端框架

表 10-2　部分主流后端框架概况

程序语言	Logo	框架名称	官网	简介
Java		Spring	https://spring.io/	2002 年发布，是使用最广泛的后端框架之一，功能体系完备，性能强大，可以用于创建生产级的独立程序
C#		ASP.NET Core	https://dotnet.microsoft.com/en-us/apps/aspnet	集成了 ASP.NET MVC 和 ASP.NET Web API 的主要功能，被认为是性能最好的后端框架
JavaScript	Express	Express	https://expressjs.com/	基于 JavaScript 最小化的 Node.JS 框架，可用于创建开发高度灵活的应用程序
Python	Flask	Flask	https://flask.palletsprojects.com/	简单、高度灵活且性能良好的轻量 Web 框架，用户友好，省略了特定工具和库的使用，不存在数据库抽象层、表单验证或外部源依赖性
PHP		Laravel	https://laravel.com/	用户友好，社区强大，易于拓展，集成了若干优秀的 PHP 库，通过依赖注入、单元测试、队列、实时事件等特性，为企业级的后端开发提供稳定和安全的支持
Ruby	RAILS	Ruby on Rails	https://rubyonrails.org/	有两大指导原则：Don't repeat yourself（有且仅有一次）和 Convention over configuration（约定优于配置），开发者可以通过更少的代码完成更多的任务，是较为独特的存在
C++	CROW	Crow	https://crowcpp.org/master/	类型安全，只有头文件（header only），使用了与 Flask 类似的路由模式，是一个速度极快、轻量易用的 Web 框架
Go	Fiber	Fiber	https://docs.gofiber.io/	基于 Fasthttp 这个 Go 最快的 HTTP 引擎，其设计目的是方便快速开发，同时考虑零内存分配和性能，易与第三方库集成

表 10-3　部分主流 Web 服务器概况

Web 服务器	Logo	官网	简介
Apache	APACHE HTTP SERVER PROJECT	https://httpd.apache.org/	开源，安装配置简单，服务器功能扩展方便，应用广泛，拓展丰富，跨平台性较好，但量级较重
Lighttpd	LIGHTTPD	https://www.lighttpd.net/	开源，性能较好，具有非常低的内存开销，安全性和兼容性好，模块丰富
Tomcat		https://tomcat.apache.org/	开源，主要运行 Servlet 和 JSP Web 应用，但对静态文件和高并发的处理比较弱
Microsoft IIS	Microsoft IIS	https://www.iis.net/	主要用于 Windows 系统，使用统一标准的 HTTP 管道，允许用户增删特定的模块化的网络核心功能
Nginx	N	https://www.nginx.com/	开源，是高性能的 HTTP 和反向代理服务器，高并发下稳定，同时内存和 CPU 等系统资源消耗较低

经过技术选型，考虑 CitySPS 平台的核心计算模块使用了 Python 语言，且 Python 语言在数值计算、数据可视化、机器学习、深度学习等领域有着得天独厚的优势，因此 CitySPS 平台系统的后端仍然使用 Python 作为开发语言；考虑 Vue 在国内开发中使用更加广泛，且国内开发者发布的一些 JS 库对 Vue 的支持更加友好，因此选定 Vue 作为前端框架；考虑服务器的并发性和稳定性，选择 Nginx 作为服务器，此外系统中还涉及空间数据的修改、地图服务等内容，这里额外使用 GeoServer 作为 WebGIS 的支持。

综上，CitySPS 平台使用 Vue 作为前端开发框架，使用 Python 的 Flask 框架作为后端开发框架，使用 Nginx 作为 Web 服务器，并结合 Vastbase 数据库、GeoServer GIS 服务器以及一系列优秀的前后端库包完成平台的构建。

目前 CitySPS 平台前后端架构如图 10-2 所示。

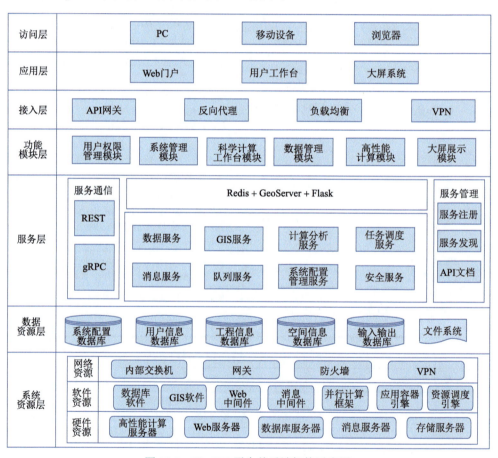

图 10-2　CitySPS 平台前后端架构示意图

10.2.2　地图交互

CitySPS 平台涉及大量的空间数据，需要对这些空间数据进行呈现与交互，地图交互在该平台中十分重要。本小节主要对空间数据可视化的技术选型及地图交互的技术选型进行介绍。

对于空间数据的二维可视化而言，常用的 JS 库有 OpenLayers、Leaflet、Mapbox、Carto 等；对于三维可视化而言，常用的 JS 库有 Cesium、Mapbox 等。近年来，随着 WebGL 等技术的发展，如 deck-gl、harp-gl、procedural-gl 等一些渲染效果好且性能佳的 JS 库也已有出现。此外，在 ECharts、D3、Google Charts 等图表库里也提供了一些针对地图的图表类型。可以说，目前在 Web 端对空间数据的可视化方式相当丰富，图 10-3 是 deck-gl 对北京市可达性使用 ScreenGridLayer 可视化的示例。

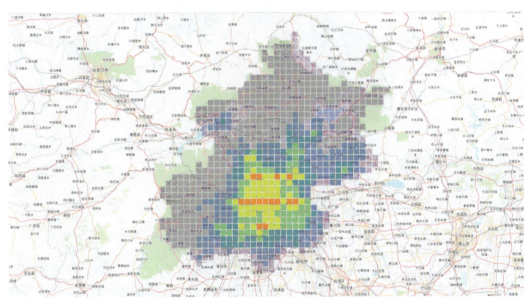

图 10-3   deck-gl 对北京市可达性使用 ScreenGridLayer 可视化示例

CitySPS 平台选择了阿里蚂蚁金服 AntV 团队研发的 AntV L7 作为主要的二维和三维地图可视化库。该开源库基于 MIT 协议，程序的开发者在修改后的源代码中保留原作者的许可信息即可，被商业软件广泛使用。其是一个基于 WebGL 的、2D 和 3D 一体化的开源框架，"L"即"location"，"7"代表世界七大洲，意在为全球空间数据提供可视化能力，图 10-4 是该平台内 RasterLayer 图层示例。

除了对空间数据的可视化，CitySPS 平台还集成了路网编辑、POI 增减等空间数据的编辑功能。在浏览器中进行空间数据的编辑操作目前主要有两种实现方式。

（1）在前端直接对 GeoJSON 进行操作，编辑完后返回数据给后端，再由后端提交至数据库中，如 OpenLayers、nebula-gl 等都提供了一系列相应的交互 API。

（2）通过 GeoServer 等 GIS 服务器发送事务型网络要素服务（transactional Web feature service，WFS-T）给前端，编辑完成后直接提交至数据库中。

在 CitySPS 平台中，通过 GeoServer 发布 WFS 给前端实现数据的快速读取，在前端利用 OpenLayers 将 WFS 图层转为 GeoJSON 进行编辑，编辑完成后，将 GeoJSON 返回到后端完成入库，必要时会使用 PostGIS 的拓扑相关函数进行拓扑检查。

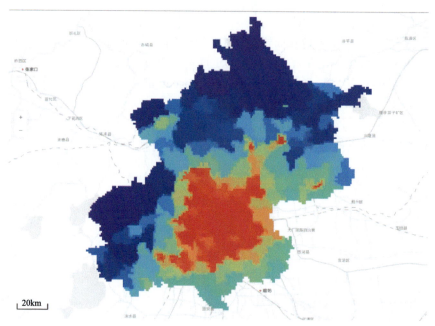

图 10-4　AntV L7 RasterLayer 图层示例

10.3　高性能计算与优化

随着互联网、物联网、通信网及大规模智能化应用服务的深入发展，多样化、群体化的信息感知模式使得城市内部的"信息-物理-社会"三元空间逐步融合、深度关联与互动，海量、异构、多源的城市时空大数据亟待采集、存储、管理、分析、挖掘和可视化。然而，这些大规模复杂的城市数据应用于智慧城市的建设仍面临诸多挑战，快速高效地传输和计算规模庞大且复杂多样的城市数据必须有高性能计算的支持。

10.3.1　高性能计算的一般使用场景

近 20 年来，各领域的数据量大幅度增加，需要求解的问题也更加复杂多样，高性能计算在诸多挑战中不断发展。目前，高性能计算的应用已经包含智慧城市、航空和气象等诸多领域。

在智慧城市领域，由于地理信息数据量膨胀、应用模型复杂化程度和实时计算的需求逐渐增加，高性能计算在大部分应用中非常必要。高性能计算技术与智慧城市计算应用是相辅相成的关系。城市计算是计算机科学中以城市为背景，与城市规划、交通、能源、环境、社会学和经济等学科融合的新兴领域，通过不断获取、整合和分析城市中多源异构大数据，为现代城市复杂事件的综合感知、分析理解以及决策服务助力。作为一个"多数据、多任务"的系统，城市计算主要涉及城市规划、智能交通、城市环境、城市能耗、城市经济、社交和娱乐、城市安全七类应用，涉及兴趣点、交通流、手机信令数据、移动轨迹等多源大数据。多源异构大数据的管理、整合与协同计算是城市计算需要解决的重要问题之一。轨迹数据的高动态、高实时性使其更加关注数据感知、管理与分析的速度,对算法的时间和空间复杂度提出了更高的要求,并行计算等高性能计算模式应更深入地融合进轨迹数据的计算中。

在航空领域,惠普公司与斯坦福大学使用劳伦斯·利弗摩尔(Lawrence Livermore)国家实验室对 PW6000 整机进行 CFD 模拟(刘婷和付强,2018)。赛峰集团在 IBM Blue Gene/P 超级计算机上使用 2048 个计算核对,采用非稳态雷诺平均纳维-斯托克斯模拟(URANS)方法对 CREATE 高压压气机进行模拟。欧洲科学计算中心与赛峰集团合作,使用 Cray XT3 超级计算机调用 700 个处理器,模拟了直升机发动机的全环燃烧室与火焰传播过程。通用电气与美国橡树岭国家实验室使用美洲虎(Jaguar)超级计算机,在 80h 内对四级低压涡轮非定常流动进行仿真。航空领域设计的数值量大,同时对精度的要求非常高,使用超级计算机可以支撑超大计算量与超高的精度。

在气象领域,宗翔和王彬(2006)基于传统的集中型网络架构,分为网格管理层和 HPC 本地两个层次,设计了国家级气象高性能计算机。中国气象局国家气象中心使用高性能计算系统进行国家级数值天气预报、数值气候预报业务运行(王彬和孙婧,2018)。武汉市气象局建立了气象高性能计算系统(尹常红等,2021),包括 26 个计算节点,使用曙光 Gridview 集群管理软件,理论计算能力为 127TFlops,用以计算武汉军运会期间武汉市精细化的气象预报数据。

由此可见,我国高性能计算技术已逐步成熟,并在诸多领域有了显著成效,高性能计算技术可处理的数据量已逐步扩大,处理数据的时长也越来越短。

10.3.2　高性能计算技术解决方案

1. 高性能计算服务器

超级计算是一个国家综合国力的体现,是支撑国家持续发展的关键技术之一,在国民经济建设、科学研究、国防安全中占有重要的战略地位。我国制造的超级计算机系统近年来市场份额的攀升,与我国在多产业、多维度大力推动自主可控有一定关系。从相对开放竞争的国内大型互联网企业实际采购情况、国内机器出口抢占国外市场等方面可以看出,我国超级计算机在技术上取得的成就已经在产业界和学界得到了世界性的认可。以 TOP500 中设备数量为例,2016 年 6 月,中国安装的台数为 168 台、美国 165 台,首次超过美国。到 2018 年 6 月,中国制造的设备数量首次以 262 台超过美国,成为 TOP500 最大制造国,中国设备不仅在本国市场上部分替代国外产品,还大量输出到其他国家。

2. 高性能计算框架

并行计算是同时使用多种计算资源解决计算问题的过程。相对于串行计算将指令依次执行的方式,并行计算将数据分成多份,通过进程之间消息传递的方式,使得多台计算服务器可以同时对数据进行处理。在一般情况下,并行计算耗时会远小于串行计算方式。在理想情况下,并行的计算机数量与计算耗时成反比。

Hadoop（Cielen and Meysman，2016）是常用的多机并行处理技术。Hadoop 主要由 MapReduce 和 HDFS 两部分组成，其中，MapReduce 基于硬盘进行计算，分为 Map 和 Reduce 两个过程，输入数据被分割成不同的逻辑块，通过各自的 Map 进行处理，处理完之后，使用 Reduce 将结果进行存储，因此可以支持海量数据的计算。HDFS 则是分布式文件系统，HDFS 具有读写快、伸缩性和容错性好等特点，支持大规模数据的分布式存储。同时，冗余数据存储模式使得 HDFS 具有很高的安全性。Hadoop 在城市数据分析中有诸多应用，如赵明（2020）等使用 Hadoop 对城市公共交通大数据进行时空分析。

消息传递接口（message passing interface，MPI）是高性能计算的主要模型。MPI 作为一种标准或规范的代表，具体实现包括 MPICH、OpenMP 和 OpenMPI。使用 MPI 编写的程序可以直接在多核集群上运行，各个核之间通过网络进行消息传递。在开发时需要对程序进行分解，同时为了减小通信造成的开销，通常会尽可能将代码粒度增大，从而减小并行化导致的大量通信。基于 MPI 的高性能计算广泛应用于诸多领域。叶应辉（2022）基于 MPI 并行计算，按照拓扑结构设计、MPI 调用、数据进程编写三个部分进行实现，完成了卫星遥感数据变化检测系统，能够准确检测卫星遥感数据传输变化行为。赫高进等（2015）在高性能集群中使用 MPI 的金字塔并行构建算法，并行处理构建遥感影像金字塔过程的重采样与 I/O 过程，大幅度降低金字塔构建的时间。杨庆芳等（2011）使用 MPI 与 OpenMP 混合编程实现弗洛伊德最短路径并行算法，并在有 2067 个节点、6838 条路径的长春市城市路网进行试验，当计算节点增加到 16 个时，运行时间减少了 37%。

GPU 加速广泛应用于深度学习领域。深度卷积神经网络通过模拟动物的视觉系统进行图像分类、目标检测、图像分割等处理，能够获得比传统算法更高的精度。循环神经网络对序列数据的分析预测精度也比传统算法高，但 CPU 计算在矩阵计算中的性能存在瓶颈，为了解决这个问题，在使用深度学习时，常常使用高性能显卡作为计算的支持。专业显卡为专业使用而进行优化，如 NVIDIA RTX A6000、Tesla T4、Tesla A100 等。在高性能 GPU 的帮助下，深度学习在城市数据分析方面也有广泛的应用，包括震后道路桥梁灾情信息提取（余静娴，2021）、定量分析街景影像和景观生态学的视域环境（张永霖和付晓，2020）、基于深度强化学习进行路径规划（陈筱，2020）等。常用的深度学习框架包括 PyTorch、TensorFlow 和 Keras，通过使用深度学习框架，可以降低编码的复杂度，增加代码的可读性。

10.3.3　CitySPS 平台高性能计算方案

1. 软硬件架构

CitySPS 平台的服务器硬件采用型号为 S920X00 的鲲鹏主板，2×32Core@2.6GHz，内存为 16 条 2933MHz 的 32GB 内存条，共计 512GB，为大规模计算数据提供了足够的内存空间。计算服务器的硬盘使用 480GB 的固态硬盘和 3.5TB 的机械硬盘，为城市数据计算提供了足够的存储空间。CitySPS 平台使用国产化的运行平台，保证了数据和代码的安全性。CitySPS 平台所用的高性能计算服务器如图 10-5 所示。

图 10-5 CitySPS 平台所用的高性能计算服务器

Python 是目前最流行的开发语言之一，具有简单、易学、易于扩展等优秀的特性，选用 Python 可以最大限度地降低开发和维护人员对计算机编程语言的学习门槛。Python 凭借其独特的优势，应用于诸多场景，包括社交分享网站 Reddit、非阻塞式服务器 tornado、文件分享服务 Dropbox 等。同时，在大数据分析与统计机器学习领域，Python 应用非常广泛。Python 3.9 版本发布于 2020 年，是目前 Python 最成熟的版本，CitySPS 平台主要使用的 Python 版本为 3.9。Python 3.9 已经过两年的适配与磨合，稳定性更强。该平台中大量的专业分析算法也选择 Python 语言进行编写，包括后台代码也采用 Flask 库。在控制器层选用 Python 有助于减少项目后期的维护压力。

CitySPS 平台使用的关键库及其版本如表 10-4 所示。其中，pandas 主要处理城市的表格数据；geopandas 用于处理带有地理信息的矢量数据；Numpy 主要用于城市中的矩阵数据计算；NetworkX 用来处理城市的路网数据；Numba 可以将 Python 中的函数编译成机器代码，从而提升系统的计算速度；Cython 可以将项目中耗时较久的代码修改为 C/C++语言，并提前完成编译，从而大幅度提升计算速度；Polars 作为 pandas 的优化库，可以提高表格处理的速度。

表 10-4 CitySPS 平台使用的关键库及其版本

库名	版本
pandas	1.4.2
geopandas	0.10.2
Numpy	1.22.3
NetworkX	2.8.3
scikit-learn	1.0.1
Rasterio	1.1.2
Rasterstats	0.16.0
Statsmodels	0.13.2
Cython	0.29.32
Numba	0.56.4
Polars	0.14.11

2. 代码优化

性能调优的主要内容在于降低时间复杂度，同时保证空间复杂度在合理范围内。在模型优化前，首先统计不同模块的计算时间，查找耗时最长的模块，再定义一个统计运行时间的函数作为装饰器，记录模块内部每个函数的耗时情况，确定最耗时的函数后，逐行分析，逐步优化耗时久的语句。

CitySPS 平台的计算模块主要使用 Python 实现，在优化过程中使用多种方式提升 Python 对计算处理的效率。例如，针对矩阵数值计算，多采用 Numpy 模块，Numpy 底层由 C 语言构建，能在计算中取得较高性能；针对循环计算，多采用处理效率较高的 ufunc 函数；针对表格处理，多使用 pandas 库进行数据聚合等操作，可以大幅度提高计算效率。

对于纵向串行计算部分，为提升单进程算法效率，采用计算效率更高的库或函数。geopandas 部分函数计算效率较低，在保证结果一致的前提下，采用 Numpy 进行重写，使得大量耗时很久的矩阵计算能更快完成。例如，计算城市 27101 个网格距离的过程中，需要计算近 80 亿个点之间的距离，geopandas 的距离函数（图 10-6）计算效率较低，耗时一个多小时。采用 Numpy 的欧氏距离进行优化后（图 10-7），计算耗时大幅度降低，仅需 7min 左右。

```
numpy.array([source_geo.distance(dis_geo) for dis_geo in geometry])
```

图 10-6　网格距离计算优化前

```
numpy.sqrt(numpy.power(geometry - geometry[tid_index], 2).sum(axis=1))
```

图 10-7　网格距离计算优化后

CitySPS 平台存在较多空间查询的数据处理操作，采用穷举的方式去遍历每一个节点耗时较久，而使用 geopandas 的 sindex 可以使得耗时大大降低。sindex 的底层基于 R-Tree 算法，检索效率高。例如，查询距离街道最近的道路节点时，首先对道路节点建立 sindex，然后对每一个街道从 sindex 中进行查询，可以大大提升查询速度。

针对城市数据计算中大数据量表格的拼接处理，很多常见库的内置函数可以获得很高的计算性能。例如，pandas 的 merge 函数在大数据量表格拼接中具有很高的性能，Polars 的 join 函数在拼接数据时也具有较快的速度。

还有一种较为复杂的人口交通道路数据处理为数据重排，即转换数据的层次化结构。表 10-5 与表 10-6 展示了数据从"表格结构"转变为"花括号结构"的过程，即将行索引转变为列索引。直接通过编码遍历每一行每一列的处理效率低、耗时久，同时代码很冗余。通过 pandas 的 stack（）函数与 unstack（）函数可以快速实现数据结构的转换。以查询道路和交通方式的成本变化为例，原始代码采用遍历进行计算（图 10-8），时间复杂度高。使用 unstack（）函数优化后（图 10-9），计算耗时由 0.33s 减少到 0.03s，该函数同样会经过多次迭代，迭代后，总体耗时减少也非常可观。

表 10-5　交通道路数据

道路编号	出租车	公交
00001	0	0.1
00002	1.5	0.3

表 10-6　人口交通道路展开后数据

道路编号	出行方式	成本变化
00001	公交	0.1
00002	出租车	1.5
00002	公交	0.3

```python
cost_change_df = cost_change_df[cost_change_df[cost_type].sum(axis=1) > 0]
cost_change_dict = {}
for index,row in cost_change_df.iterrows():
    for tran in cost_type:
        if row[tran] > 0:
            cost_change_dict[(row.road_id,tran)] = row[tran]
```

图 10-8　道路成本数据展开原始处理代码

```python
cost_change_df["road_id"] = UEOprtGenC["road_id"].astype("int64")
df = cost_change_df.set_index("road_id").unstack()
df = df[df > 0].reset_index()
df.columns = ["trans", "road_id", "change_value"]
result = polars.DataFrame(df)
```

图 10-9　道路成本数据展开优化后处理代码

除此之外，CitySPS 平台还使用其他多种方式进行优化。例如，Python 环境中的列表会预分配内存，由于列表使用 append（）函数处理数据的性能消耗较大，当数据量超过预先分配好的内存时，Python 会生成一个新的容量更大的列表，然后将现有的列表拷贝过去。因此，对已知列表长度的数据使用预分配的方法进行优化，具体表现为创建一个等长的列表数据，其值全部赋为 None 进行初始化。

3. 并行计算

在替换处理效率更高的函数的基础上，我们也使用单机多进程和多机并行计算的方式提高 CitySPS 平台的计算速度。

（1）单机多进程。Python 中由于全局解释器锁（GIL）的限制，多线程在计算密集型的任务中难以发挥作用，而城市计算往往是计算密集型的任务。为了能够发挥计算机的性能，我们使用多进程的方式进行并行优化。例如，分配路径流量时，采用并行计算的策略进行处理。如图 10-10 所示，使用 multiprocessing 进行并行优化后，通过 taskset 命令指定程序运行的 CPU 亲和力，充分利用服务器的多核，提升并行效率。在交通流分配模块中，需要选择人们在不同街道 OD 对之间出行的路径组合。由于路径选择的结果互不影响，因此可以并行处理路径选择的结果。在 Python 中，指定进程池后可使得任务在多个进程进行处理。改造算法逻辑，引入并行计算框架，对于需要处理的上亿条数据，如果数据间相互独立，在计算机 CPU 与内存空间允许的情况下，在计算中修改成并行处理，使得计算效率更高。

```
1  [|||||||||||||||||100.0%]   17 [|||||||||||||||||100.0%]
2  [|||||||||||||||||100.0%]   18 [|||||||||||||||||100.0%]
3  [|||||||||||||||||100.0%]   19 [|||||||||||||||||100.0%]
4  [|||||||||||||||||100.0%]   20 [|||||||||||||||||100.0%]
5  [|||||||||||||||||100.0%]   21 [|||||||||||||||||100.0%]
6  [|||||||||||||||||100.0%]   22 [|||||||||||||||||100.0%]
7  [|||||||||||||||||100.0%]   23 [|||||||||||||||||100.0%]
8  [|||||||||||||||||100.0%]   24 [|||||||||||||||||100.0%]
9  [|||||||||||||||||100.0%]   25 [|||||||||||||||||100.0%]
10 [|||||||||||||||||100.0%]   26 [|||||||||||||||||100.0%]
11 [|||||||||||||||||100.0%]   27 [|||||||||||||||||100.0%]
12 [|||||||||||||||||100.0%]   28 [|||||||||||||||||100.0%]
13 [|||||||||||||||||100.0%]   29 [|||||||||||||||||100.0%]
14 [|||||||||||||||||100.0%]   30 [|||||||||||||||||100.0%]
15 [|||||||||||||||||100.0%]   31 [|||||||||||||||||100.0%]
16 [|||||||||||||||||100.0%]   32 [|||||||||||||||||100.0%]
Mem[||||||||||||||||||||||||||||              76.2G/1021G]
Swp[||||||||                                  3.94G/4.00G]
```

图 10-10　服务器多核使用情况

（2）多机并行计算。对于多个计算请求，采用多机并行处理的方式，使用双向主动并发机制（图 10-11）。为了能处理每个用户的计算请求，将前端发来的请求放入 Redis 的队列中。图 10-11 中的 Sender 模块对应用户的输入，其中 Event 是用户的计算场景，Input 对应各类输入数据。当多个用户在短时间内发送计算请求，或者同一个用户发起多个计算请求时，这些请求会放在计算队列中依次排队。该平台建立了多个计算服务器，每个计算服务器定时从计算队列中获取请求，然后开始计算。在计算过程中，计算服务器将计算进度写入 Redis 中，并将键起名为 Status。用户可以在前端看到当前计算任务的状态。当计算完后，各个服务器再依次将结果写入数据库中，打通整个计算流程。

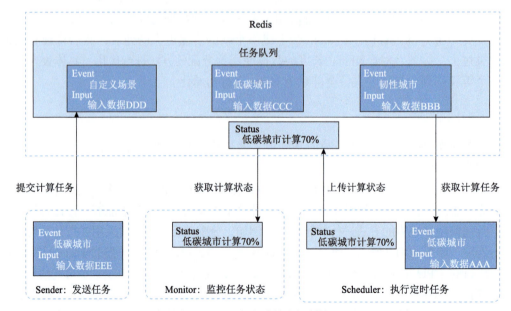

图 10-11　双向主动并发机制流程

4. 算法优化

计算机科学中通常采用算法的时间复杂度来衡量算法所需要的计算工作量，采用算法的空间复杂度来衡量算法所需要的内存空间。城市数据通常规模巨大，算法的时间复杂度高则意味着程序的运行时间长。在 CitySPS 平台高性能计算中，对算法进行优化，降低时间复杂度，使计算耗时从源头上降低，也是提升计算效率的重要部分。

在城市道路路径选择的计算过程中，使用 Yen（1971）的算法进行最短的 K 条路径选择，该算法的时间复杂度为 $O(KN^3)$。在城市模拟过程中，上万个 OD 对需要进行路径选择计算，耗时很长。在 CitySPS 平台的路径选择模块实现过程中，首先，将路网进行了简化，即将路网中可以合并的路网进行合并操作，减小路网的复杂度。其次，由于 OD 对之间的路径选择互不影响，该平台通过并行计算的方法，采用不同进程计算不同的 OD 对，大大减小耗时，提升计算效率。

5. 底层编译

该平台使用 Cython 和 Numba 进行底层优化。在交通出行链数据分析过程中，出行链数据量超千万级，技术优化前，采用 pandas 的 apply（）函数逐行处理，2000 万条数据耗时约 277s。代码优化后，采用 Cython 将 Python 中的字符串对象修改成 C++中的 string 对象，将 pandas 中的 series 对象修改成 C++中的 vector。同时，将 Python 中的字符串分割函数使用 C++语言进行重写，编译重写后的代码，并使用编译后的函数处理数据，耗时减少至 44s，约为优化前的 16%，使得系统能在更短的时间内计算完整的交通需求。对于其他使用 Numpy 计算的函数，通过加上 Numba 的装饰器@jit（nopython= True）提前编译好函数，这样能够大幅度加速计算，同时不影响代码的可读性。

参 考 文 献

陈筱. 2020. 基于深度强化学习的路径规划算法概述. 人文之友, 22: 319-320.

赫高进, 熊伟, 陈荦, 等. 2015. 基于 MPI 的大规模遥感影像金字塔并行构建方法. 地球信息科学学报, 17(5): 515-522.

刘婷, 付强. 2018. 高性能计算及其在航空发动机中的应用. 航空动力, (4): 21-25.

任杰. 2021. 物联网多业务数据的持久化方案研究. 信息技术与信息化, (7): 213-215.

汪萌, 曲俊华. 2010. 基于 Hibernate 技术的持久层解决方案及实现. 计算机系统应用, 19(3): 154-157, 127.

王彬, 孙婧. 2018. 气象高性能计算系统的业务发展概述. 气象科技进展, 8(1): 287-289.

杨庆芳, 刘冬, 杨兆升. 2011. 基于 MPI+OpenMP 混合编程模型的城市路网最短路径并行算法. 吉林大学学报(工学版), 41(6): 581-584.

叶应辉. 2022. 基于 MPI 并行计算的卫星遥感数据变化监测系统设计. 计算机测量与控制, 30(11): 1-7.

尹常红, 胡雅超, 袁文波, 等. 2021. 浅谈武汉气象高性能计算机系统的运维管理. 电脑知识与技术, 17(2): 204-206, 222.

余静娴. 2021. 震后遥感影像道路桥梁灾情信息提取. 北京: 中国科学院大学.

张永霖, 付晓. 2020. 基于深度学习街景影像解译和景感生态学的视域环境定量解读. 生态学报,

40（22）: 8.

赵明. 2020. 基于 Hadoop 的城市公共交通大数据时空分析. 北京: 北京建筑大学.

宗翔, 王彬. 2006. 国家级气象高性能计算机管理与应用网络平台设计. 应用气象学报, (5): 629-634.

Cielen D, Meysman A. 2016. Introducing Data Science: Big Data, Machine Learning, and More, Using Python Tools. New York: Simon and Schuster.

Yen J Y. 1971. Finding the k shortest loopless paths in a network. Management Science, 17（11）: 712-716.

第 11 章

CitySPS 平台应用系统

CitySPS 平台应用系统（图 11-1）由三个部分构成，分别是数据管理平台、城市计算引擎及客户服务平台。

CitySPS 平台应用系统	CitySPS - 数据管理平台					
	数据导入		数据导入与清洗模块			
	数据处理		数据校验自动化处理模块		地域性参数自动化计算模块	
	CitySPS - 城市计算引擎					
	CitySPS - 客户服务平台					

图 11-1　CitySPS 平台应用系统架构

数据管理平台是数据从本地化存储进入服务器（数据库）存储的流程化工具，提供数据标准化校验和参数自动化计算两大主要作用，实现对初始繁杂数据的自动化审查导入、清洗计算、重新归类上传等数据处理功能，向城市计算引擎提供数据，一般由平台运营方维护和使用。

城市计算引擎集成城市全系统计量模拟模型的核心算法，通过提供高性能服务器软硬件环境，支撑平台实现城市要素推演、决策模拟、智能预警等核心计算，向客户服务平台提供分析计算后的结果数据。

客户服务平台包含软件即服务（Software-as-a-Service，SaaS）平台及数据即服务（Data-as-a-Service，DaaS）平台，皆通过浏览器端向用户提供服务。SaaS 平台具有五大功能模块：城市要素推演（进行城市基准预测）、城市决策模拟（通过核心政策调控指标进行政策模拟）、城市状态监测（全部计算结果的可视化大屏展示）、城市智能预警（背离城市发展目标的要素项提前预警）及城市数据服务（提供数据空间统计分析等功能）；DaaS 平台以在线数据服务的方式提供三类核心数据：基础数据、二次校核数据及城市预测推演数据。

11.1　CitySPS-SaaS 平台

11.1.1　软件即服务（SaaS）概述

SaaS 是 Software-as-a-Service（软件即服务）的缩写，是通过互联网连接和基于云使用的应用程序。从功能角度来说，SaaS 允许客户（又称为租户）通过互联网提供集中托管应用程序。客户无须购买、安装或维护任何软件及硬件，无须预先建设底仓基础设施，可以根据自己的实际需求通过互联网向厂商订购所需的应用软件服务，并通过互联网获得厂商提供的服务，以最小的前期成本快速启动和运行一个应用程序。因此，SaaS 应用程序又被称为"基于 Web 的软件"或"托管软件"，常见的例子有电子邮件、日历和办公工具，客户可以在任何有互联网连接和浏览器的设备上访问。从技术角度来说，SaaS 是云计算中的一种服务模式，可称为"多租户技术或多重租赁技术"。在当下云计算时代，多租户技术在共用的数据中心以单一系统架构与服务提供多数客户端相同甚至可定制化的服务，并且仍可以保障客户的数据隔离（李森，2013）。

SaaS 应用的本质是一种软件的交付模型，具有四大功能特性：互联网特性、多重租赁特性、服务特性以及可拓展特性。互联网特性是指 SaaS 应用可以通过互联网浏览器或 Web Services/Web 2.0 程序连接的形式为客户提供服务，使 SaaS 应用具备典型互联网的技术特点，大幅度缩短客户与 SaaS 供应商之间的时空距离，其相较于传统软件大幅提升了营销、交付的便利度和快捷度。多重租赁特性是指 SaaS 应用可以同时为多个不同客户提供服务，支持不同客户之间数据和配置的分隔，并且保证每个客户数据的安全与隐私，同时满足不同客户对业务逻辑、数据结构定制、界面美观、业务流程等功能的个性化需求。服务特性是指因为 SaaS 应用是以互联网作为载体为客户提供服务，因此服务合约的签订、服务使用的计量、在线服务质量、数据库支持服务、售后服务的保证、费用收取等问题都是基于互联网的，而非传统软件提供的线下服务。可拓展特性意味着 SaaS 服务可以最大限度地提高系统的并发性，让租户更有效地使用系统资源（曲飞宇，2016）。

目前，SaaS 服务可以根据所服务客户的领域划分为两类：一类是通用型 SaaS，不区分客户所在行业并为其提供通用服务，如 CRM、HRM、OA、ERP 和云存储等；另一类是行业垂直型 SaaS，多为垂直领域中的传统软件商或行业解决方案服务商并行提供 SaaS 服务，如金融、教育、医疗、电商和物流等（曲飞宇，2016）。

11.1.2　SaaS 平台核心功能

CitySPS 平台下的 SaaS 平台（以下简称 CitySPS-SaaS 平台）是集计算、模拟、评估、监测、预警、可视化、数据分析等功能为一体的国土空间规划决策辅助平台，基于城市一体化数理模型与百亿级地理时空大数据，推动学科关键技术实现重大突破，服务于国家"十四五"规划、2035 年远景目标纲要与大湾区区域治理需求，提升城市治理决策能力。在政策需求上，CitySPS-SaaS 平台主要适用于国土空间开发格局优化，助力城乡区域发展协调，提高区域智慧政府服务效能，推动城市绿色人居环境建设，健全人口服务分配均衡，完善综合交通运输体系等关键应用。在市场需求上，CitySPS-SaaS 平台提供科学的国土空间规划与城市规划智能决策系统，完成新一代智慧城市完整的解决方案，探索新一代智慧城市产业发展模式。

CitySPS-SaaS 平台包含两个核心业务板块，即"智慧规划工作台"板块和"系统资源管理"板块。其中，如图 11-2 所示，智慧规划工作台作为最主要功能，包含五大核心业务，即"城市要素推演""城市决策模拟""城市状态监测""城市智能预警""城市数据服务"，共覆盖 20 余项功能模块，集推演计算、数据管理、数据分析、输出报告、二三维一体可视化、场景模拟等核心功能于一体，为用户提供综合城市治理的解决方案。同时，"系统资源管理"则具备系统管理和后台监控功能，具体包括账户管理、版本管理、资源管理、帮助中心等功能。

1. 复杂计算——城市要素推演

"城市要素推演"基于城市级的大规模、高维度、全要素特征，构建了城市全系统计量模型，整合多元大数据和国土空间现状信息资源，从人口总量与时空分布、用地规模与土地功能演变、房屋存量增量及供需态势、产业空间接口与发展趋势、城市交通路径与个人出行链、公共服务设施供需匹配关系等角度，提供推演计算功能，评估城市各系统核心要素在规划周期内的发展演化态势，为城市规划提供科学支撑。以下针对操作步骤进行详细阐述。

步骤一：开启推演计算，首先要确认此次计算的目标属性。如图 11-3 所示，用户在计算导窗中选择目标城市、时间粒度、基准年份、预测年份，并创建项目工程文件。

步骤二：确认计算属性后，在图 11-4 所示的弹窗，确认计算所需数据与参数，进行输入数据的确认与校验。这一步骤为用户开放了输入数据自由选择及导入的权限。

CitySPS-SaaS平台			
城市要素推演	开启推演计算	房地产与用地	交通需求	交通流分配
	查看推演结果	区域经济人口就业	碳排放	碳设施覆盖率
城市决策模拟	指标概览详情	查看指标详情	一键输出报告
	政策场景模拟	八大政策场景模拟	模拟结果报告输出
	政策工具箱	八大推荐场景自定义	自由政策场景自定义
城市状态监测	综合大屏	全指标3D可视化大屏
	分项大屏	交通流分配大屏	人口与就业大屏 ……
	场景大屏	低碳城市场景大屏	城市更新场景大屏 ……
城市智能预警	预警指标	全域预警系统	分域预警对比
	健康体检	城市体检知识图谱	体检打分系统
城市数据服务	数据管理	计算工程管理	计算数据管理
	数据分析与报告	图表生成	数据分析	数据分析报告下载
	数据接口	CitySPS-数据服务平台
系统资源管理	账户管理	版本管理	资源管理	帮助中心 ……

图 11-2　CitySPS-SaaS 平台核心业务功能架构

城市要素推演-全局推演 ✕

① 确认属性　　　　　　　　　　　　　　　② 数据校核
确定新建项目计算属性　　　　　　　　　　输入数据的确认与校核

创建项目　　　　　　　**项目属性**

项目名称　　　　　　　　城市　　　时间粒度　　　基准年份　　　预测年份

测试项目 ✓　　　　　　 北京 ✓　　1年 ✓　　　2019年 ✓　　2023年 ✓

取消　　**下一步 →**

图 11-3　城市要素推演模块计算导窗

图 11-4　城市要素推演模块数据导入与校验

步骤三：计算结束后，进入输出结果查询页面（图 11-5）。本页面为单年度迭代计算结果整体性指标展示，包括指标图谱、整体性指标与结构化预警展示，分别从交通流分配、交通需求、人口与就业、用地与房价、碳排放、设施覆盖率六大模块展示。同时侧边栏可对指标类型、展示模式进行多样性切换展示，如整体性指标与详细性指标（图 11-6）、单年度展示模式与多年度展示模式，包括 5 年、1 年、1 月时间颗粒度和城市、区县、街道、网格、路段等空间颗粒度展示（图 11-7 和图 11-8）。同时，要素推演输出结果展示还新增"月度人口分布与综合交通模拟"和"街道尺度交通流分配"两大核心子模块，多尺度、多颗粒度、多模块、多场景进行计算数据结果查看。

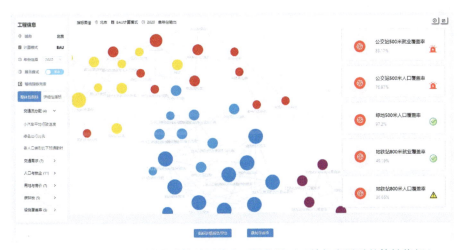

图 11-5　城市要素推演模块计算结果输出可视化界面（单年度展示整体性指标）

图 11-6　城市要素推演模块计算结果输出可视化界面（单年度展示详细性指标）

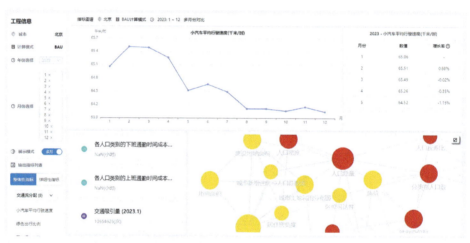

图 11-7　城市要素推演模块计算结果输出可视化界面（多月度对比整体性指标）

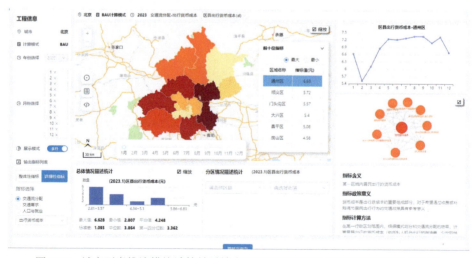

图 11-8　城市要素推演模块计算结果输出可视化界面（多月度对比详细性指标）

2. 模拟调控——城市决策模拟

"城市决策模拟"对城市空间的发展进行模拟运算，对城市的规模、机能和结构在多要素影响下进行运算，为城市建设、管理和经营策略提供决策支持。CitySPS-SaaS 平台面向国土空间规划与开发、城市规划与建设等行业，设置"低碳城市""城市更新"等业务场景，针对城市发展的不确定性，通过修改核心调控指标并进行政策模拟运算，发现城市运行趋势并给出决策支撑。以"低碳城市"作为典型案例进行操作流程演示，通过土地供给总量结构调整、产业升级促进用地布局优化、提高绿色建筑覆盖率、合理控制机动车保有量、征收交通拥堵税、提升新能源汽车使用比例、增修地铁线路、降低公交地铁票价八大政策调控项，模拟城市内部运行系统计算逻辑，为实现低碳城市目标提供解决思路。政策工具箱是 CitySPS-SaaS 平台开发的政策情境开放设定与自定义功能，支持用户按需自主定制，以社会经济、空间管控、交通规划管理三大领域为基础，对八大政策情境、20 余个政策核心调控变量、百余个政策输出指标进行自定义组合，自由定制模拟城市场景，全面评估政策实施效果。

步骤一：概览页面。概览页面作为城市决策模拟主要功能的入口，对八大推荐政策情境进行模拟计算，如图 11-9 所示，用户进入各类核心政策场景调控页面并开启运算。

图 11-9　城市决策模拟概览页面

步骤二：选定模拟范围。首先，用户在城市决策模拟计算导窗（图 11-10）确定此次低碳场景模拟运行的城市、时间粒度、基准年份及预测年份。时间粒度指的是 CitySPS-SaaS 平台对于运算时间管理的基本单位，代表着计算迭代周期。本次案例选定北京作为模拟城市，对 2025 年北京的低碳城市场景进行政策性干预调控，选定 5 年作为迭代设定，并且利用 2015 年的数据作为此次模拟计算的基准数据开启模拟运算。

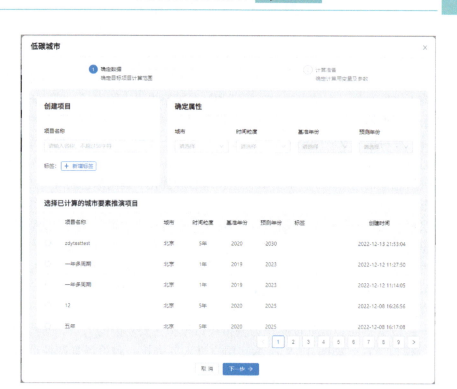

图 11-10　城市决策模拟计算导窗

步骤三：模拟调控。进入城市决策模拟——低碳城市调控面板（图 11-11），用户进行模拟目标设定以及推荐方案选定。此次调控前的碳排放总量为 7459.6 万 t，拟定调整后碳排放总量降低 3%，即降低至 7235.81 万 t。同时，选定平均分配为本次迭代计算方式，不选择任何推荐方案，采取完全开放的调控策略。

图 11-11　城市决策模拟——低碳城市调控面板

低碳城市模拟调控策略分为三大类别，即土地调控类别、建筑调控类别、交通调控类别，本次案例将分别从这三类中选择特定参数进行调控，从而在计算后通过结果对比判断不同类别对碳排放的不同影响。首先选择土地结构进行调整，将除非建设用地类别以外的其他用地类别面积调高。在这一步，用户可以通过滑动进度条控制各类别用地面积（图 11-12），同时可以直接在数值栏输入目标数值。本界面的调控滑动条和数值栏之间实现了换算联动，在保证调控前与调控后总用地面积不变这一限制下，所有的调控操作实现了同比例换算。

图 11-12　各类用地面积调控界面

进行土地供给总量与结构调整后，选择绿色建筑覆盖率进行调控（图 11-13）。截至 2015 年，北京市居住建筑中绿色建筑占比仅为 11%，而 2020 年 7 月，住房和城乡建设部等七部委联合发布的《绿色建筑创建行动方案》中明确指出："到 2022 年，当年城镇新建建筑中绿色建筑面积占比达到 70%"。根据这一目标，本次将各类别绿色建筑覆盖率，即绿地广场覆盖率、商业服务设施覆盖率、公共管理与公共服务覆盖率，以及居住功能覆盖率进行模拟调高。在这一步，用户可以直接在数值栏输入目标数值，并且可以与调控前的默认数值进行对比。

除此之外，交通碳排放同样是影响城市碳排放总量的一大要素。在交通调控类别里，选择机动车保有量、交通拥堵税，以及新能源汽车使用比例三个调控参数进行调节。机动车保有量将为城市土地、能源、交通、环境等方面带来负担，因此应合理控制其增长，本次调控拟将私家车交通流上限以及摩托车交通流上限进行下降调整。交通拥堵税作为一项拥堵治理的新策略，在其他国家得到了推广与应用，在减少车辆高峰期出行以及降低碳排放方面取得了较好效果，本案例拟将交通拥堵税设定在 7 元。而新能源汽车使用比例对城市的节能减排、实现低碳城市这一目标同样意义重大。截至 2021 年底，北京市累计新能源汽车的保有量达到 50.7 万辆。北京市"十四五"规划提出，到 2025 年全市新能源汽车累计保有量力争达到 200 万辆。如图 11-14 所示，在新能源小汽车占比调控条内，用户可以直接拖动滑动条，对汽油小汽车、柴油小汽车，以及天然气小汽车的新能源小汽车占比进行调控。

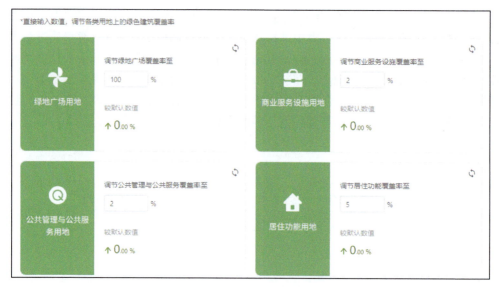

图 11-13　绿色建筑覆盖率调控界面

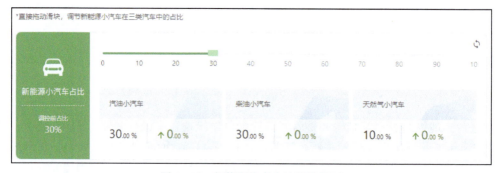

图 11-14　新能源汽车占比调控界面

　　步骤四：模拟结论。低碳场景结果可视化界面系统展示了政策调节前后的参数对比、可视化对比、街道数据详情，以及关键指标数据。此次模拟案例中，北京市 2025 年模拟前碳排放总量为 7459.6 万 t，模拟目标为降低 3%的总碳排放，即降低至 7235.81 万 t。通过八大政策干预模拟，运算后碳排放总量降低 5.65%，即 7038.13 万 t。如图 11-15 所示，本次低碳场景模拟结论是模拟成功，达到期望目标。除了碳排放总量，模拟前用地碳排放量为 1266.88 万 t，模拟后为 1178.24 万 t；模拟前建筑碳排放量为 5234.5 万 t，模拟结果为 4982.71 万 t；模拟前交通碳排放量为 958.23 万 t，政策模拟计算结果为 923.67 万 t。通过调节土地供给结构、绿色建筑覆盖率，本次模拟较显著地降低了建筑碳排放量与用地碳排放量。然而，调节机动车保有量、交通拥堵税，以及新能源汽车使用比例，仅小幅度降低了交通碳排放量。以上结论均可点击页面底端的"下载调控报告"按钮，形成报告文档。通过浏览模拟结论界面和调控报告，可以判断此次模拟达到目标是由合理的相关用地、建筑政策调控措施起主要作用，这一结论为下一次的低碳城市调控提供了解决思路。

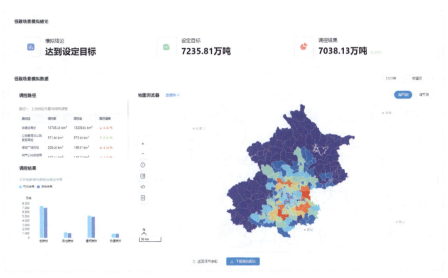

图 11-15　城市决策模拟——低碳城市结果页面

步骤五：政策工具箱。政策工具箱是 CitySPS-SaaS 平台开发的场景自定义功能，用户通过对 20 余个核心政策调控指标进行自由排列组合，形成完全自定义的政策场景，并形成模拟计算结果。图 11-16 为核心调控变量选择栏，用户自定义核心调控变量后，系统自动识别对应的输出指标并存储为新场景。形成新的自定义场景后，用户则可以进入场景列表读取数据，开始该场景设定下的模拟计算，同时可以返回，进行场景参数修改。

图 11-16　政策工具箱——核心调控变量选择栏

3. 二三维数据可视化——城市状态监测

"城市状态监测"是"城市决策模拟"和"城市要素推演"的量化结果浏览器，具有数据可视化功能。该功能通过将计算结果、统计数据、三维模型的要素进行融合，生成二三维一体化数字城市大屏、模型及分析结果图表及关键指标浏览器等，方便用户快速有效地总览与获取信息，同时提供分析报告与决策支持。"城市状态监测"功能包含全指标 3D 可视化大屏、分项大屏及场景大屏，数据可视化主要依托高德地图并由工程师自主开发，实现 2D/3D 可视化实时切换与动态浏览。

步骤一：确定项目范围。确认此次模拟的目标城市、时间粒度、基准年份、预测年份，创建项目工程文件（图 11-17）。

图 11-17　状态监测确定项目范围

步骤二：浏览可视化大屏。综合可视化大屏共分为五个板块，即城市交通、城市能耗、城市用地、城市区域经济，以及城市数据，从五个方面展示多年份核心数据，完成 3D 可视化数据浏览以及对比功能（图 11-18）。地图支持叠加街道数据、OD 数据，以及道路数据三种不同数据类型，同时支持精准定位到行政区及街道。

其他：地图定制功能。除了三维可视化大屏，该系统同时支持 2D 地图的定制功能（图 11-19），目前开放了自定义分级功能，包括自然断点法、等距法和分位数法、11 个自定义分级数量、8 个自定义色带选择。这个功能适用于全部 2D 可视化界面。

图 11-18　综合可视化大屏

图 11-19　地图定制

4. 核心指标预警——城市智能预警

"城市智能预警"通过"城市要素推演"计算结果，运用模型预警识别体系形成城市关键指标预警系统，设置"预警阈值"，生成对应的关键预警指标浏览器。用户通过"城市智能预警"完成输出预警识别系统的指标索引、交互、统计数据浏览及三维空间数据浏览等。城市预警识别系统覆盖城市关键指标，综合预警城市安全水平，助力城市治理决策过程。

"城市体检"是城市智能预警的次级板块，其主要功能是根据后台城市模型计算结果，二次通过模型评分体系计算形成城市关键指标评估系统，生成对应的关键指标浏览器。用户可通过"规划指标评估"完成输出评估系统的指标评分索引、交互、统计数据浏览及三维空间数据浏览等。关键指标评分系统覆盖城市体检关键指标，纳入如获得感、幸福感、创新活力、低碳节能等社会高质量发展衡量标准，综合评价城市的社会宜居、经济高效与生态文明水平，助力城市治理决策过程。

　　步骤一：确定项目范围。确认此次模拟的目标城市、目标年份、时间粒度，创建项目工程文件。

　　步骤二：导入基准项目工程文件后，系统通过不同预警指标既定的预警阈值，在街道、区县或城市尺度下对 30 余个预警指标进行预警，同时形成对应的预警统计图标及地图可视化（图 11-20）。

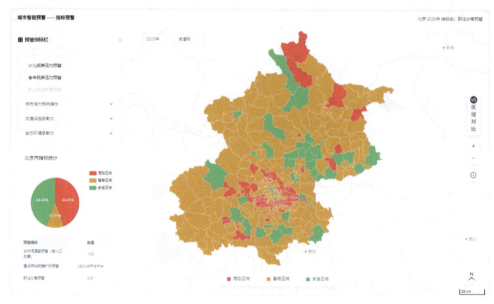

图 11-20　城市智能预警——全域预警

　　步骤三：同时，预警系统支持横向对比不同区域内同个指标的预定情况。如图 11-21 所示，用户在区域对比栏最多一次性添加 4 个区县或街道，通过预警统计图表更直观地观察不同区域的预警情况。

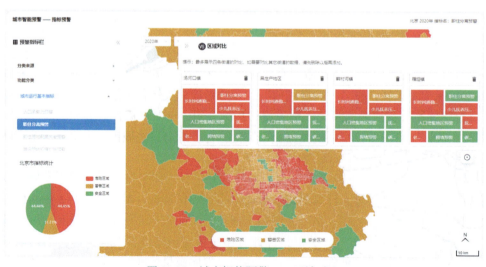

图 11-21　城市智能预警——区域对比

5. 数据分析与管理——城市数据服务

城市数据服务通过城市现状基础数据、复杂计算及参数调节等功能模块，运用后台城市全系统计量模型及城市模拟模型完成计算分析，完成数据浏览、管理、分析及报告导出工作。其中，数据管理功能关联数据库，完成了对计算中、计算完成的项目的分层级浏览、管理、删除、查看、下载功能。如图 11-22 所示，用户可以通过项目名称、城市、年份等项对项目进行筛查，进而进行管理。

图 11-22　数据管理界面

数据管理与下载功能主要通过 ECharts 实现。ECharts 是一个使用 JavaScript 实现的开源可视化库，可以流畅地运行在 PC 和移动设备上，兼容当前绝大部分浏览器（IE8/9/10/11、Chrome、Firefox、Safari 等），提供直观、交互丰富、可高度个性化定制的数据可视化图表。ECharts 提供了常规的折线图、柱状图、散点图、饼图、K 线图，用于统计的箱形图，用于地理数据可视化的地图、热力图、线图，用于关系数据可视化的关系图、旭日图，多维数据可视化的平行坐标，还有用于 BI 的漏斗图、仪表盘，并且支持图与图之间的混搭。CitySPS-SaaS 平台同时提供对图表的下载功能。

步骤一： 确认此次模拟的目标城市、目标年份、时间粒度，创建项目工程文件。

步骤二： 当前系统界面如图 11-23，共支持 14 种图表类型输出，用户进入数据分析与管理面板，通过拖拉目标变量、选择图表类型、配合统计性描述，可一键生成并导出可下载的数据分析报告。

6. 辅助

除了五大核心功能，系统同时具有完善的用户管理和资源管理功能。用户管理功能针对 CitySPS 平台使用者进行管理，包括用户信息、用户设置、角色设定、模块资源

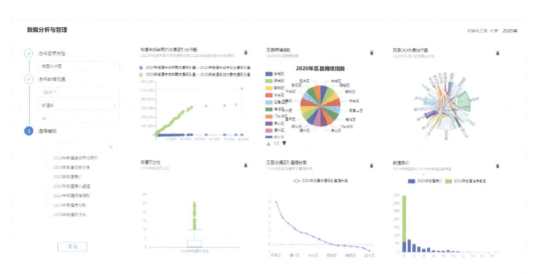

图 11-23　数据图表界面

授权等功能，为 CitySPS 平台功能运行提供加密及安全保障。同时，在高弹性交互方面，用户可以针对个人需求对首页组件进行自定义，如常用项目、城市数据指标等。资源管理功能则帮助用户对账户下的硬件资源、软件资源、远程数据库资源等进行权限内的管理分配，允许用户通过系统日志以及系统消息对系统资源和计算流程进行监控和管理。

11.2　CitySPS-DaaS 平台

11.2.1　数据即服务（DaaS）概述

数据即服务（Data-as-a-Service，DaaS）是伴随着大数据所兴起的一种数据管理策略，它以云计算为重点，指的是与数据相关的任何服务，如数据存储、清洗和分析等。DaaS 利用了流行的 SaaS 模式，通过这种模式，利用网络平台提供数据分析、处理的各类软件与工具，能够为用户提供大数据收集、存储、分析、可视化和管理的功能。简单来说，DaaS 就是指在线数据服务，利用数据作为业务资产来提高业务创新的敏捷性。在这种模式下，开发者把开发用的数据保存在网络上并随时访问，无须使用保存在本地计算机上的数据库。DaaS 通过数据资源的集中化管理，有助于提升 IT 效率和系统性能。DaaS 涉及的主要技术包括数据虚拟化、数据集成、SOA（Service-Oriented Architecture）、BPM（Business Process Management）以及 PaaS（Platform-as-a-Service）等。

DaaS 的整体架构主要包括三层：一是服务层，通过 API 的方式按需提供来自各种来源的数据，旨在简化对数据的访问。二是主要数据层，对获取的大量数据进行管理与处理。三是虚拟数据层，通过数据虚拟化技术的使用，提供可用于多种格式的数据集或数据流。除了数据虚拟化，DaaS 体系结构还包括一系列数据管理技术，如数据服务、自助分析和数据编目等。

DaaS 可以将互联网中的各种数据和服务以应用程序接口（application programming interface，API）的形式向第三方提供数据与算法工具，从而对数据进行利用。这种开发方式能够降低运行的复杂性，使得源系统较为安全，也可以提升数据处理的效率与进度，并保证数据的一致性与安全性。

DaaS 主要有以下两方面作用：

第一，可以为用户提供公共数据的访问服务，用户可以随时访问任何内容的数据。例如，一个用户想查看过去 10 年的天气情况，数据服务提供者就可以提供给用户过去 10 年的天气情况。对于这种数据服务，可以提供按不同国家、地区、季度、月份给出的数据。所以，在 DaaS 系统中，公共数据的访问是多角度的、灵活的且全方位的。

第二，可以为用户提供数据中潜在的价值信息的服务，也就是增值服务。例如，一个具有全球连锁店的汽车销售企业，可以向数据服务提供商买这样的服务：全球不同国家、地区的人们购买汽车的情况，其中包括哪里的人喜欢买什么品牌的汽车、汽车风格和人的职业之间的关系等。获取这样的数据服务后，汽车销售企业就可以根据具体情况安排销售计划。

因此，在这两方面的作用下，整个 DaaS 产业链可以主要分为三类：数据资源类、数据应用类和数据处理类。

数据资源类主要是上面所说的第一层含义，以为用户提供公共数据的访问服务为主，如阿凡达数据、聚合数据以及 IT 桔子等公司。其中，聚合数据为国内领先的在线数据交易平台，模式类似于 Google API，即为用户提供在线数据调用 API 服务。

数据应用类以行业化服务为主，是针对特定的垂直行业的。例如，城市交通行业可根据获取的城市居民出行时间分布、出行方式结构等数据内容，将数据应用于城市交通规划、交通公共服务设施配置等方面。城市居民也可以根据相关数据处理平台上发布的相关数据处理结果，规划日常出行时间与路线，实现居民交通出行和城市交通的优化。

数据处理类主要是处理客户的数据，帮助客户输出有价值的内容，包括数据管理、技术支持和数据分析。例如，线性投资组合中的超对称技术、神策数据、同盾科技、观远数据都属于这一分类。其中，观远数据践行"AI+BI 让决策更智能"的理念，致力于为新零售、新金融、泛互联网以及其他综合型客户提供新一代数据分析与商业智能（BI）解决方案，提供数据分析平台、数据开发平台及云应用三大数据服务。通常这类公司并不局限于数据处理，如神策数据针对企业客户提供大数据分析产品、大数据相关咨询和完整解决方案；同盾科技坚持智能分析即服务（AaaS）的风控理念，将人工智能与业务场景深度结合；超对称技术通过全网挖掘企业经营和传播数据，构建 AI 数据量化平台，赋能金融投资和企业经营决策。

综上，DaaS 具有巨大的潜在影响力。DaaS 除了优化企业经营外，还可以使整个组织及其客户受益。具体而言，DaaS 可以全面发挥数据价值，降低政府与企业的决策成本；通过更全面的、高质量的数据，以及更简单的数据访问和使用方式，加速创新业务的迭代；通过高效数据管理，大大减少数据准备所花费的时间，提升政府与企业的决策效率；利用数据虚拟化和其他技术，通过可重用的数据服务访问、组合、转换和交付数据，帮助消除决策中的一些个人偏见。

目前，在智慧城市与城市规划等行业中，DaaS 被广泛应用。2020 年 1 月，中国科学院基于 DaaS 平台，研发基于实时 AI 大数据技术的全国城市经济状况实时监测与评估分析系统。杭州市采用"数连通 DaaS+RPA"数字政府平台系统，自动登记公共就业人才服务情况、自动采集车辆道路运输证办结数据等，辅助交通局、应急管理局、政务中心以及社区基层组织进行城市管理与运行的数据收集、处理，并为进一步优化城市运行提供指导。这些类型的 DaaS 数据应用，能够对城市的某一领域如商业、交通等模块进行数据收集与监测，运用一定的数据管理系统与操作系统，对数据进行分析处理。DaaS 的优势在于更为集中的数据管理，让更多的用户无须关注底层数据的收集、筛选等问题，而将注意力完全放在如何使用这些数据上，但目前行业中应用的 DaaS 系统也存在着一定不足，包括数据覆盖行业类型不够全面、数据更新不够及时、数据精确程度一般、不能准确与用户需求衔接而降低可落实性等。此外，数据的安全性也是任何 DaaS 实施的首要关注点。CitySPS 平台提供的 DaaS 服务将针对这些不足进行优化，打造科学、全面的 DaaS 服务平台。

11.2.2　DaaS 服务核心功能

针对目前 DaaS 服务平台存在的一系列问题，北京大学科研团队开发了 CitySPS 平台的子平台 CitySPS-DaaS 平台，从数据类型与数据分析处理两方面优化了现有 DaaS 平台存在的一系列不足。图 11-24 为 CitySPS-DaaS 平台界面，该平台旨在提供一站式城市数据服务，覆盖社会经济大数据、生态环境大数据、地理基础信息数据、卫星遥感数据及时空大数据五大类城市数据，用数据科学描述城市发展现状，为城市发展政策的制定与城市治理、城市建设提供指引，支撑城市实现智慧决策。

图 11-24　CitySPS-DaaS 平台界面

1. 数据类型

CitySPS-DaaS 平台的数据按照数据处理方式划分，包含三大类型：一是通过各地统计年鉴、相关学术科研平台转载等方式获取的基础数据，这类数据通常以收集为主，经过基础的归类检验处理后以转载的方式进行发布；二是经过项目团队专业化处理的二次校核数据，这类数据具有高度精确的特质，同时极大地降低了无用数据的干扰作用，达到数据轻量化的目的，极大地提高了数据使用效率；三是根据团队研发的城市全系统计量模型计算后的面向未来不同年份的城市交通、人口、土地、房价等各子系统的预测数据，这类数据基于城市要素推演及城市决策模拟计算结果，对可能背离城市发展目标预期的风险项进行提前预警，可以综合、宏观、前瞻地提供决策支持与决策优化方案，辅助城市国土空间规划情景模拟、安全应急防范预警等政策的制定。

CitySPS-DaaS 平台数据按照使用行业类型划分，具体包括以下五大类（图 11-25）。

1）社会经济大数据

社会经济大数据反映了城市发展建设、经济、社会、运营等方面的现状，这类城市数据的收集越全面，对城市发展情况的描述则越准确。通过该平台可获取 8 种城市基础数据，包括人口、就业、住房、经济、基础设施、产业、公共服务、城市安全等方面。其中，人口数据细分到人口分布、年龄、性别、人口流动等；就业数据包含就业岗位、工资收入、就业率等；住房数据包含不同区位房价、商用住房数量、保障性住房数量等；经济数据包含国民经济核算、固定资产投资、金融与保险等数据；基础设施数据包含邮电、给排水、文化教育、卫生事业等数据；产业数据包含农林牧渔业、制造业、水电热气、建筑业、餐饮业、金融业、居民服务等数据；公共服务数据涉及教育、科技、文体、公共事业等数据；城市安全数据则从信息安全、社会保障、公共场所安全、建筑安全等多个领域提供安全数据。

2）生态环境大数据

该平台生态环境大数据包含土壤、植被、海洋、水文、灾害、气象等数据。其中，土壤数据包含土壤类型分布、土壤微生物、土壤分类等数据；植被数据则包含植被指数、植被类型与分布、作物产量等数据；海洋数据主要包含海洋模式、海洋遥感、海洋实测三大类型数据；水文数据包含水位、含沙量、流量、降水、水质等数据；灾害数据则包含洪涝灾害、风暴灾害、地质灾害、森林草原火灾、极端气候灾害等数据；气象数据包含气候数据与天气数据。这些数据主要面向地理学、生态学、国土空间规划等领域，通常服务于气象、国土、农林、海洋等部门，辅助完成场地生态环境分析及相关专题报告。

3）地理基础信息数据

地理基础信息数据是与地理学、城市规划学、建筑学等相关专业息息相关的数据，通过不同年份的数据对比，可以反映不同地区、不同城市的变化，便于相关专业人士掌握更为清晰的设计目标及设计方向。该平台地理基础信息数据包含地形地貌、土地利用、路网、建筑、行政区划、河流水系等数据。其中，地形地貌数据包含坡度坡向、土壤侵蚀、DEM 数字高程等数据；土地利用数据包含土地利用分布、土地覆盖、土地利用分类等数据；路网数据包含公路网、铁路网、航空网、水运网、枢纽与站场五大类数据；建筑数据包含建筑物基本信息、结构基本信息、建筑物内部设施基本信息等数据；行政区划数据包含全国范围细分到不同省、市、区、县等级的区划数据；河流水系数据包含泉、井、河流、沟渠、湖泊、水库等数据。

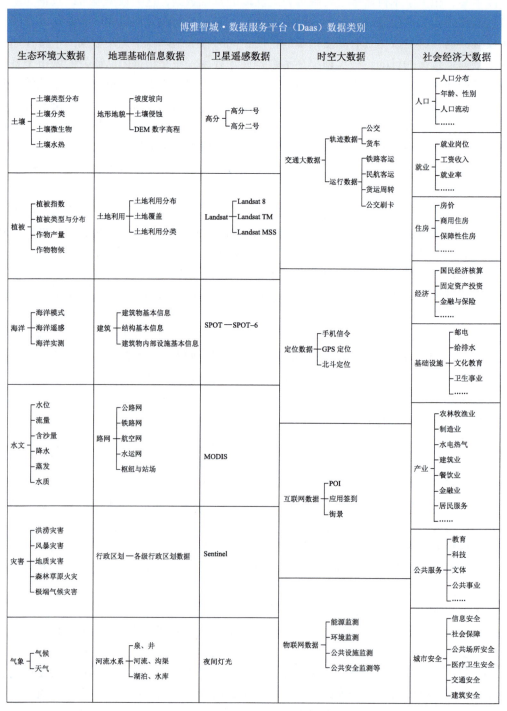

图 11-25　CitySPS-DaaS 平台数据类别

4）卫星遥感数据

该平台的卫星遥感数据包含高分、Landsat、SPOT、MODIS、Sentinel 和夜间灯光等国内外重要卫星监测的数据，这些数据主要来源于国内外多个卫星遥感数据下载平台，如自然资源卫星遥感云服务平台、全球变化科学研究数据出版系统、国家遥感数据与应用服务平台、地理空间数据云、国家综合地球观测数据共享平台、地理国情监测云平台、NOAA 夜间灯光数据下载等。卫星遥感数据与国民经济、生态保护和国防安全紧密相关，通过卫星遥感数据不仅可以满足空气质量监测、卫星地图导航等日常需求，同时还是实现土地资源调查、农业监测与作物估产、海洋环境调查、生态环境监测、灾害预报与灾情评估等的重要内容。

5）时空大数据

时空大数据包括时空基准（时间和空间基准）数据、GNSS 和位置轨迹数据、地图（集）数据、空间大地测量和物理大地测量数据、海洋测绘数据、地名数据、与空间定位相关联的空间媒体数据及时空数据与大数据融合产生的数据。常见的时空大数据种类有手机信令数据、微博签到数据、共享单车使用记录数据、地铁刷卡数据、微信出行数据、百度迁徙数据、百度热力人口数据等。该平台拥有的时空大数据包含交通（轨迹、运行）大数据、定位数据（手机信令、GPS 定位、北斗定位）、互联网数据（POI、应用签到、街景等）及物联网数据（能源监测、环境监测、公共设施监测、公共安全监测等）。其中，交通大数据与二次校核后的手机信令数据是该平台时空大数据的重点数据内容。手机信令数据经过专业化清洗与分析处理，在人口、就业、用地等多方面得到充分应用，而交通大数据不仅包含历年交通的轨迹及运营数据，同时包含未来年份的交通需求预测及交通流分配等数据，这些数据可精确到不同的月份及日期。

2. 数据优势

除支持的数据类型优势外，CitySPS-DaaS 平台具备辅助相关城市实现科学决策所需的所有数据，这些数据主要包含以下优势。

1）多门类、跨时空

该平台拥有全域全要素的大数据，涉及人口普查数据、经济普查数据、地理基础信息数据、土地调查数据、手机信令数据等城市要素数据，可以提供全面丰富的城市数据服务。利用这些数据，不仅能够进行单一板块的分析模拟，还可将多门类数据进行综合分析处理，为智慧城市建设及治理提供参考。

除涵盖数据门类丰富外，该平台数据具备跨时空属性，不仅拥有多行业领域的历史数据及现状数据，同时包含对未来不同年份进行科学预测预警的详细数据，能够在分析城市历史发展规律、认识城市发展现状的同时，结合预测数据对城市在特定政策与发展战略下的未来发展情况进行分析，更好地指导城市发展战略的制定。

2）专业化精度优化

该平台数据不仅包含多行业领域的原始数据，也包含该平台研发团队对无归属的"野生数据"（开源网络数据）的采集加工、专业化扩样及清洗。在此基础上，该平台接入 SaaS 端的预测数据，该数据基于城市复杂系统原理建立城市全系统计量模型，包含多项城市要素推演与城市决策模拟、80 余项城市未来发展预测结果与多项城市监测和决策指标，整体数据精准可靠，分析推演结果更为科学。

3）多尺度全覆盖

该平台内数据范围涉及全国不同地区、不同城市，使数据库达到空间尺度上的全覆盖。另外，数据库层级的构建也包括不同城市尺度，包括建筑单体—社区—街道—区划—市级—城市群六大尺度，用户可以在该平台选择不同尺度的数据，获取数据更为直接准确。

4）超高性能

该平台所配置的服务器在计算性能上也保持较高水平。该平台本地服务器通过定制主板与高性能硬盘，在 Vastbase 企业级数据库的加持下，实现超高速（3300MB/s）读写性能，且针对地理信息数据，如 shp、tif 等格式数据有不同的性能提升，极大程度上提高了数据处理、分析及与用户交互的效率。

5）安全稳定

该平台数据后台配备安全可信赖的云服务，具有严格的数据安全标准，每项数据都配备多层安全防护以及实时备份功能，能快速应对升级故障、灾难恢复等情况，保障平台内部自身的数据安全与运行稳定，提升数据分析处理效率与用户的平台使用体验。

6）与智慧城市平台共享互通

该平台数据输出支持 CSV、TIF、JSON、SHP 等多种格式，在数据类型及数据格式等方面可以与当前智慧城市的数字孪生、CIM、BIM 等核心技术数据成果实现共享互通，该平台的数据分析处理结果能有效地与智慧城市建设目标对接，可辅助智慧城市更好的落地建设。

7）无缝对接国土空间规划多项核心业务

该平台包含地理基础信息、生态环境、城市预测推演、指标评分等数据，可在数据层与应用层两大方面无缝对接国土空间规划"一张图"，实施监督信息系统所需的"指标模型管理、国土空间分析评价、国土空间规划成果审查与管理"等内容。此外，该平台指标评分数据多达 75 大类，基本覆盖 2022 年住房和城乡建设部公布的 69 项城市体检关键指标数据，通过该平台可以流畅地实现与这类国土空间规划核心业务的输入及输出。

3. 应用场景

CitySPS-DaaS 平台主要应用场景包含以下九类。

1）人口发展决策应用

人口发展决策应用包含人群年龄结构、人口总量预测、人口结构划分、增量人口分布、人口空间分布、各地区职住平衡系数等数据，可服务于人才引进、保障性住房建设容量选址、15min 便民生活圈建设、市政管线扩容改建、老龄友好社区建设等多个实际应用场景。

2）就业与产业经济决策应用

就业与产业经济决策应用包含就业岗位总量预测、就业行业结构划分、就业迁移流动计算、就业岗位增量分布、就业动态分布统计、企业地址信息、企业国民经济行业分类代码、企业经营范围、企业分支机构数据、企业投资关联数据等，可应用于促进自主创业、扶持中小企业、产业结构优化升级、打造众创空间、城市企业经济活力监测与分析等实际场景。

3）土地供需决策应用

土地供需决策应用包括不同时期不同城市用地类型统计、用地面积统计、各类型用地占比分析、土地变化预测、土地空间分布模拟、容积率数据、绿地率数据等，可应用于识别土地需求，辅助指定土地供应计划，支撑国土空间规划编制，评估土地供应于人口、交通、经济的协调关系。

4）住房开发与供给管理

住房开发与供给管理包括城市各类型住房价格、城市公园绿地覆盖率、商业 POI 密度、居住吸引力统计、城市建筑碳排放统计等数据，可应用于各区域土地价值潜力统计与预测，评估住房供应与人口、就业政策的匹配关系，辅助保障性住房选址决策，评估土地供应和房价的相互作用关系。

5）交通需求预测与管理

交通需求预测与管理包含城市全年全天交通流数据、各路段交通拥堵指数、城市出行发生量与吸引量、出行分布期望数据及道路网格密度等数据，可应用于辅助城市交通需求管理、交通基础设施规划决策、城市开发与再开发的交通影响预测、重点地区活力监测等。

6）交通拥堵治理与线网优化决策

交通拥堵治理与线网优化决策包含出行模式划分、出行路径选择、交通流量分配、拥堵指数计算、建造/灾害情景模拟等数据，可应用于缓解城市交通拥堵问题，优化城市交通运输格局，基于未来需求规划地铁布局、灾害预警与生命线保障。

7）智慧社区建设

智慧社区建设包含社区访客出行数据、社区公共服务设施配比数据、社区建筑数据等，可应用于建筑和地块功能的智能化配置、公共服务设施的精准化匹配、社区救灾应急的科学预案、社区访客的精准监测等。

8）公共服务设施与基础设施的供需管理决策

公共服务设施与基础设施的供需管理决策包含城市规模的公共服务设施与市政基础设施现状总量及分布、覆盖率、服务范围、建设情况等数据，可用于评估医疗设施、文化设施、体育设施、交通设施、教育设施等不同类型的供需关系，辅助制定合理的中远期公共服务设施与市政基础设施的建设计划。

9）大区域尺度人群移动决策

大区域尺度人群移动决策包含春运人群流动数据、外来务工人员返乡返城数据、全国疫情返岗就业数据、都市圈空间边界识别数据等，可服务国家重大发展战略，助力国家综合立体交通网规划；实时把握人群流动态势，快速响应社会热点问题；在春运、复工复产期间支撑各地统筹部署和精准施政；在就业保障、疫情防控、交通管理和都市圈建设等多个方面，提供科学决策依据。

4. 平台界面

CitySPS-DaaS 平台具备多项优势，在数据类型上，构建了"5+30+N"的三级数据类型，区别于其他地理相关平台，该平台在拥有地理基础信息数据、社会经济大数据、生态环境大数据等普适数据类型的基础上，增加了时空大数据这一新型数据类型。在数据搜索逻辑上，该平台同时设定关键词检索及条件检索两种检索方式，条件检索中将数据处理方式、数据格式、主题词、学科、空间位置、时空分辨率、空间精细度、数据来源等作为筛选条件，用户通过勾选不同的筛选条件可以实现精确、快速的数据查找。同时，该平台左侧按照数据类别铺设了三个层级的数据，点击任一类型数据即可实现快速展开，并链接跳转对应层级的数据于右侧数据信息预览界面。而在数据信息预览界面，包含卡片预览模式（图 11-26）及数据表格预览模式（图 11-27），数据名称、数据大小、数据标签、发布时间、数据来源、数据预览图片均可在预览时通过鼠标靠近的方式直观显示。

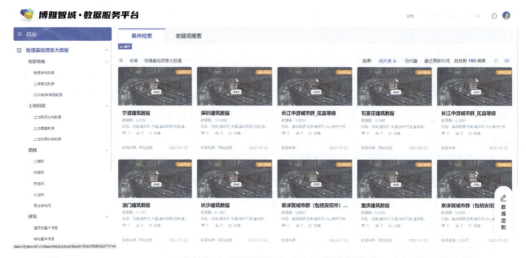

图 11-26　CitySPS-DaaS 平台数据卡片预览模式（为保障数据隐私，此处采用设计稿）

图 11-27　CitySPS-DaaS 平台数据表格预览模式

通过点击任一数据卡片或数据信息条，可跳转至数据详情页面（图 11-28），在数据详情页面可直观读取数据的时空精细度、空间范围、数据时间、数据格式、数据预览图片等基础信息以及有关数据内容的说明详情，以便用户判断是否为所需数据，对应选择是否收藏或者下载，平台后台数据上传速度可达 15MB/s，下载响应时速可达 5MB/s。同时，为尊重知识产权、保障数据的原作者和数据服务提供者的权益，该平台将数据引用要求及规范也附注在此页面，用户可直观读取。

图 11-28　CitySPS-DaaS 平台数据详情页面

考虑不同客户可能有特定的数据制备需求，该平台特别增加数据定制页面（图 11-29），点击此页面可根据相关需求填写需要定制的数据类型、数据的时空分辨率、空间尺度及数据的具体需求等信息，该平台的数据管理后台（图 11-30）在获取相关需求后，将及时提醒后台管理员根据定制情况及时联系用户给予相关解决方案。

图 11-29　CitySPS-DaaS 平台数据定制页面

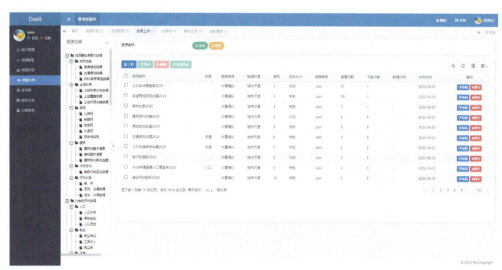

图 11-30　CitySPS-DaaS 平台数据管理后台页面

5. 目标用户

该平台的服务对象包括政府部门、规划院与设计院、商业地产、智慧城市平台建设服务商等相关部门或机构，主要包含以下 6 类。

1）政府部门

政府部门可辅助人口、经济、交通、土地等主管部门，为其提供经过专业化处理的精准数据；模拟与推演城市在当前发展政策与治理决策下的城市发展，预测城市未来发展情况，辅助政府制定城市治理与城市规划相关决策，如对社区到访人员规模、空间分布、交通方式等的精准监测和预测，可以提供精细化决策支持。

2）规划院与设计院

该平台为规划、建筑、景观等设计院提供完备的场地数据，辅助其进行更为深入的场地现状分析、潜力分析、可行性分析等，帮助其更好地掌握地块的房价、用地功能、服务人口、交通需求等多方面数据，从而进行更为符合实际需求、落地性更强的城市方案设计。

3）商业地产

该平台包含地产行业在地块竞标—方案设计—建设施工—运营管理各个阶段的相关数据，可以促进社会开发利益最大化，如通过地块未来房价数据及土地利用数据，辅助地块开发商进行土地开发与建设模拟，进行房价增值潜力预测，有助于为商业地产公司提升自身收益及对未来项目建设提供参考。

4）智慧城市平台建设服务商

智慧政务、智慧交通、智慧社区、智慧教育、智慧医疗等行业平台建设服务商皆可以从该平台获取相关数据。该平台的数据包含人口、交通、经济、土地、基础设施、公共服务等方面的历史数据、现状数据及未来数据，可以精准地辅助各功能类型的智慧平台进行数据接入、数据分析及决策模拟。

5）高等教育院校

该平台拥有的数据具有知识性的特点，用户可以学习智慧城市相关知识及练习平台模型操作技术，推动相关行业与技术的推广。同时，可以根据国家战略重点，面向高等院校，培育科技前沿和智慧城市关键领域紧缺人才，培育其创新能力、实践能力以及跨学科综合能力。另外，该平台也可以辅助高等院校的科研工作，推动智慧城市行业发展。

6）专项咨询评估单位

该平台为环境影响评价、交通影响评价、水影响评价、能源评估等专项评估单位提供可靠的历年数据依据，并针对未来不同年份提供科学的评估预测数据，以辅助相关单位制定合理的评价规范及标准。

11.3　CitySPS-数据管理平台

11.3.1　开发背景与目的

CitySPS 平台是一个拥有诸多变量的复杂系统，算法输入变量的来源多种多样，部分由系统服务对象直接提供，部分来自技术团队的自行收集，所得数据的格式、编码、表头等均可能出现不同的情况。针对这种来源广泛、格式不一的多源异构大数据，需在进入正式计算流程前进行初步的数据清洗，避免进入计算后发生数据错误等问题。同时，部分计算使用的参数需要由初始数据计算得出，且不随算法迭代而改变，因此将其从计算迭代流程中隔离出来，方便人员调试。

数据管理平台的主要功能是实现对 CitySPS 平台中数据的上传、前置计算、检验等。数据管理平台是工作人员使用 CitySPS 平台实现数据管理、上传、计算检验的得力助手，是一个提高使用效率的良好工具，可以协助使用者掌握数据情况，对数据库中的数据增删查改，计算并上传前置参数。CitySPS 平台为自带 GUI 界面的桌面端软件，界面使用 PyQt5，算法部分采用 Numpy、geopandas 等第三方库。

11.3.2　核心功能

数据管理平台的核心功能包含计算、导入及其他主要功能，详细功能包含参数自动化、标准化审查、完备性审查、数据清洗及数据导入等功能，如图 11-31 所示。

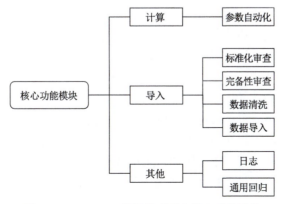

图 11-31　CitySPS-数据管理平台核心功能概述

1. 审查导入

标准化审查：审查入库前（数据初步入库、非迭代计算后）数据的文件夹名称、文件名、文件类型、文件编码、唯一标识符、数据行数、数据列数、每列数据的格式。

完备性审查：审查数据数量是否满足计算需要，此功能需要将参数自动化功能作为前置。

数据清洗导入数据库：如遇不满足计算条件的数据，一返回审查结果清单，二能自动化修正的则自动清洗修正，不能的返回数据收集人员处清洗修改。

满足条件后，导入生产用数据库。

2. 参数计算

参数自动化针对后续正式计算所需参数进行计算，完成从收集数据、计算参数到正式计算的流程。

模型用到的部分参数与所在地区和城市高度相关，具有高度的地域性差异。例如，f_Div_Prob_TripChGp_R（网格 r 内第 a 组别的出行人群选择第 c 类出行链的出行量分布概率），f_Div_Num_PopChGp_R_t1（t 时刻网格 r 内第 a 类人群选择出行链 c 的初始出行量）等。

在参数数据制备过程中，主要使用的方法有逻辑回归、多元线性回归、数据的空间链接、基于 GeoHash 的聚合统计与 ufunc 函数构建距离空间索引等。参数计算功能需要读取大量 CSV、SHP、TIF 文件，并对 GeoDataFrame 等对象进行计算，部分采用了 GeoHash 的交会聚合。我们使用的库有 geopandas、Numpy、Rasterio 等。

1) GeoHash 原理与 GeoHash 聚合

GeoHash 算法能把二维的经纬度编码转变成一维的字符串类型的变量，它的特点是越相近的经纬度编码后的字符串越相似，所以可以通过前缀匹配的方式去校验是否与周围的区域相似。

GeoHash 是用在 POI 数据中进行高效率空间索引的一种方法，其基本原理是将一定区域抽象为一个二维的平面，将这个二维平面分解成更小的子区域，每个子区域在一定经纬度范围内拥有相同的经纬度编码。以 GeoHash 方式建立空间索引，可以提高对空间 POI 数据进行经纬度检索的效率。在 GeoHash 编码中，字符串越相似的表示距离越相近，这样可以利用字符串的前缀匹配来查询附近的 POI 信息。此外，不同的编码长度，表示不同的范围区间，字符串越长，表示子区域的范围越精确。

2) 数据的空间链接

在参数自动化算法中，数据的空间链接主要采用 geopandas 库的 sjoin 以及 sjoin_nearest 方法，geopandas 的每一个操作都是平面的，即没有考虑潜在的第三维度。两个 GeoDataFrames 基于其几何图形之间的距离进行空间链接，结果将包括单个输入记录的多个输出记录，其中有多个等距离最近的或相交的邻居。距离以 CRS 单位计算，可以使用距离 col 参数返回。由于这个链接依赖距离，如果几何图形在地理 CRS 中，结果将是不准确的。

3）求解欧氏距离

在数学中，欧氏距离是欧氏空间或一般 n 维空间中两点之间的一条普通直线距离。在二维空间中，欧氏距离如下所示：

$$\rho = \sqrt{(x_2 - x_1)^2 - (y_2 - y_1)^2} \qquad （11\text{-}1）$$

在 n 维空间中，欧氏距离如下所示：

$$d(x, y) = \sqrt{\sum_{i=1}^{n}(x_i - y_i)^2} \qquad （11\text{-}2）$$

n 维欧氏空间是一个含 x、y 的点集，它的每个点可以表示为$[x（1），x（2），\cdots，x（n）]$，其中 $x（i）$（$i=1$，2，$\cdots$，n）是实数，称为 x 的第 i 个坐标，两个点 x 和 y 之间的距离 $d（x，y）$ 定义为上面的公式。

在参数自动化算法中，该平台使用 Numpy 中的 numpy.linalg.norm 来计算欧氏距离。

3. 使用流程

数据管理平台旨在为 CitySPS 平台提供正式计算所需的标准化参数数据，获取标准化参数数据的主要流程包含数据收集、初步完备性审查、参数计算、标准化审查、上传数据库等，如图 11-32 所示。

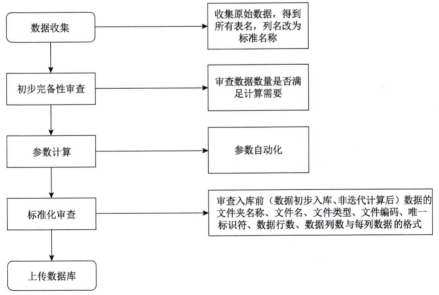

图 11-32　CitySPS-数据管理平台使用流程

（1）数据收集：由数据收集人员前去使用单位等相关机构收集计算所需数据。由于数据来源繁杂，暂时无法做到自动化清洗数据，因此进行数据标准化便于后续的自动化流程。

（2）初步完备性审查：由数据管理平台操作人员完成，自动化审核是否收集完备数据，如有缺失则会输出缺失报告。

（3）参数计算：依据原理组提供的变量清单以及说明文档，在软件端选取数据集后，一键计算、输出、生成日志。

（4）标准化审查：软件端一键审查，生成结果报告，需要人工与标准文件进行比对。

（5）上传数据库：将原始数据与计算所得数据上传至数据库。

参 考 文 献

李森. 2013. 浅析基于 SaaS 架构的多租户技术. 电子设计工程, 21(20): 41-44.
曲飞宇. 2016. 新风口到来: 产业互联网模式创新. 北京: 中国铁道出版社.

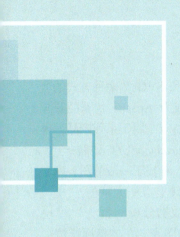

第 12 章
可视化系统

数据可视化（data visualization）是将数据以图形或图像形式表达的过程，清晰合理的数据可视化表达可以帮助人们更快速、方便地获取数据，并理解隐藏在数字背后的信息，进而可以将错综复杂的数据建立起联系，挖掘数据背后的规律和知识。在 CitySPS 平台完成计算后会产生输出指标，直观地观测数据的空间分布和统计特征需要借助一定的可视化手段，本章主要对系统中数据的可视化方式及用到的相关技术进行介绍。

在本平台中，涉及的可视化方式主要包括图表可视化、空间可视化和大屏可视化。其中，图表可视化主要以直方图、折线图、饼图、散点图、和弦图、关系图等反映数据的统计分布和联系情况；空间可视化以地图为数据载体，通过二维或三维的形式反映数据的空间分布情况；大屏可视化则是将系统中各个模块的核心指标集中配置到一个页面中，以统计图表、地图图层等形式对这些核心指标进行统一展示，方便对相关输出模块的核心指标进行整体把控。此外，系统中还集成了城市信息模型（city information modeling，CIM）、建筑信息模型（building information modeling，BIM）以及知识图谱（knowledge graph）等其他数据可视化技术，在本章中也会进行介绍。

12.1 图表可视化

统计图表是对数据可视化的一种常用方式，出于不同目的，对不同类型的数据使用合适类型的图表进行可视化，可以帮助人们更方便地理解数据，进而得到对数据的高层次的抽象认知。在前端开发中有众多与图表相关的可视化库，如 Apache ECharts、Bokeh、D3、Plotly、Chartist、AntV G2 等都是被广泛使用的 JavaScript 库。

经过技术选型，本平台基于 Apache ECharts 和 AntV G2 实现了一些数据的图表可视化功能。Apache ECharts 最初由百度团队开发，其完全开源，基于 Apache License V2 协议，开发者可以进行商业使用，只需要保留原始版权和许可声明，同时向贡献者明确授予专利权即可。ECharts 含义为 enterprise charts，即商业级的图表，底层依托开源渲染引擎 ZRender，提供了 20 余种图表及若干组件，支持 Canvas 和 SVG 等多种方式的渲染，支持多种设备场景，易于拓展，访问友好，应用广泛，已经成为 Apache 优秀的开源项目；AntV G2 则是由阿里团队开发的一个开源的图表库，与 AntV L7 属于系列产品，也基于 MIT 协议。其名称 G2 来自 Wilkinson 的《图形语法》（*The Grammar of Graphics*），并在功能和 API 设计上深受它的启发。G2 基于 G 渲染引擎开发，相较于一般的图表库，以数据驱动的高交互可视化图形语法及高度的易用性和扩展性可以看作其一大特色。

　　图表可视化主要集成在系统的"城市数据服务"——"数据分析与报告"模块中，通过选择图表类型、关联年份和具体变量，即可生成指定的图表。在"指标详情"页面、"系统概览"页面、"可视化大屏"页面等处也使用了多种统计图表。本平台中各类图表的具体实现情况如下，图 12-1～图 12-8 是其对应的示例图。

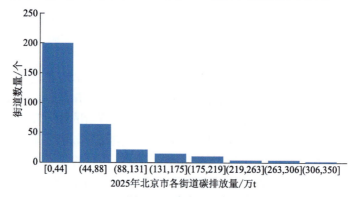

图 12-1　直方图示例

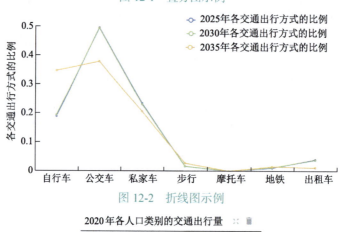

图 12-2　折线图示例

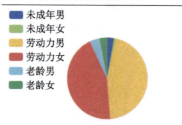

图 12-3　饼图示例

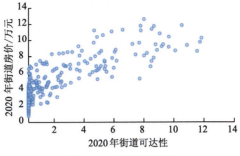

图 12-4　散点图示例

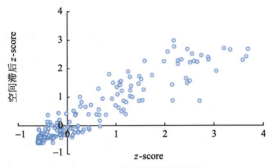

图 12-5　莫兰散点图示例

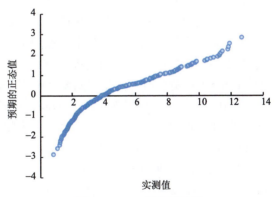

图 12-6　QQ 散点图示例

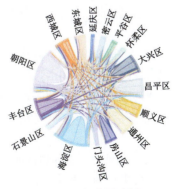

图 12-7　和弦图示例

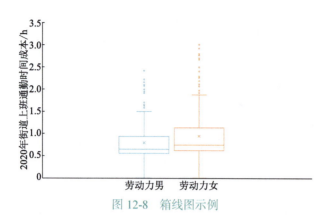

图 12-8　箱线图示例

直方图（histogram）：直方图可以简洁直观地反映数据的数值分布情况，用户可以选择单个变量生成直方图或选择多个变量生成堆叠直方图，在生成直方图时用户可以指定等间隔分级的量。

折线图（line chart）：折线图通常用来反映数据的变化趋势，用户可以选择多个年份的城市级变量或者区县级变量生成折线图。

饼图（pie chart）：饼图通常用来反映各类别分量和总量之间的关系，用户可以选择多个同类型的城市级变量、区县级变量或者独立表格来生成饼图。

散点图（scatter）：散点图通常用来展示两个变量之间的关联程度，用户既可以选择两个变量生成一般的散点图，又可以选择多个变量生成散点图矩阵，还可以选择同类别的多个变量与另一变量生成多类别散点图以及多类别散点图矩阵，散点图涉及的变量类型有区县级变量、街道级变量、路段级变量和网格级变量。

莫兰散点图（Moran scatter）：莫兰散点图是空间统计中用于描述变量空间自相关程度的一种特殊的散点图，其 x 轴通常为原数据的 z-score，y 轴通常为其滞后的 z-score，x 轴和 y 轴将平面分为 4 个部分，第一、第二、第三、第四象限分别对应数据在空间上的高-高、低-高、低-低、高-低分布。通常在莫兰散点图中还会添加一条过原点的回归直线，该直线的斜率就是空间数据的全局莫兰指数。

QQ 散点图（quantile-quantile scatter）：即分位数-分位数图，可以用来帮助判断数据是否符合某一特定分布，其 x 轴可以是原数据的 z-score，y 轴可以是在预期分布下的 z-score。本平台假定数据的分布是正态分布，当各散点近似形成一条直线时可以粗略地认为数据是正态的。

和弦图（chord diagram）：和弦图通常用来可视化节点之间的联系强度，每个节点被表达为一个完整圆弧上的一段，每个节点之间由弧线连接，两个节点之间的联系越紧密则连接其弧线的宽度越大。本平台中使用此类图表可视化区县 OD 类和街道 OD 类数据，其中区县 OD 类数据取降序排序后的前 60 条生成图表，街道 OD 类数据取降序排序后的前 300 条生成图表。

关系图（graph）：这里的关系图就是由节点和边构成的图，根据可视化任务的不同，可以使用不同的布局，并对节点或边进行颜色和大小的配置。此图表在系统中也主要对区县 OD 类和街道 OD 类数据进行可视化，使用不同宽度的边区分节点间的联系强度。

箱线图（boxplot）：箱线图通常用来描述数据的分布，通过最大值、最小值、中位数、上四分位数和下四分位数 5 个统计量形成箱线，其中"箱"的上下限分别是第三四分位数（$Q3$）和第一四分位数（$Q1$），"线"的上下限分别是 $Q3+1.5IQR$ 和 $Q1-1.5IQR$，其中 IQR（interquartile range）是四分位距，其值为 $Q3$ 和 $Q1$ 之差，大于线的上限或小于线的下限的值被视为离群值（outlier），这些值以点的形式被表达在图上。添加同一含义不同类型的多个箱线可以直观地比较不同类别的分布差异。此图表涉及的变量类型有区县级变量、街道级变量、网格级变量和路段级变量。

　　词云图（word cloud）：词云图通常通过文字的大小或者颜色来表达文字出现的频率或对应属性的值的大小，还可以将分词填充到指定形状里增加词云对主题的表达性。在自然语言处理领域词云图应用较为广泛。

　　除图表外，本部分内容在呈现图表的同时，还会计算工程涉及的输出指标的一些基础的统计量和简单的空间统计量。

　　由于输出指标大多是比率变量（ratio variable），因此这里涉及的统计量主要针对比率变量。数据基础统计量计算基于 PostgreSQL 内置的聚合函数及 Numpy、Scipy 等 Python 库。对于单个变量而言，涉及的统计量包括算术平均值、最大值、第三四分位数、中位数、第一四分位数、最小值等表征数据集中趋势的统计量和标准差、变异系数等表征数据离散程度的统计量，以对数据进行描述性统计。此外，还返回偏度、峰度、正态分布和帕累托（Pareto）分布的 K-S 检验（Kolmogorov-Smirnov test）的 P 值用于辅助判断数据分布；对于两个变量而言，涉及的统计量包括 Pearson 相关系数及其 P 值，其可用于测度两个变量之间的线性相关程度。

　　接下来对变异系数、偏度、峰度、K-S 检验、Pearson 相关系数等的计算方法及统计学意义进行简要介绍。

　　变异系数（coefficient of variation，CV）是概率分布离散程度的一个归一化量度，是一个无量纲量，其计算方法如下：

$$CV = \frac{\sigma}{\mu} \qquad (12\text{-}1)$$

式中，σ 为样本标准差；μ 为样本均值。

　　偏度（skewness）是对数据分布的不对称性的一种度量。一个数据分布可以是左偏的（left-skewed）、右偏的（right-skewed）或零偏的（zero-skewed），它们分别对应偏度为负、偏度为正和偏度为 0 的情形。从概率密度函数图像来看，左偏分布的左侧尾部比右侧更长，而右偏分布的右侧尾部比左侧更长，零偏分布的左右侧则相对均匀。其有多种计算形式，在 Scipy 中，默认的计算形式为有偏的 Fisher-Pearson 偏度系数，即三阶中心矩和标准差三次方的比值，可以表示为

$$G = \frac{m_3}{s^3} = \frac{m_3}{\sqrt{m_2}^3} = \frac{m_3}{m_2^{\frac{3}{2}}} \qquad (12\text{-}2)$$

式中，$m_i = \frac{1}{n}\sum_{j}^{n}(x_j - \overline{x})^i$ 为数据的 i 阶中心矩。

峰度（kurtosis）是对数据分布陡峭程度的度量，通常相较于正态分布的常峰态（mesokurtic）而言，较高的峰度值对应尖峰态（leptokurtic），较低的峰度值对应扁峰态（platykurtic），其通常被定义为四阶中心矩与标准差四次方的比值 k。由于标准正态分布的峰度值为 3，因此 $k-3$ 的形式也是常用的对峰度的度量。在 Scipy 中默认以 $k-3$ 作为峰度的计算方式，即

$$k' = \frac{m_4}{s^4} - 3 = \frac{m_4}{m_2^2} - 3 \tag{12-3}$$

K-S 检验是比较一个频率分布与其对应的理论分布是否一致或者两个观测值分布是否一致的一种非参数检验方法。其原假设为 H_0：两个数据分布一致或者数据符合理论分布，检验观测值的分布与预期分布是否一致需要计算的统计量为

$$D_n = \sup |F_n(x) - F(x)| \tag{12-4}$$

式中，$F_n(x)$ 为预期分布的累积概率分布函数值；$F(x)$ 为观测值分布的累积概率分布函数值，本平台中对数据是否与正态分布和 Pareto 分布相一致进行了检验。

Pearson 相关性系数（Pearson correlation coefficient），也称 Pearson 积矩相关系数（Pearson product-moment correlation coefficient，PPMCC），是对两个比率变量之间线性相关关系的度量，其值域为[-1,1]，当其值大于 0 时通常称两个变量之间存在正相关关系，当其值小于 0 时通常称两个变量之间存在负相关关系。判断样本相关系数是否来自总体相关系数不等于 0 的个体，也需要使用 T 统计量或 F 统计量进行显著性检验，其零假设为 H_0：两个变量总体的相关系数为 0。样本 Pearson 相关系数的计算方法如下：

$$r_{xy} = \frac{\sum_{i=1}^{n}(x_i - \overline{x})(y_i - \overline{y})}{\sqrt{\sum_{i=1}^{n}(x_i - \overline{x})^2}\sqrt{\sum_{i=1}^{n}(y_i - \overline{y})^2}} \tag{12-5}$$

本部分计算的空间统计量主要是全局莫兰相关性系数，亦即莫兰指数（Moran's index）及其对应的 P 值，莫兰相关性系数可以用来衡量变量在空间上是否存在属性相似或者相反的聚集。该系数的计算使用了 PySAL 的空间统计函数，其中使用 Queen 邻接方式生成空间权重矩阵。该指数的计算公式如下：

$$MC = \frac{\sum_{i=1}^{n}\sum_{j=1}^{n}w_{ij}(x_i - \overline{x})(x_j - \overline{x})}{S^2 \sum_{i=1}^{n}\sum_{j=1}^{n}w_{ij}} \tag{12-6}$$

式中，S^2 为方差；x_i 为第 i 个区域单元的观测值；$\overline{x}$ 为样本观测值的算术平均值；w_{ij} 为

空间权重矩阵第 i 行第 j 列的元素值。与该指数对应的 P 值的统计学零假设为 H_0：n 个区域单元的观测值不存在空间自相关关系。

12.2　空间可视化

空间数据可视化是数据可视化的一个子类，同时与地图学有着较为紧密的关联，其主要载体就是地图。如果从地图学的角度来看，对空间数据的可视化就是配置地图符号；如果从视觉变量的角度来看，也就是对地图上表示专题信息的图形的位置、尺寸、形状、方向、色彩、纹理、排列、透明度等的配置。

此外，除了地图，3D 模型、点云（point cloud）、虚拟现实（virtual reality，VR）、增强现实（augmented reality，AR）等目前也已成为空间数据可视化的方法。

如前所述，本平台的空间数据可视化基于阿里团队的 AntV L7 空间数据可视化 JavaScript 库，在"首页"、"城市要素推演"、"城市决策模拟"及"城市智能预警"等模块均有呈现，可用于表达各要素的空间分布情况。GIS 将地物抽象为点、线、面三种几何对象，相应地，地图符号也主要分为点位符号、线状符号和面状符号三类，空间数据的地图可视化也主要针对这三类几何对象（地图符号）进行展开（何宗宜等，2016）。接下来，对点、线、面三种数据的可视化方式逐一进行介绍。

点数据：主要针对 POI、公交站点、地铁站点等点数据，对应的 AntV L7 图层类型为 PointLayer，可用于表达点数据在空间上的分布情况。

线数据：主要针对街道 OD 类型的变量和道路线数据，对应的 AntV L7 图层类型为 LineLayer。对于 OD 数据，其可视化一般有直接连线（包括直线、测地线、3D 弧线等类型的曲线表达）和捆绑法（bundle）两大类，前者如果处理不当会显得混乱、干扰人的正常读图，后者本质上是对 OD 线通过聚类的方式进行综合，从而清晰地展现数据的流动模式，但对大数据生成捆绑图一般要消耗相当大的计算资源。本平台仍然采用直接连线作为 OD 数据的表达方式，对于每个街道 OD 变量，只显示其变量值在前 300 对应的 OD 线；对于区县 OD 变量，则只显示其变量值在前 60 对应的 OD 线。此外，指定线的类型为贝赛尔曲线，通过线的颜色来区分 OD 量的大小，并添加流线效果以增强线的视觉表达效果，图 12-9 是 OD 线图层示例；对于道路线数据，直接根据路段关联变量的数值大小为其分级并设置不同的颜色，图 12-10 是道路线图层示例。

面数据：主要针对街道级和区县级的变量，对应的 AntV L7 图层类型为 PolygonLayer，一般使用其二维形式，在一些情况下也使用其挤压（extrude）后的三维形式。根据量的大小对变量值进行分类，从而得到变量的分级统计图（choropleth map），用户可选定分级方式和色带对面图层的样式进行自定义，图 12-11 是街道级面图层示例。此外，在"城市智能预警"模块对各个尺度的预警结果的呈现也以面图层分类渲染的方式进行，红色（#e44e4c）、黄色（#f0b13d）和绿色（#31ad73）分别指示危险区域、警告区域和安全区域。图 12-12 是北京市区县级职住分离预警地图。

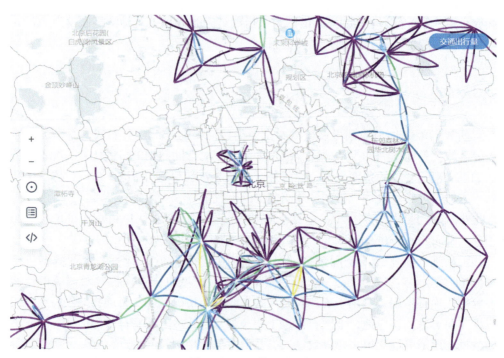

图 12-9　OD 线图层示例

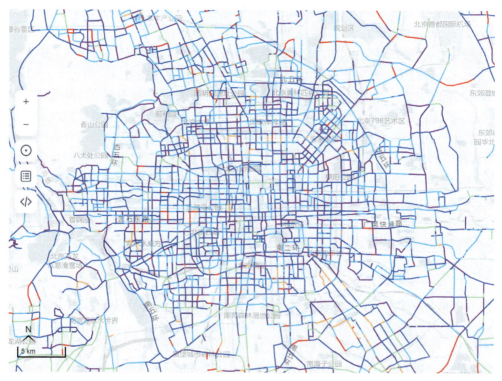

图 12-10　道路线图层示例

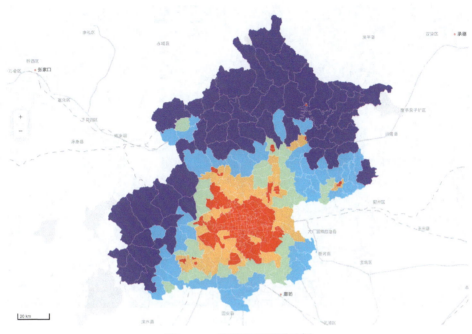

图 12-11　街道级面图层示例

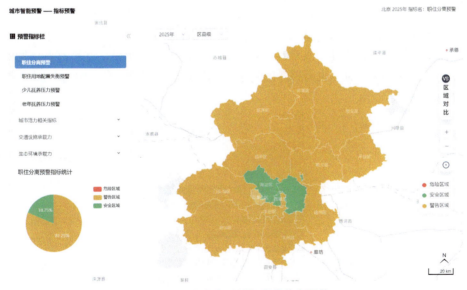

图 12-12　北京市区县级职住分离预警

　　此外，需要进行空间可视化的输出指标类型还有 1000m 网格和 250m 栅格数据，如前所述，网格数据类似于区县级、街道级、路段级的数据，仍以关系表的形式被存储在数据库中，要想对其进行高效的空间可视化，可以将其转换为 GeoTIFF；250m 的栅格数据则直接以 GeoTIFF 的格式输出。这两类数据都以 AntV L7 的 RasterLayer 的图层形式表达，通过解析 GeoTIFF 构造栅格图层，用户也可以选择不同色带、分级方式和数量对栅格图层进行可视化。图 12-13 是对土地利用栅格的可视化。

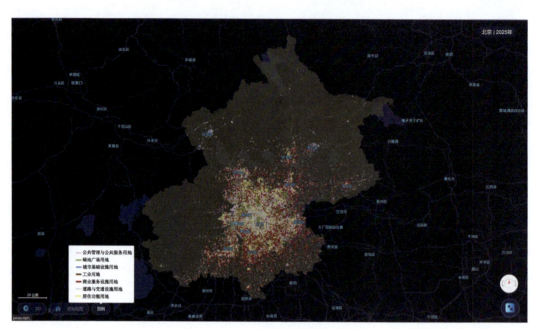

图 12-13   土地利用栅格的可视化

上述对空间数据可视化的过程大多涉及"色带选择"、"分级数量"和"分级方式"三个在前端页面自定义的选项，这里再对系统中这三个选项进行简要介绍。

分级统计图给读图者最直观的印象是通过颜色在空间上区分区域内各单元之间的变量值的大小，其能否易读地、美观地呈现变量的空间分布与色带的选择有着紧密关联。此外，分级数量的确定通常也需要考虑色带是单色系渐变还是多色系组合。图 12-14 是本平台内置色带。

图 12-14   平台内置色带

在选定色带后便需要考虑分级的数量，如使用单色系色带时一般分为 5 级，使用多色系色带时一般分为 7～8 级。

最后需要选择分级方式，一个原则是需要保证分级结果能够反映区域的空间分布特征。系统中的"分级方式"有等间隔（equal interval）、等数量（equal count）、自然断点（natural breaks）三种。其中，等间隔分级下每个级别的最大值和最小值之差是相同的，等数量分级下每个级别内的元素数量是相同的，自然断点分级下保证每个分级内部的元素值差异最小而每个分级间的元素值差异最大。例如，假设 $A=[1,1,3,4,6,6,12,14,15,15,20,28]$ 是一个待分级的数据，现在指定将其分为 3 级，则不同分级及其分级结果如表 12-1 所示。

表 12-1　不同分级及其分级结果示例

分级方式	级别 1	级别 2	级别 3
等间隔	[1,1,3,4,6,6]	[12,14,15,15]	[20,28]
等数量	[1,1,3,4]	[6,6,12,14]	[15,15,20,28]
自然断点	[1,1,3,4,6,6]	[12,14,15,15,20]	[28]

图 12-15 是使用单色系色带、按不同的分级方式，对北京市街道级的人口数量数据分 5 级的统计图表达。

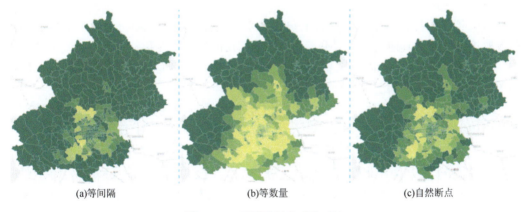

(a)等间隔　　　　　　　　(b)等数量　　　　　　　　(c)自然断点

图 12-15　不同分级方式的对比

12.3　大屏可视化

12.3.1　综合大屏

综合大屏位于"城市状态监测"模块下，将各个子模块的核心变量进行了集中可视化，面向城市综合管理部门，旨在提供城市最重要的运行状态数据与监测预警信息。用户可以自行选择综合大屏需要展示的空间数据，即可以通过在屏幕中央上部的"数据类型选择栏"浏览与选择需要展示的变量。同类数据之间不可以多选，不同类型数据之间可以叠加多选展示，图 12-16 是 OD 交通出行量综合大屏可视化。

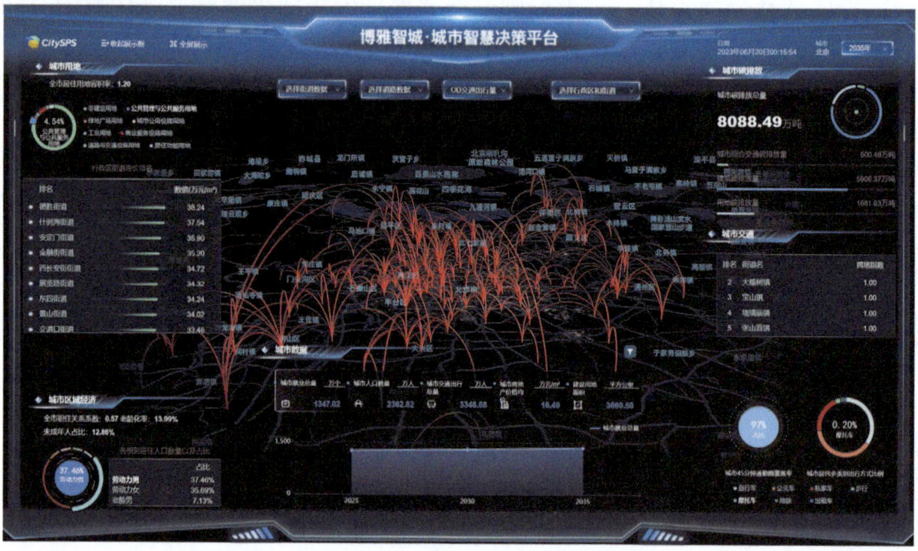

图 12-16　OD 交通出行量综合大屏可视化

除中部的地图及其变量选择框外，综合大屏还包含若干其他组件。下面对其中的主要组件逐一进行介绍。

（1）年份选择框：位于页面右上角，用于选定输出数据的年份，除中下部的多年份专题折线图外，其他组件的数据都随着选定年份的变化而变化。

（2）街道/区县选择框：当选定某一街道/区县时，当前地图视图会缩放至选定的行政单元，并对选中的面要素进行高亮显示。

（3）用地与房价专题：位于大屏的左上方，主要涉及住房容积比、各用地类别的用地面积和街道房价三个变量，其表达方式分别为文字描述、环形图和表格。

（4）区域经济专题：位于大屏的左下方，主要涉及职住比、老年人比例、未成年人比例、各行业类别（房地产业与建筑业、公共服务业、商务办公业、商业销售业、生产性服务业、第一产业和第二产业、制造业）的岗位数比例表格和各人口类别（未成年男、未成年女、劳动力男、劳动力女、老龄男、老龄女）的人口数比例表格五个变量，其中前三个变量直接以文字描述给出，岗位数比例及人口数比例以环形图和图表的形式进行表达。

（5）城市能耗专题：位于大屏的右上方，主要涉及城市碳排放总量、建筑碳排放量、用地碳排放量和交通碳排放量四个变量，对其分别进行了文字描述，并对碳排放的结构以环形图的形式进行了展示。

（6）城市交通专题：位于大屏的右下方，主要涉及 45min 通勤圈人口覆盖率、街道拥堵指数、各交通出行方式（步行、自行车、摩托车、私家车、出租车、公交车、地铁）的比例三个变量，分别以文字描述、表格和环形图的方式进行呈现。

（7）多年份专题折线图：位于大屏的中下部，通过折线图的形式呈现输出结果中多年份的城市就业总量、城市人口数量、交通出行总量、房地产价格均价、建设用地面积这五个核心变量的变化趋势。用户可以点击不同的变量块查看对应变量的变化情况。

综上所述，综合大屏以"城市信息一张图"的形式综合地呈现了当前计算工程的多年份的核心预测结果，可以帮助用户从整体上把握城市的发展趋势。

12.3.2　分项大屏

为了对各个模块的专题核心信息进行综合浏览，这里使用了人口与就业、房地产价格、土地利用、交通需求、交通流分配五个分项大屏对相关模块内的核心变量进行了组合，并以不同的形式对相关数据进行了可视化。通过分项大屏，用户可以对当前计算工程的某一专题信息进行全面而直观的感知。下面分别对这五个分项大屏的专题内容及页面组成进行介绍。

1. 人口与就业

人口与就业分项大屏旨在对人口与就业模块的部分核心变量（包括职住比、岗位数、人口数、老年人比例、未成年人比例、分类别岗位数比例等变量）进行详情展示，其由如下若干组件组成。

（1）年份选择框：用于选择输出数据的年份。

（2）尺度选择框：用于选择行政单元，以获取其对应的相关数据。

（3）专题地图：位于大屏中部，职住平衡系统、就业岗位分布和人口分布三个按钮分别对应职住比、岗位数、人口数三个变量，可以点击按钮对地图呈现的专题内容进行切换，且它们会随着年份选择框和尺度选择框的内容变化而变化，当未选择区县时展示全市的区县级数据的空间分布，否则展示街道级的。

（4）区域核心变量值：位于大屏左上方，以表格的形式对常住人口、老龄化率、未成年人比例和岗位数量四个变量进行展示，表格内容随年份选择框的内容和尺度选择框的变化而变化，当未选择区县时展示城市级的变量值，否则展示所选中区县单元或街道单元的变量值，其中选中方式既可以通过选择框进行，又可以通过点击地图的面区域进行。

（5）行业占比环形图：位于大屏左下方，以环形图的形式对各类别的岗位数比例进行展现，其数据的变化形式与（4）一致。

（6）职住平衡系数表格：位于大屏右上方，以表格的形式陈列各预测年份的职住比，其随尺度的变化而变化。

（7）专题内容表格：位于大屏右下方，以表格的形式呈现当前尺度专题的详细数据，当未选择区县时呈现所有区县的专题数据，否则呈现当前区县内街道的专题数据。

人口与就业分项大屏如图 12-17 所示。

2. 房地产价格

房地产价格分项大屏专门针对房价信息进行专题详情展示，主要涉及房价和房价增长水平两个指标，其由如下若干组件组成。

图 12-17　人口与就业分项大屏

（1）年份选择框：用于选择输出数据的年份。

（2）尺度选择框：用于选择行政单元，以获取其对应的相关数据。

（3）专题地图：位于大屏中部，展示房价的空间分布情况，随着年份选择框和尺度选择框的变化而变化，当未选择区县时展示全市的区县级数据的空间分布，否则展示街道级的。

（4）房价增长统计表格：位于大屏左上方，展示多年份的行政单元房价及其增长率，其随着尺度的变化而变化，当未选择区县时展示城市级的变量值，否则展示所选中区县单元或街道单元的变量值，其中选中方式既可以通过选择框进行，又可以通过点击地图的面区域进行。

（5）房价区间统计：位于大屏左下方，可以输入房价区间值获取区间值内区县单元数量或街道单元数量，并生成单元名称列表对应的词云图，其随着年份选择框内容和尺度选择框的变化而变化。当未选择区县时统计区县级的房价区间，否则统计当前区县内街道的房价区间。

（6）房价增长水平表格：位于大屏右上方，展示各行政单元的房价增长率，其随着年份选择框内容和尺度选择框的变化而变化，当未选择区县时显示区县级的房价增长水平，否则显示当前区县内街道的房价增长水平。

（7）行政单元房价折线图：位于大屏下方，以折线图的形式对各行政单元的房价值进行表达，其随着年份选择框内容和尺度选择框的变化而变化，当未选择区县时显示各区县的房价值，否则显示当前区县内街道的房价值。

房地产价格分项大屏如图 12-18 所示。

3. 土地利用

土地利用分项大屏专门针对土地利用信息进行专题详情展示，主要涉及土地利用栅格、各类别（非建设用地、公共管理与公共服务用地、绿地广场用地、城市公用设施用地、工业用地、商业服务设施用地、道路与交通设施用地、居住功能用地）土地利用面积、各类别土地利用面积比例三个指标，其由如下若干组件组成。

图 12-18　房地产价格分项大屏

（1）年份选择框：用于选择输出数据的年份。

（2）尺度选择框：用于选择行政单元，以获取其对应的相关数据。

（3）土地利用栅格图：位于大屏右侧，呈现 250m 分辨率的土地利用栅格。

（4）各类别土地利用面积表格：位于大屏左上方，呈现行政单元各类别土地利用面积，其随年份选择框和尺度选择框当前内容的变化而变化，当未选择区县时展示城市级的变量值，否则展示当前区县单元或街道单元的变量值。

（5）各类别土地利用面积比例环形图：位于大屏左下方，呈现行政单元各类别土地利用面积比例，其也随年份选择框和尺度选择框当前内容的变化而变化，变化的形式与（4）一致。

土地利用分项大屏如图 12-19 所示。

图 12-19　土地利用分项大屏

4. 交通需求

交通需求分项大屏对与交通需求相关的部分核心变量（包括 OD 交通出行量、交通出行生成量、交通出行吸引量、交通出行生成量增长率、各人口类别的交通出行生成量）进行详情展示，其由如下若干组件组成。

（1）年份选择框：用于选择输出数据的年份。

（2）尺度选择框：用于选择行政单元，以获取其对应的相关数据。

（3）专题地图：位于大屏中部，分为出行分布期望线、出行发生量和出行吸引量三个专题，分别对应 OD 交通生成量、交通出行生成量和交通出行吸引量三个指标，其随着年份选择框和尺度选择框当前内容的变化而变化，当未选择区县时展示全市的区县级数据的空间分布，否则展示街道级的，区县 OD 只可视化前六十大的数据，街道 OD 只可视化前三百大的数据。

（4）交通出行生成量、交通出行吸引量表格：位于大屏左上方，展示当前行政单元各年份交通出行生成量、交通出行吸引量及对应的增长率，其随尺度的变化而变化，当未选择区县时展示城市级的变量值，否则展示所选中区县单元或街道单元的变量值，其中选中方式既可以通过选择框进行，又可以通过点击地图的面区域进行。

（5）交通出行生成量柱状图：位于大屏左下方，展示各人口类别（未成年男、未成年女、劳动力男、劳动力女、老龄男、老龄女）的交通出行生成量，其随年份选择框的内容和尺度选择框的变化而变化，随尺度变化形式与（4）一致。

（6）交通出行生成量、交通出行吸引量对比表格：位于大屏右侧，展示各行政单元的交通出行生成量和交通出行吸引量的对比情况，其随年份选择框的内容和尺度选择框的变化而变化，当未选择区县时展示全市的区县级数据的对比情况，否则展示街道级的。

（7）交通出行生成量、交通出行吸引量对比折线图：所展示的内容与（6）一致，数据变化的形式也与（6）一致。

交通需求分项大屏如图 12-20 所示。

图 12-20　交通需求分项大屏

5. 交通流分配

交通流分配分项大屏对与交通需求相关的部分核心变量（包括 OD 交通出行量、交通出行生成量、交通出行吸引量、交通出行生成量增长率、各人口类别的交通出行生成量）进行详情展示，其由如下若干组件组成。

（1）年份选择框：用于选择输出数据的年份。

（2）专题地图：位于大屏右侧，用于分时段（早高峰、晚高峰、平峰期及全天平均）显示道路的交通流量，这里将交通拥堵情况分为畅通、基本畅通、轻度拥堵、中度拥堵和重度拥堵五级，可以辅助用户对不同区域全天不同时期的交通管制等相关问题进行综合决策。

（3）交通流量表格：分不同的道路等级（全部道路、主干道、次干道、高速路、快速路、国家高速、国道、省道、县道）降序展示当前时段下的道路交通流量排行。

（4）核心变量表格：展示当前时段下当前选中道路的交通流量、汽车当量、机动车速度、拥堵指数和汽车拥堵流速等信息。

交通流分配分项大屏如图 12-21 所示。

图 12-21　交通流分配分项大屏

12.4　其他可视化

12.4.1　BIM

建筑信息模型（BIM）以建筑工程项目的各项相关信息数据作为基础，管理三维建筑模型，通过数字信息仿真模拟建筑物所具有的真实信息，简单来说，就是对建筑物进行三维建模（李德超和张瑞芝，2012）。不同的研究者对于 BIM 的关注有着不同的侧重点，如更关注对建筑物建模的准确性和精细性，再如更关注 BIM 与 GIS 在空间分析方面的融合应用，抑或是更关注 BIM 在不同设备的可视化表达方式。随着 WebGL 等技术的发展，前端领域如 Three、Babylon、Cesium 等 JS 可视化库越来越受到青睐。

很多的地图前端库（如 AntV L7、Mapbox、高德地图等）中也集成了 Three.js，支持对 GLTF 等格式的模型的加载，在本平台中主要通过 BIM 来展示城市的地标性建筑，图 12-22 是系统内的 BIM 示例。

图 12-22　系统内的 BIM 示例

12.4.2　CIM

城市信息模型（CIM）以 BIM 为基础对城市进行三维建模，随着与 GIS、IoT 等的深入融合，其在城市管理、预测模拟等方面的应用越来越广泛。2020 年 9 月，住房和城乡建设部印发《城市信息模型（CIM）基础平台技术导则》（以下简称《导则》）的通知。《导则》指出，在以后的建筑工程中，项目建设立项用地规划、设计方案模型报建、施工图模型、竣工验收模型备案等内容都要在 CIM 基础平台进行审查和审批。可以预见，随着智慧城市等的发展，CIM 对于城市而言将越来越重要（许镇等，2020）。

《导则》对于 CIM 数据分级、数据分类与构成、数据存储与更新、数据共享与服务等都做了较为详细的说明。就数据分级而言，要求二维地理信息、三维信息模型集成以实现二维三维一体化，并通过地图瓦片的形式进行数据的分级展示（共分 24 级），还对不同级别下加载地图的图面表达内容进行了说明。三维模型从第 14 级开始出现在表达内容中，其分为 4 级，每级的表达精细度逐渐提升，这里的三维模型主要是建筑的三维模型，但诸如地形、植被等空间要素也可使用三维模型进行表达；BIM 则从第 21 级开始作为图面表达内容，是对建筑物的精细化表示。就数据分类与构成而言，对 CIM 数据的分类及数据的格式进行了说明，将 CIM 数据在要素、应用行业、采集方式、成果形式、时态、城市建设运营阶段和工程建设专业等方面进行了类目划定，分时空基础数据、资源调查数据、规划管控数据、工程建设项目数据、公共专题数据和物联感知数据六大门类进行了 31 大类、77 中类的划分，并对中类的数据类型和约束进行了说明，如建筑三维模型采用信息模型、行政区采用矢量形式、政务地图采用切片形式、数字高程模型采用栅格形式等；就数据存储与更新而言，强调一般空间数据的数据标准化入库和三维模型的多层次细节（level of detail，LOD）表达，同时强调空间数据的一般要求，如几何精度和拓扑检查、图形和属性数据的一致性检查、空间参考系的一致等；就数据共享与服务而言，对六大门类数据中的大类数据进行了共享和交换的方式及频次的说明，如在线共享、前置交换和离线拷贝是三种主要的方式，实时共享和按需交换则是对频次的说明，还对其宜采用的服务类型进行了说明，主要包括 WMS、WMTS、WFS、WCS、I3S、3D Tiles、S3M 等都是适宜的 GIS 服务类型。

　　本平台也对北京市的一般建筑物（区别于地标建筑）群做了可视化，这些建筑物可以被认为是北京市的一种 CIM。在浏览器端对大规模的 3D 模型进行可视化时，不可避免地遇到网络传输速度不够快、模型渲染速度较慢等问题，这里采用了矢量瓦片（vector tiles）和 3D 模型结合使用的加载策略，与《导则》中对三维模型的分级显示的说明相一致，只要对矢量瓦片和三维模型进行入库则能够接入系统。采取这种策略既可以保证在较小比例尺下对城市的建筑分布有一个直观的认识（图 12-23），也可以在较大比例尺下对建筑物详情进行浏览查看（图 12-24），此外系统中对 CIM 的可视化也丰富了地图的图面内容。

图 12-23　城市建筑概览

图 12-24　城市建筑详情

12.4.3 知识图谱

近年来，随着 Neo4j、ArangoDB 等图数据库的发展，知识图谱已经成为推动人工智能和互联网发展的重要技术，在搜索引擎、智能问答、产业链关系推理等领域已经得到大量应用。简单来说，知识图谱为从海量数据中提取知识提供了一种模型实践经验，其通常由模式层和数据层构成，其中模式层是对知识结构的表达，通常是由规则、公理等确定的约束条件，数据层是对客观事实的表达，每个事实是<实体，关系，实体>的三元组，用于反映客观实体之间的联系。最终的表达结果是对所提取知识的图表达，也可以看作是一种知识库（刘峤等，2016）。本部分内容对知识图谱的发展历史进行了简单回顾，并对其数据模型和构建过程进行了阐述，最后对本平台使用到的知识图谱表达进行了介绍。

知识图谱的思想可追溯至 1956 年 Richard H. Richens 在国际语翻译中提出的"semantic nets"（Lehmann，1992）；此后 1968 年 Ross Quillian 提出了语义网络（semantic network）的概念，网络中每个节点对应一个单词概念，并带有相关的连接指向组成其定义的其他单词（Quillian，1968）；1972 年 Robert F. Simmons 则使用"semantic network"的概念讨论了它和一阶谓词的关系，将语义网络应用到自然语言理解的研究中，将图视为一种知识的表达结构（Simmons，1972）。1998～2001 年，Tim Berners-Lee 提出并完善的语义网（semantic web）理念则将 Simmons 提出的网络概念推广到互联网上，通过给网页添加语义标签，实现在互联网上的知识共享（Berners-Lee and Hendler，2001）。从上述渊源的回顾中不难看出，知识图谱的万物互联、从关系中挖掘知识的核心思想在很早便被注意到，知识图谱作为一个正式概念被提出则是在 2012 年，Google 为了增强用户的搜索便捷度，将搜索词在构建的知识图谱中进行关联查询，返回查询词相关的查询结果。此后，工业界和科研界与知识图谱相关的研究及应用开始受到关注，如搜狗构建的知立方知识图谱是第一个中文搜索引擎知识图谱，知识图谱的实体关联、知识图谱构建思路等受到广泛关注。

在地理学相关研究中，地理知识图谱是知识图谱在地理学领域的应用与发展的产物，其与一般的知识图谱相比，更加强调空间和时间因素在构造网络时的参与，与其相关的时空知识图谱本体构建和一般的知识图谱本体构建相比也得到了扩展，如直接引入时间和空间作为三元组的扩充，旨在对多源异构碎片化的信息中的地理实体与地理关系进行挖掘，得到地理知识库（陆锋等，2017）。目前对地理知识图谱的研究还不够充分和深入，使用地理知识图谱进行空间分析的技术和方法还不够成熟，有待进一步发展。

关于知识图谱的数据模型，目前主要有资源描述框架（resource description framework，RDF）和属性模型。RDF 是由 W3C（world wide web consortium）制定的语义网络标准，以三元组<subject，predicate，object>即所谓的主谓宾方式表示知识，主语（subject）和宾语（object）表示实体，谓语（predicate）表示主语和宾语之间的关系。RDF 集合对应的就是图中有向边的集合，但 RDF 集合本身没有对顶点和边的属性的描述，RDF/XML、Turtle、RDF/JSON 等都是 RDF 的不同表现形式。RDF 常用的查询语言是 SPARQL，其核心是对三元组模式（triple pattern）的处理；属性模型则是由顶点和边组成的有向图，每个顶点由顶点 ID、与顶点相关的出边和入边以及顶点属性组成，每个顶点属性是一个键值对；每条边由边 ID、边关联的顶点和边属性组成，每个边属性是一个键值对。在属性模型上进行查询的语言主要是 Cypher，其最初在著名的图数据库 Neo4j 中实现，用于图数据的模式匹配，支持常见的关系型数据库的增删查改功能。

关于知识图谱的构建方法，根据构建的出发点是模式层或数据层可以分为自顶向下方法和自底向上方法两大类。自顶向下方法从模式层出发，即在定义好数据规则的前提下进行建模，适用于存在逻辑可量化的领域（如医疗、法律等），需要前置专家知识库的参与，通过本体工程方法、通用映射语言和转换引擎实现等步骤得到提取出的知识网络；自底向上方法从数据层出发，通过实体抽取、关系抽取和属性抽取等过程进行知识抽取，还可以进一步在结构化数据的支持下进行知识消歧、知识合并和实体链接等知识融合操作，进而得到最终的知识库。

在本平台中，对模型涉及的诸多变量和城市体检指标体系的层级关系进行了简单的关系构建，得到了若干的系统指标图谱，如在"健康体检"页面对城市评分的指标体系进行了关系图可视化，如图 12-25 所示。本图谱将城市评分体系分为经济高效、社会宜居和生态文明三个子体系，每个子体系下又分若干准则指标，并进行了指标层的划分。

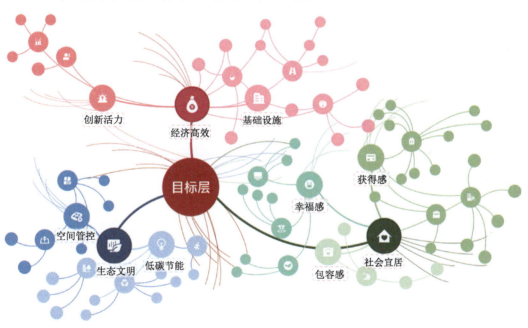

图 12-25　指标关系知识

参 考 文 献

何宗宜, 宋鹰, 李连营. 2016. 地图学. 武汉: 武汉大学出版社.

李德超, 张瑞芝. 2012. BIM 技术在数字城市三维建模中的应用研究. 土木建筑工程信息技术, 4(1): 47-51.

刘峤, 李杨, 段宏, 等. 2016. 知识图谱构建技术综述. 计算机研究与发展, 53(3): 582-600.

陆锋, 余丽, 仇培元. 2017. 论地理知识图谱. 地球信息科学学报, 19(6): 723-734.

许镇, 吴莹莹, 郝新田, 等. 2020. CIM 研究综述. 土木建筑工程信息技术, 12(3): 1-7.

Berners-Lee T, Hendler J. 2001. Publishing on the semantic web. Nature, 410(6832): 1023-1024.

Lehmann F. 1992. Semantic Networks in Artificial Intelligence. Oxford: Pergamon Press.

Quillian M R. 1968. Semantic memory//Minsky M. Semantic Information Processing. Cambridge, USA: MIT Press: 227-270.

Simmons R F. 1972. Semantic networks: Their computation and use for understanding English sentences// Schank R, Colby K. Computer Models of Thought and Language. New York: W. H. Freeman and Company: 63-113.

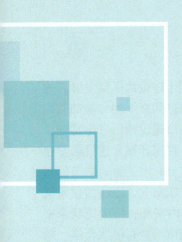

第 13 章
应用前景与可扩展性

2020 年 3 月，习近平总书记在浙江考察时指出，推进国家治理体系和治理能力现代化，必须抓好城市治理体系和治理能力现代化。运用大数据、云计算、区块链、人工智能等前沿技术推动城市管理手段、管理模式、管理理念创新，从数字化到智能化再到智慧化，让城市更聪明、更智慧，这也是推动城市治理体系和治理能力现代化的必经之路，前景广阔。

在城市信息化管理的众多技术手段中，城市信息模型（CIM）得到了迅速发展。近年来，在"数据采集"和"信息感知"方面，CIM 技术取得了突破，但在刻画城市系统发展规律的"知识系统"和实现城市治理多场景调控的"智慧决策"方面，仍处于探索阶段。CitySPS 平台从科学性和实践性出发，构建了可拓展性强的"城市复杂系统计量模型"与"城市治理应用场景"两大子平台，针对 CIM 平台亟须突破的关键性技术问题与应用瓶颈，通过融合机理模型和数据驱动模型构建的混合模型支撑城市计算与模拟，以信息赋能、知识赋能、决策赋能三大方式，助力 CIM 平台实现更加智慧化的应用。

13.1　CitySPS 平台赋能 CIM 建设

13.1.1　CIM 技术发展背景

自 20 世纪 80 年代开始，我国的城镇化水平开始较快提升，至今，全国平均城市化率已超过 60%，随着城市规模逐步扩大，城市要素越来越丰富，城市系统结构越来越复杂，传统的城市管理与运维模式已无法支撑我国现阶段的城市发展需求（汪科等，2020）。作为国家战略，智慧城市建设逐步成为我国新型城镇化的重要路径。2014 年，国务院发布了《国家新型城镇化规划（2014—2020 年）》，国家发展和改革委员会、工业和信息化部等八部委联合发布了《关于促进智慧城市健康发展的指导意见》，提出要加强智慧城市顶层设计。在实践方面，自 2009 年开始，南京、深圳、宁波、上海、北京等城市陆续开展智慧城市建设，截至 2017 年，"十三五"规划明确提出或正在建设的智慧城市已超 500 个（尹丽英和张超，2019）。智慧城市建设的迅猛发展，为城市信息化治理探索了发展道路，也暴露出一些共性问题，如信息共享不畅、基础数据信息缺失、数据孤岛现象突出、平台重复建设等。为打牢智慧城市建设的信息化基础，我国从 2018 年开始，广泛开展 CIM 建设探索。2021 年 6 月，住房和城乡建设部发布的《城市信息模型（CIM）基础平台技术导则》（修订版）将 CIM 定义为：城市信息模型（city information modeling，CIM），是以建筑信息模型（BIM）、地理信息系统（GIS）、物联网（IoT）等技术为基础，整合城市地上地下、室内室外、历史现状未来多维多尺度空间数据和物联感知数据，构建起三维数字空间的城市信息有机综合体。随着理论研究、平台研发、标准制定等方面工作的全面展开，CIM 技术在一定程度上解决了智慧城市前期建设中的问题，对推进城市治理体系和治理能力现代化产生了重要作用（刘长岐等，2021）。

13.1.2　CIM 建设进展与技术瓶颈

1. 顶层设计

近年来，国家各部委发布了多项导则、标准与指导意见，推进了 CIM 基础平台建设工作。

2019 年 3 月，住房和城乡建设部发布行业标准《工程建设项目业务协同平台技术标准》，将 CIM 定义为，以"多规合一"业务协同平台为核心，支撑"多规合一""一张图"、项目符合性审查以及建筑信息模型（BIM）数据的规划建设管理综合体，有条件的城市可在 BIM 应用的基础上建立 CIM。

2020 年 6 月，住房和城乡建设部、工业和信息化部、中央网信办联合颁布《关于开展城市信息模型（CIM）基础平台建设的指导意见》，对 CIM 基础平台建设的定位、建设原则、建设目标、建设内容、运营维护和服务保障等工作进行了全方位的指导。

2020 年 7 月，住房和城乡建设部等 13 个部委联合发布的《关于推动智能建造与建筑工业化协同发展的指导意见》明确要求，"探索建立表达和管理城市三维空间全要素的城市信息模型（CIM）基础平台"，着力解决城市多源信息实时融合的问题。

2020 年 9 月，自然资源部发布了《市级国土空间总体规划编制指南（试行）》，提出基于国土空间基础信息平台，探索建立 CIM 和城市时空感知系统，促进智慧规划和智慧城市建设，提高国土空间精治、共治、法治水平。

2021 年 3 月，《中华人民共和国国民经济和社会发展第十四个五年规划和 2035 年远景目标纲要》（以下简称《纲要》）提出，完善城市信息模型平台和运行管理服务平台，构建城市数据资源体系，推进城市数据大脑建设。探索建设数字孪生城市。《纲要》指出数字城市建设，要重点发展城市信息模型平台与数字孪生城市，CIM 建设成为推进国家城市治理体系和治理能力现代化的目标和方向之一。

2022 年 1 月，住房和城乡建设部发布《城市信息模型基础平台技术标准》，该标准对 CIM 平台架构和功能、平台数据建库和更新办法、运维和安全保障等方面进行了明确指导，可以应用于 CIM 基础平台的建、管、运、维各个阶段。

2. 地方实践

2018 年开始，广州、南京等多个城市相继开展 CIM 平台建设实践，并制定了相关的地方技术标准。

广州市作为住房和城乡建设部试点城市之一，于 2020 年底基本建成了 CIM 基础平台，其核心功能包括物联设备接入能力、海量数据的高效渲染、可视化分析等。在数据底板建设方面，汇集了全市域三维地形地貌和城市建筑白模，包括 700km² 重点区域的三维精细模型，以及超过 400 个 BIM 单体模型，形成时空基础数据、资源调查数据、规划管控数据等六大类数据资源共享。在标准体系建设方面，编制了广东省标准《城市信息模型（CIM）基础平台技术标准》（征求意见稿）（图 13-1）、CIM 数据标准等多项配套标准。

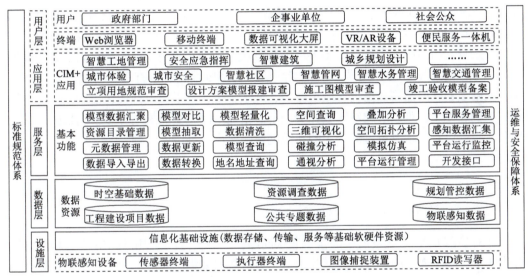

图 13-1　市级 CIM 基础平台总体架构

2020 年 11 月，南京市规划和自然资源局的城市信息模型平台（CIM）试点项目通过终验。南京市 CIM 项目实现了各类数据的集成和展示应用，包括地上、地表、地下的现状数据和规划数据；同时，实现了覆盖规划建筑和市政的 BIM 报建与云端审查一体化政务集成，依托 CIM 平台对工程建设项目实施关键条件、硬性指标的智能审查，提升了项目管理流程的高效性和准确性（党安荣等，2022）。

3. 技术瓶颈

当前，我国的 CIM 建设在国家顶层设计、地方实践落地等层面都获得了较大进展。但从整体来看，当前我国 CIM 技术的发展，主要聚焦于工程技术层面，如模型轻量化、三维实时渲染、场景仿真模拟等，从进一步支撑城市高效治理和智慧决策等需求来看，仍存在以下亟须突破的技术瓶颈。

一是难以形成对数据的有效融合和利用。当前，CIM 平台在数据收集整合阶段，在数据类型、数据精度、数据格式等方面,普遍缺乏统一的指导标准,从而导致两方面后果:第一,反映城市重要运行状态的核心数据支撑度不足,难以提供城市治理需要的多维度、全方位信息;第二,部分非核心数据投入过多的采集与维护资源,利用率较低。究其原因,在于 CIM 平台构建之初,自上而下的顶层规划和整体设计不够完善,能够挖掘数据价值的应用场景和解决方案相对缺失,从而导致 CIM 平台建设后期难以开展对数据资源的有效融合与利用。

二是缺乏对城市生命体系统化、高精度的分析与模拟能力。现有 CIM 平台的城市计算与分析,较多集中在空间分析计算层面(如通视分析、日照分析等),或仅针对城市单一子系统做出分析(如交通系统),缺乏对城市整体发展演变趋势的分析与模拟能力。城市是一个复杂巨系统,涉及要素众多,子系统之间存在动态的关联互馈联系。CIM 平台要实现对城市系统的分析模拟,需要在科学研究和工程开发两方面融合打通,首先要掌握城市系统化运行的科学机理并建立完善模型,其次要对模型进行平台化开发并实现面向现实治理需求的动态响应。整体来看,现有 CIM 平台在这方面的工作仍处于探索阶段。

三是缺乏城市治理多场景、多维度的智慧决策能力。现有 CIM 平台大多处于数据采集以及信息感知阶段,在城市治理实践层面,多以报建、审查等流程信息化工作为主,或基于物联网监测数据提升城市微观管理水平等,对于城市现代化治理涉及的全场景需求响应不足,难以形成对区域社会经济、土地空间、交通规划等多个场景的决策全覆盖,也难以对某项政策可能产生的多维度影响效应开展全面评估。

13.1.3　CitySPS 赋能 CIM 平台

1. 理想 CIM 平台的构建标准

针对当前 CIM 系统发展中的技术瓶颈问题,本书认为,理想的 CIM 平台构建,应分为 4 个逐层级递进的建设阶段,分别是"城市数据采集"阶段、"城市信息感知"阶段、"城市知识系统"阶段和"城市智慧决策"阶段(图 13-2)。

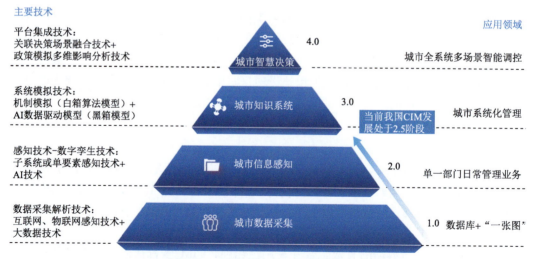

图 13-2　理想的 CIM 平台发展阶段

第一个阶段为"城市数据采集"，其主要技术包括数据采集解析技术以及集成融合技术。目前，从各地 CIM 平台的建设实践来看，城市数据底座一般包括调查数据、规划管控数据、工程建设项目数据、公共专题数据、物联感知数据等大类，实现了多类型数据的集成和共享，初步建立了相对完善的城市数据聚合平台。

　　第二个阶段为"城市信息感知"，以"感知技术-数字孪生技术"为核心。信息感知的核心工作是对城市实体和运行状态全要素的虚拟化重构，通过信息化手段搭建城市宏微观实体场景的基础架构，融入城市交通、人群、信息流、各类资产及各项指标运行状态等数据，形成实体世界在虚拟维度上的完整映射，从而获得对城市状态的全方位实时感知。目前，我国 CIM 行业的技术探索工作主要集中于这一阶段，如模型轻量化技术、三维实时渲染技术等，取得了较大程度的进步。

　　第三个阶段为"城市知识系统"，以"系统模拟技术"为核心。理想的 CIM 平台不应只停留在数据集成与展示、业务流程信息化等方面，更应聚焦于对城市这一主体对象的认知和解析，对城市有机生命体的诞生、运行、发展、衰亡规律进行充分认知。只有建立起相对完整的城市知识认知体系，CIM 模型才可能具备实现智能化的基础能力。

　　第四个阶段为"城市智慧决策"，以"平台集成技术"为核心。智慧决策是将不同管理部门的多领域决策需求融合到同一个平台进行综合评估和判断，寻求城市治理的"全局最优解"，为推进城市治理体系和治理能力现代化提供支撑。

2. CitySPS 三大模式赋能 CIM

　　从理想 CIM 平台的构建标准来看，我国的 CIM 平台建设工作一般处于从第二阶段向第三、第四阶段探索发展的进程中。针对 CIM 平台建设的主要技术瓶颈，CitySPS 平台以"信息赋能"、"知识赋能"以及"智慧赋能"三大模式，推动我国 CIM 平台的发展进程（图 13-3）。

图 13-3　CitySPS 平台三大模式赋能 CIM

第一，信息赋能的方式。针对现有 CIM 系统难以对数据进行有效融合和利用的问题，CitySPS 平台信息赋能聚焦于对 CIM 平台数据价值的挖掘，并非单纯追求数据的全覆盖和高精度，而是以城市计算模型构建和智慧决策实践为目标，提取和组织反映城市发展关键要素的核心精量数据，提出包含数据类型、属性字段、数据精度等方面的标准化要求，在确保数据可获得性的同时，实现高精度计算和模拟，支撑 CIM 深度应用。信息赋能具备四方面内涵：一是输入输出指标标准化，针对城市区域经济、人口、土地、交通、产业等多个子系统，进行核心要素的分析和提取，全面反映城市运行关键状态。二是多模态多语义数据融合，汇聚整合基础地理数据、三维模型数据、手机信令数据等多类型、多属性的多源异构数据，以标准格式构建基础信息库，对接城市模型的计算与模拟。三是地域性参数计算自动化，针对不同类型城市的不同特征，对关键参数进行自动化计算处理调整，形成地域化参数信息库，使得城市计算与模拟过程适用于不同地区不同类型城市。四是基于轻量化数据实现高精度模拟，基于城市子系统三大类普适性数据（地理时空大数据、手机信令数据、统计普查数据等），完成高精度计算与模拟，实现数据价值最大化。在实践层面上，CitySPS 平台支持以数据即服务方式（DaaS），向现有 CIM 平台输出系统完整的城市标准化信息库，涵盖地理基础信息数据、生态环境大数据、社会经济大数据、卫星遥感数据、时空大数据五大类型，赋能 CIM 平台全面、精确、动态反映城市发展的关键要素，为进一步的城市分析与模拟功能创建基础条件。

第二，知识赋能的方式。针对现有 CIM 缺乏对城市生命体系统化、高精度分析与模拟能力的不足，CitySPS 平台知识赋能是将城市有机生命体领域知识内化为可计算可模拟的模型体系的过程，为城市的趋势预测、状态评估、目标预警等治理决策提供科学依据。知识赋能主要具备三方面内涵：一是构建城市重要子系统时空分析的完整框架，涵盖城市土地、人口、交通、产业等不同方面的关键发展要素；二是具备对城市子系统之间关联互馈、动态均衡关系的认知能力，通过引入房地产价格、用地混合度、职住关系系数等重要关联变量，刻画子系统之间的相互作用关系，提升对城市系统性本质的认知；三是具有对城市发展演进趋势的预测能力，能够计算城市核心优势在不同条件下的发展变化趋势。在实践层面上，CitySPS 平台对现有 CIM 进行知识赋能的主要方式是通过"城市计算引擎"的完整植入，将 CitySPS 平台创建的"城市全系统计量模型"知识系统，以高性能计算服务器为物质载体的方式，融合嵌入现有 CIM 平台，使其具备完整的城市计算与模拟能力。在知识赋能后，CIM 平台可以通过 5 年、1 年或月度等多周期模式，预测区域经济、人口、土地、房价、交通各模块变化趋势，从而提高平台对城市发展趋势的全方位动态分析能力，提升平台对多个深度应用场景的支撑能力，如产业结构调整优化，公共服务设施供需矛盾改善等。

第三，智慧赋能的方式。针对现有 CIM 平台缺乏城市治理多场景、多维度智慧决策能力的不足，CitySPS 平台决策赋能面向国土空间规划与开发、城乡规划与建设等多个行业领域，提供多部门多场景解决方案，可辅助人口发展、就业与产业经济、土地供需、住房开发与供给、交通需求预测与管理、交通拥堵与线网优化、公共服务与基础设施供需管理决策、智慧社区管理等多领域决策应用。智慧赋能包括四方面主要内涵：一是调控策略覆盖面广泛，涵盖区域社会经济、土地空间、交通规划等城市治理不同领域；二是调控政策明确可量化，基于多项核心可调控指标，具备较强的可操作性和可对比性；三是实现不同应用场景之间的调控联动性，如城市智慧停车的优化可以关联调用城市土地更新模块；四是政策影响评估的全面性，基于多维度政策影响评价指标体系的构建，可以对单一政策的实施效果做出全方位评价。在实践层面上，CitySPS 平台提供了 20 余项核心可调控指标，预设构建了三类典型的城市场景（区域社会经济政策、交通规划管理、土地空间管控）、八种典型的城市战略（包含生长城市、收缩城市、韧性城市等）、八项典型的"国土空间规划"应用场景（绿色生态、土地集约、公共服务等）；同时，提供了"政策工具箱"，可以实现调控指标的自由组合。通过智慧赋能，CitySPS 平台可以较大程度地提升现有 CIM 平台的智慧决策能力，拓展其应用领域范围。

13.2 可拓展的开放性架构

13.2.1 灵活的整体架构

作为新一代智慧城市平台，CitySPS 从平台目标、系统架构、赋能模式三个方面，构建了开放性的平台架构设计（图 13-4）。

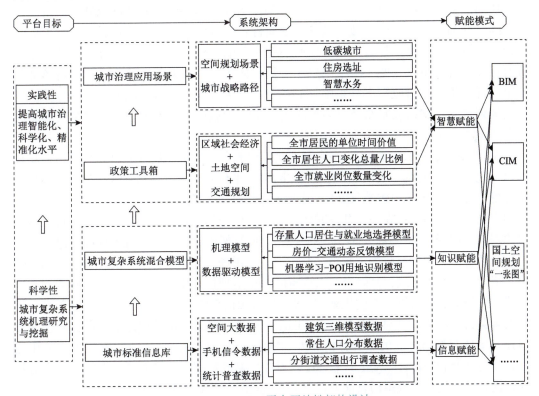

图 13-4 CitySPS 平台开放性架构设计

在平台目标方面，CitySPS 平台定位为"科学计算，决策赋能"，体现出"科学性"和"实践性"的统一。一方面，CitySPS 平台构建以城市复杂系统机理研究与挖掘为科学内核。城市是一个动态的复杂巨系统，有着多层级结构和丰富多样的功能，是自然生态、建成环境、社会关系的综合体，内部存在自我组织、自我调节的复杂规律性。CitySPS 平台注重对城市运行机理的研究与刻画，这一过程本身充满探索性和开放性，是一个不断吸收新理论、新知识、新方法，逐步走向完善的过程。另一方面，CitySPS 平台建设的最终目的是为城市建设服务。近年来，我国对城市治理现代化建设提出新要求，要加强数字社会、数字政府建设，提升公共服务、社会治理等数字化、智能化水平。新一代智慧城市智能决策系统的构建是实现这一目标的重要路径，也面临很多挑战。城市治理实践涉及"规划—建设—管理—运营"多个流程环节，不同主体部门面临不同的工作场景，不同地域不同发展水平的城市之间也存在较大差异，这就决定信息化平台的服务场景建设必然经历一个不断增强场景覆盖能力、不断优化场景适配程度的反复迭代过程。

在系统架构方面，与科学性目标和实践性目标相对应，CitySPS 平台建立了两大基础性模块：一是"城市标准信息库"和"城市复杂系统混合模型"组成的城市系统科研模块，二是"政策工具箱"和"城市治理应用场景"组成的城市治理应用模块。城市标准信息库包含空间大数据、手机信令数据、统计普查数据等城市多源异构数据，支撑机理模型和数据驱动模型执行城市计算与模拟。"政策工具箱"作为科研与应用两大模块间的关键串联环节，是城市"核心调控指标"的集合，覆盖区域社会经济、土地空间、交通规划等多个领域，具备双重属性：一方面，该类指标是联系城市不同子系统的关键影响要素，具有"牵一发而动全身"的内外部效应；另一方面，该类指标具有意义明确可量化、便于实施调控的特征，便于作为政策抓手使用，形成可落地的城市治理政策，通过政策工具箱中核心调控指标的针对性组合，CitySPS 平台预设了空间规划场景、城市战略路径等多种应用场景，为城市治理提供全场景智慧决策解决方案。

在赋能模式方面，CitySPS 平台具备高度的外部应用可拓展性，可以与其他信息化平台实现多方式对接，从而极大地拓展 CitySPS 平台的应用范围和领域，为城市现代化治理提供支撑。当前，BIM、CIM、国土空间规划"一张图"等技术平台均得到大力发展和广泛应用，但也存在一些共性问题，如数据资源的融合利用困难、系统分析能力相对薄弱、应用场景单一等。CitySPS 平台的开放性架构设计分别以城市标准信息库、城市复杂系统混合模型、政策工具箱、城市治理应用场景为基础，支撑信息赋能、知识赋能、智慧赋能三种方式，其融合嵌入现有的城市治理信息化平台，增强其感知能力与应用能力。例如，针对国土空间规划"一张图"，CitySPS 平台可以增强其指标预警、规划实施监督等能力；针对 BIM 平台，CitySPS 平台可以丰富其地理空间数据底板，加强建筑单体与城市图底的综合分析能力，增强设计协同管理、实时监测管理等应用能力；针对 CIM 平台，CitySPS 平台可以对时空基础数据、公共专题数据等形成有效补充，提升城市运行的模拟仿真能力，补充和优化智慧交通、智慧水务等城市治理应用场景，全面提升城市现代化治理能力。

13.2.2　同机器学习模型的融合

机理模型和数据驱动模型是两种基本的研究范式。机理模型一般从领域知识出发，建立理论假设和明确的数理模型，得到研究对象输入到输出之间明确的映射关系。其优势是系统内部机理清晰，可解释性强，但也存在对部分复杂系统真实机理刻画不充分、部分计算参数难以确定和计算等问题。与之对应，数据驱动模型研究则是脱离理论假设和物理模型，进行纯数据的分析，得到研究对象输入数据和输出数据之间的映射关系"黑箱"，然后针对系统的其他输入条件进行计算和预测。其优势是可以在内部结构和特性不够明确时获得较好的数据分析和预测效果，但可解释性相对不足（肖立志，2022）；同时，由于数据驱动模型不依赖于系统机理，当数据集对应的环境条件发生变化时，该模型可能无法适应新的环境，从而面临模型重构（陈彬等，2019）。混合模型则是将两种基本研究范式结合，同时构建机理模型和数据驱动模型，既能够反映系统的内部结构和运行机理，又能够充分利用系统运行的大数据集，对系统运行趋势进行校核（图 13-5）。

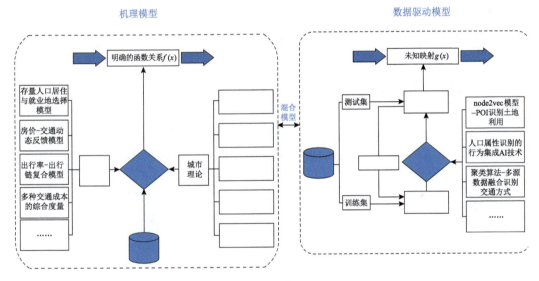

图 13-5　城市研究混合模型

近年来，基于数据驱动的城市研究发展迅猛。以大数据、机器学习、高性能计算为特征的新一代人工智能推动了城市研究的进程，数据驱动已经成为城市复杂系统研究中分析城市发展模型、预判发展趋势的重要工具，基于城市跨领域知识的机理模型与数据驱动范式相融合，可以在城市研究及城市治理现代化实践领域发挥巨大潜力，且具有较大的发展空间。

CitySPS 平台构建采用混合模型方式，即以机理模型为主体，同时在部分子系统中增加数据驱动模型（主要是机器学习模型），对城市计算和预测结果进行校核。在机理模型构建方面，如城市土地利用变化中运用了 Logistic-CA-Markov 模型，存量人口的居住与就业地选择运用了随机效用离散选择模型，在交通需求模块中引入了出行率-出行链复合模型，在交通流分配中采取了离散选择模型和基于用户平衡法的算法模型等。同时，CitySPS 平台以"在城市科学中运用人工智能（AI for urban sciene）"为导向，寻求机理模型和数据驱动模型的有机结合。在部分模块，如 POI 识别土地利用中，在机理模型之外，使用机器学习算法预测土地格网的利用类型（见 8.4 节）。另外，在交通出行方式的判定模块中，使用机器学习聚类算法对手机信令数据进行分析（图 13-6），实现了机动化出行与非机动化出行，尤其是机动化出行中公交出行和小汽车出行方式的有效区分。

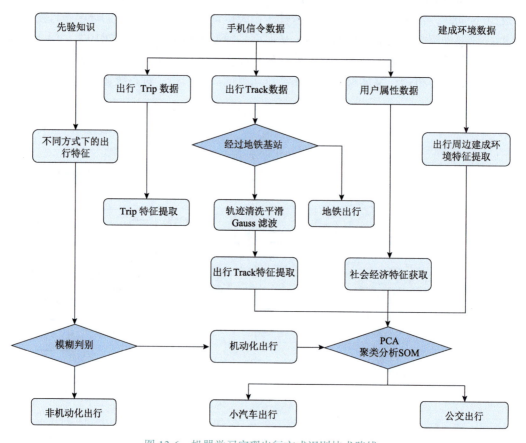

图 13-6　机器学习实现出行方式识别技术路线

13.3　广泛应用场景

13.3.1　应用场景

CitySPS 平台可以支撑城市系统统筹治理决策，主要涵盖九大决策应用方向，分别是人口发展决策、就业与产业经济决策、土地供需决策、住房开发与供给管理、交通需求预测与管理、交通拥堵与线网优化、公共服务与基础设施供需管理决策、城市低碳发展战略决策、城市综合安全保障与韧性发展决策。

（1）人口发展决策。CitySPS 平台可实现人口总量及年龄结构、人口迁居流动及人口动态空间分布预测，可对接发展和改革委员会、自然资源和规划局、住房和城乡建设局等多个政府部门，积极响应当下国家政策指引，服务经济发展需求，改善民生问题；为人才引进和保障性住房建设容量及选址、15min 便民生活圈建设、市政管线扩容改建、老旧小区改造、老龄友好社区打造等多个应用场景提供决策支持（图 13-7）。

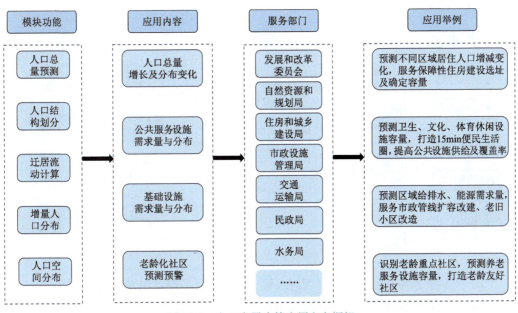

图 13-7 人口发展决策应用方向框架

（2）就业与产业经济决策。CitySPS 平台可实现就业岗位总量与行业结构划分、就业迁移流动及就业动态分布预测，可对接发展和改革委员会、人力资源和社会保障局、自然资源和规划局、商务局等多个政府部门，响应中央"六稳""六保"、产业转型升级、创新创业高质量发展等政策指引；服务于促进自主创业、鼓励灵活就业、扶持中小企业、优化产业结构升级、打造众创空间等多个实际应用场景。

（3）土地供需决策。CitySPS 平台可实现城市用地类型及空间分布预测，可对接住房和城乡建设局、人力资源和社会保障局、交通运输局等多个政府部门，优化城市功能分区、识别城市发展方向、明确城市用地布局；服务于辅助制定土地供应计划，支撑国土空间规划编制、土地供应相关政策评估等多个实际应用场景。

（4）住房开发与供给管理。CitySPS 平台可实现未来城市房地产价格预测，可对接发展和改革委员会、自然资源和规划局、人力资源和社会保障局等多个政府部门，应用于房价增值潜力预测、住房供应政策制定、房价调控绩效评估、保障性住房选址等多个实际应用场景。

（5）交通需求预测与管理。CitySPS 平台可以预测交通出行总量、交通生成、交通吸引及交通分布等交通关键指标的发展趋势，支撑城市交通需求管理、交通基础设施规划决策、城市开发/再开发的交通需求影响预测、重点地区活力监测等城市治理活动，服务于交通政策制定、区域通勤规模预测、职住平衡判断、不同人群出行模式挖掘、道路容量预测等多个实际应用场景。

（6）交通拥堵与线网优化。CitySPS 平台可实现居民出行模式划分和出行路径选择、交通流量分配与拥堵指数计算以及建造/灾害情景模拟，可对接交通运输局、应急管理局等多个政府部门，实现构造高效路网体系、促进公共交通出行、做好突发灾害预案等目标（图 13-8）。

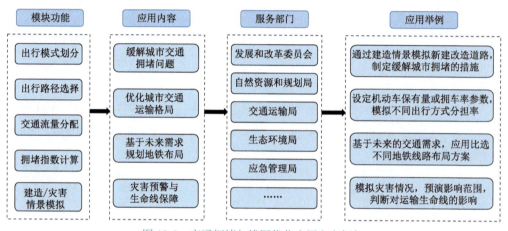

图 13-8　交通拥堵与线网优化应用方向框架

（7）公共服务与基础设施供需管理决策。CitySPS 平台可识别公共服务与基础设施供需矛盾，给出公共服务设施合理配置的政策建议，如对比现状给排水、天然气、电量的供给情况及未来需求，识别未来 5～10 年需重点加强基础设施建设的地区，基于区域人口特征及土地开发强度，预测区域未来新增的生活污水排放量、新增天然气及电能消耗量等。

（8）城市低碳发展战略决策。CitySPS 平台响应国家建设绿色宜居与生态文明城市需求，模拟预测不同政策情景下（如土地节约集约利用、鼓励绿色出行、交通拥堵税费调节、绿色建筑建设等），城市未来的碳排放与碳吸收总量变化。

（9）城市综合安全保障与韧性发展决策。CitySPS 平台可实现城市韧性目标下的安全预警与应急方案仿真，模拟极端天气、自然灾害、人为破坏等突发状况对城市系统带来的冲击影响，助力城市快速应对灾害风险和冲击，恢复并保持城市各项基础设施功能正常运行（图 13-9）。

除支撑城市系统统筹治理决策之外，CitySPS 平台也可以支持某一部门的决策，下文以停车、住房管理、水务管理等单部门业务为例，阐述 CitySPS 平台模型在应用决策上的灵活性、适用性和开放性。

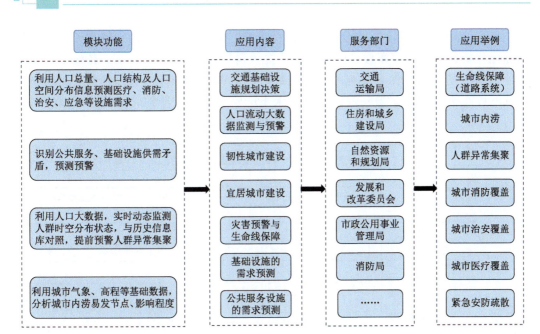

模块功能	应用内容	服务部门	应用举例

利用人口总量、人口结构及人口空间分布信息预测医疗、消防、治安、应急等设施需求　→　交通基础设施规划决策　→　交通运输局　→　生命线保障（道路系统）

识别公共服务、基础设施供需矛盾，预测预警　→　人口流动大数据监测与预警／韧性城市建设　→　住房和城乡建设局／自然资源和规划局　→　城市内涝／人群异常集聚

利用人口大数据，实时动态监测人群时空分布状态，与历史信息库对照，提前预警人群异常集聚　→　宜居城市建设／灾害预警与生命线保障　→　发展和改革委员会／市政公用事业管理局　→　城市消防覆盖／城市治安覆盖

利用城市气象、高程等基础数据，分析城市内涝易发节点、影响程度　→　基础设施的需求预测／公共服务设施的需求预测　→　消防局／……　→　城市医疗覆盖／紧急安防疏散

图 13-9　城市综合安全保障与韧性发展决策应用方向框架

13.3.2　应用模型举例

1. 智慧停车应用模型

随着我国小汽车保有量逐年增加，城市停车需求日益凸显。而当前城市停车主要存在停车资源不足、停车设施空间分布不均、停车利用效率不高等问题。以上问题导致城市中车辆乱停乱放、占用其他空间与用地（尤其是对公共空间、绿地、人行道的占用）的现象极为普遍，带来极大的资源浪费、空间矛盾以及安全隐患，为城市管理增加了许多额外的负担。随着基于位置服务的移动互联网技术逐渐深入居民日常生活，城市停车管理从传统的人工管理逐渐走向智能化管控。智慧停车系统被寄予厚望，期望能够有效应对当前的城市停车困境。

以感知设备研发、移动支付支持、互联网基础设施搭建等为代表的科技行业，对智慧停车系统开展了大量的实践与探索，其核心思想是从停车位底层数据的收集出发，通过信息与资源整合，提升既有资源的利用效率，实现停车场、停车位的智慧管理。因此，已有实践项目主要关注两大板块：一是停车位的智能化监测，通过摄像头、地磁、道闸、RFID 读卡器、地锁等车位监测设备，实时监督车位的使用情况，包括车位使用时间、车位空置率、车位利用率、车位周转率等；二是停车场内部的智慧化管理，涵盖停车计时计费、智能支付、广告、可视化诱导大屏、信息通知、充电诱导、车场导航（智能寻车）等内容。基于供给端的停车位管理方案，通过自下而上的资源整合模式，虽然能够有效提升停车资源的利用效率，但在面对城市停车资源总量不足、分布不均等结构性问题时，尚无法提供有效应对措施。完整的智慧停车系统需要从自上而下的视角出发，开展基于需求端的停车需求分析。

　　基于 CitySPS 平台的城市全系统计量模型，能够自上而下进行城市停车需求的精细化分析，进而为停车设施的微观选址提供科学依据（图 13-10）。传统的停车需求分析通常基于汽车保有量与停车泊位数的差值做总量分析，一方面无法反映不同区域的停车需求差异，另一方面无法对未来的停车需求做精细化的预测，以应对需求的变化。

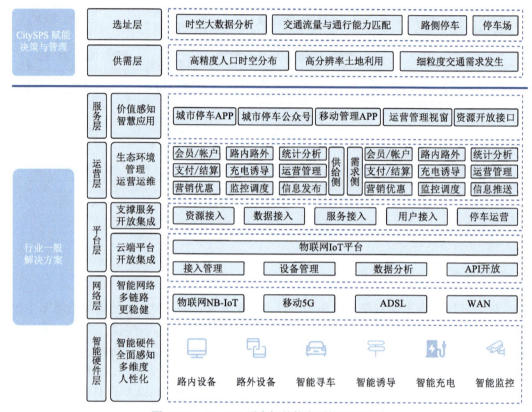

图 13-10　CitySPS 平台智慧停车系统顶层设计

　　CitySPS 平台基于科学的计量模型，采用高时空分辨率的大数据实现全要素联动的城市需求预测分析，针对停车需求的数量及其时空分布做出精准预测。其中，不同的模块将支持不同的停车需求算法。

1）基于人口分布的停车需求分析

$$y_i = P_i \times \alpha \qquad (13\text{-}1)$$

式中，y_i 为 i 区高峰时段停车需求量；P_i 为 i 区人口总量；α 为 i 区人均汽车保有量。

　　式（13-1）中，i 区人口总量可通过 CitySPS 平台的人口与就业分布模块获得，且平台提供的人口分布可精细至网格级空间分辨率。结合房地产与用地模块，可进一步获得人口的居住地和就业地分布，分别对应夜间停车需求和日间停车需求。

2）基于土地利用的停车需求分析

$$y_i = \sum_{j=1}^{n} a_{ij} \times R_{ij} \tag{13-2}$$

式中，y_i 为 i 区高峰时段停车需求量；a_{ij} 为 i 区 j 类建筑单位面积的停车需求；R_{ij} 为 i 区 j 类建筑的总面积。

通过城市用地模拟与演变模块获得不同土地利用类型的面积，结合城市详细规划中的容积率等指标，计算得到式（13-2）中 i 区 j 类建筑的总面积。其中，以居住用地为主的区域，停车需求集中在夜间，以就业、商业用地为主的区域，停车需求集中在日间。

3）基于交通出行生成和吸引的停车需求分析

$$y_i = T_i \times \alpha \tag{13-3}$$

式中，y_i 为 i 区高峰时段停车需求量；T_i 为 i 区交通出行量；α 为 i 区小汽车出行比例。

式（13-3）中 i 区交通出行量可通过交通需求分布模块与交通流分配模块得到。其中，交通生成（基家出行量）主要体现夜间停车需求，交通到达（非基家出行量）主要体现日间停车需求。交通出行量的预测在空间精度上可精细至公里网格，在时间精度上可精细至每天。

CitySPS 平台通过城市全系统要素的综合分析，对停车资源的需求及其空间分布做出高精度的预判，将为城市停车设施规划提供更加科学的决策依据。以对外开放的公共停车为例，选取合适的停车需求分析算法，基于 CitySPS 平台预测结果的高时空分辨率优势，可以在较小尺度上对停车资源的供需匹配关系做出精准评估，进而直接指导大型停车场的选址规划。对于路侧停车位选址来说，在进行精细化的停车需求分析之后，通过 CitySPS 平台的交通流分配模块获得不同等级道路的交通流量及其道路通行能力，通过二者的匹配关系评估不同道路路侧停车的必要性和可能性，进而指导路侧停车位的选址规划。停车设施的精准布点和按需分配，将极大地节约城市基础设施的建设成本，避免空间资源的浪费。

总体而言，CitySPS 平台将为行业的一般解决方案赋能（图 13-11），形成完整的智慧停车系统，最终从精准布点、按需分配/潮汐分配、实时监控、实时调度等方面实现停车资源管理的智能化。以停车系统为主的静态交通系统作为城市交通的重要组成部分，其智慧化管理将直接服务于城市智慧交通的整体建设，进而助力智慧城市的建设与发展。

2. 住房管理应用模型

不同于其他行业，房地产项目的立项是一种政府行为。在房地产项目立项的过程中，需要对项目的必要性，如人地关系、人居环境等因素进行评估，同时，还需要对区域未来的发展变化进行预测，因此会涉及区域经济、土地、人口就业和交通等多个领域。

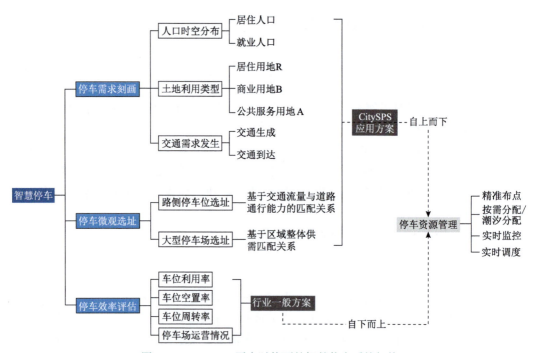

图 13-11　CitySPS 平台赋能下的智慧停车系统架构

CitySPS 平台可以通过城市用地模拟与演变模块、房地产价格、人口与就业分布模块、交通需求分布模块和交通流分配模块对城市全系统进行模拟，为房地产项目立项提供依据（图 13-12）。同时，CitySPS 平台还可以根据市场主体的需求，对特定业务模块进行赋能。目前，房地产市场主要包括三个主体：政府、房地产企业和购房人群，这三个市场主体的需求存在较大差异。政府更加关注住房的公平和城市运行效率；房地产企业的目标是盈利，所以更加关注市场变化；购房人群更加关注居住质量和投资收益。CitySPS 平台从住房的供给和需求视角入手，通过对住房的空间分布和人群的空间分布进行模拟和预测，赋能三个市场主体的决策行为。接下来，以政府的公租房政策、企业的土地竞拍决策和个人的购房决策三个场景为例，分析 CitySPS 平台如何赋能房地产市场。

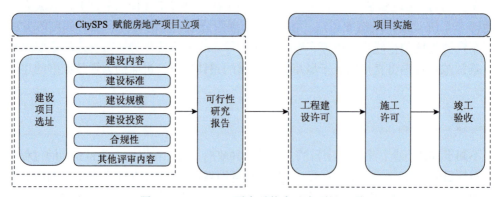

图 13-12　CitySPS 平台赋能房地产项目立项

1）公租房供给

如图 13-13 所示，政府的公租房供给需要结合公租房的需求和当前的公租房供给进行调整。公租房供给不仅仅是数量上的匹配，还要同时结合租房人的需求。以深圳市为例，其由于土地面积受限，可供给住房有限。虽然深圳市的高新企业较多，存在大量的高新技术人才，但是由于深圳市的高房价，高新技术人才购买住房的能力有限，同时，他们也会对住房有较高的品质要求，因此政府提供品质较高的人才公寓有助于留住人才，促进地区高新技术产业的发展。但是，如何确定人才住房在公租房中的占比？人才住房应该选在哪些区域？CitySPS 平台可以利用手机信令数据获取当前劳动力的空间分布，结合劳动力的行业和消费力预测不同区域的公租房需求，同时，还能根据劳动力的学历、从事行业以及消费特征判断人才住房的空间需求，从而提升公租房供给与需求在数量、质量、空间分布等方面的匹配程度。

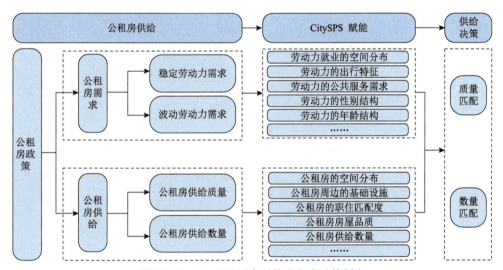

图 13-13　CitySPS 平台赋能公租房政策制定

然而，由于劳动力市场处于一直变化的状态，所以在公租房供给的过程中还应该考虑公租房需求的变动，如生产制造业会有稳定的劳动力需求和研发需求，因此此类企业集聚的地区会有稳定的公租房需求，如收入水平较低的劳动力会有廉租房的需求，而科研人员会有人才住房的需求。而对于某些服务业聚集的地区，特别是产业需求会随着季节或者节假日变动的行业，其对公租房的需求会呈现明显的周期性需求。CitySPS 平台可以通过分析劳动力的出行特征对廉租房的空间需求进行识别，同时还可以结合劳动力的年龄结构和性别结构，预测公租房周边的基础设施的需求。

总体来看，CitySPS 平台通过劳动力的空间分布特征以及变化趋势分析公租房的需求特征，利用公租房的空间分布判断当前公租房供给的匹配程度，从劳动力的需求结构和公租房的供给结构两个方面入手为公租房供给赋能。

2）土地竞拍

土地竞拍行为需要结合当前的住房供给和未来的住房需求展开，如图 13-14 所示。

土地竞拍行为会涉及以下两个问题：未来住房预期销售情况如何？未来哪种类型的住房更有销售优势？回答第一个问题需要对当前地区未来的住房需求进行预测，并结合当前实际住房供给量以及未来可能增长的供给量、供给类型进行综合研判。其中，未来可能供给的住房还与当地的存量土地和旧城改造相关，这类土地会增加区域的住房供给，住房供给数量的增加会导致住房价格的下降。而未来的住房需求与产业发展前景、周边基础设施和政策红利相关，如大量的产业集聚会促使大量的产业工人居住在此，因此区域的住房需求会增加。同时，住房需求还与周边的基础设施相关，如集聚于此的产业工人的年龄处于 30～40 岁时，会有子女教育的需求，如果该区域内的教育基础设施比较薄弱，会导致该区域的住房需求下降。

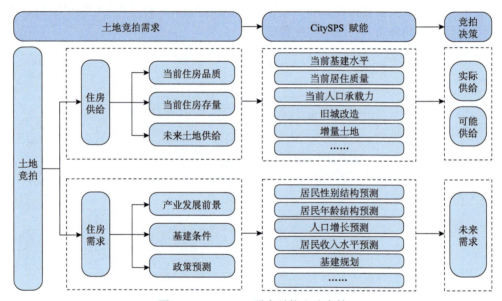

图 13-14　CitySPS 平台赋能土地竞拍

CitySPS 平台通过对居民性别结构、居民年龄结构、居民收入水平和人口增长进行预测，再结合政府规划，对区域的住房需求进行预测，评估竞拍土地的未来收益。回答第二个问题需要结合住房需求。例如，当集聚于此的产业是高新技术制造业时，劳动力的收入水平较高、具有较高的生活品质追求，高品质住房的需求会上升。CitySPS 平台可以通过预测当前区域不同品质住房的供给量和需求量，为企业未来供给的住房类型和面积提供支撑。此外，CitySPS 平台可以提供房价的走势，企业可以据此确定竞拍价格和住房的供给价格，合理预估去化周期。

3）个人购房

个人购房决策与个人购房目的相关，如图 13-15 所示，如果购房需求是以投资为主，那么居民会更关注住房持有成本和价格走势预测等，如果购房需求是以居住为主，居民会更关注住房周边的基础设施和职住关系的变化。

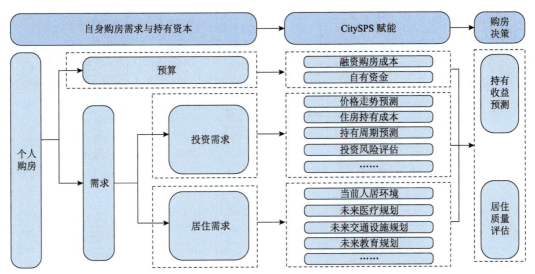

图 13-15 CitySPS 平台赋能个人购房决策

由于住房是一种资产，因此购房行为会受到资产价格预期和居住属性的影响，而两者又存在内在的联系，基础设施比较便利的地区房价相对较高，如果位置接近，但是学区差别较大的房子，价格会出现断层。当购房以投资为主时，个体需要结合住房的当前价格、预期的住房持有周期、未来的预期价格以及融资成本进行风险评估，如果住房的融资成本大于房价增长的速度，购买该资产会带来亏损，CitySPS 平台可以通过对住房进行供需预测来得到房价的未来趋势，投资者可以结合个人的自有资金和房地产政策对购房的回报率进行预测，并据此确定房产的持有周期。当购房为自己居住时，CitySPS 平台可以结合政府规划和未来的人口增量预测基础设施的变化以及通勤的便利程度（未来可能的医疗资源、教育资源、绿地公园以及轨道交通的规划），并可以据此估计未来通勤时间和生活便利度的改变，如果未来家庭会有老人出现，这会提升对医疗和绿地公园的需求，未来是否能满足购房者的需求。CitySPS 平台可以通过对区域环境的预测，为购房决策提供智力支撑。

3. 智慧水务应用模型

水是生命之源，是人类社会发展必不可少的资源，习近平总书记也专门强调"以水定城、以水定地、以水定人、以水定产"。智慧水务是数字中国、生态文明建设的国家发展需要，是行业提质增效的发展需要，也是提高居民生活水平的需要。

作为智慧城市的重要组成部分，智慧水务系统统筹城市给排水、防洪、保护水资源等工作的协同化管理，并构建统一的门户平台（图 13-16）。对于企业而言，智慧水务系统可以实时监控、统计分析水质和供水管网等情况，实现资源优化配置，深层次分析水务相关大数据，用大数据辅助政府决策。

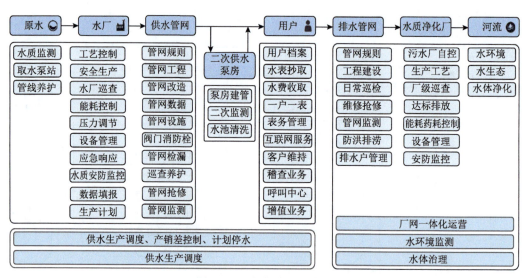

图 13-16　水务关键价值链

我国智慧水务建设正由自动化、信息化向智慧化迈进。《城镇水务 2035 年行业发展规划纲要》提到，智慧水务通过信息技术与水务业务的深度融合，充分挖掘数据价值，实现水务业务系统的数据资源化、控制智能化、管理精准化、决策智慧化，保障水务设施安全运行，使水务业务运营更高效、管理更科学和服务更优质。

如图 13-17，根据《城镇水务行业智慧水务调研分析报告（2020 年）》，智慧水务近期的发展方向是加强智慧水务顶层设计、提高运营管理能力、建设大数据中心。在智慧水务顶层设计方面，编制城市水务顶层设计应了解经济社会发展对水系、土地利用的需求和布局。城市定位、职能、结构、规模、人口分布和用地布局等内容直接关系到给排水设施与管网的合理布局问题，需要优先考虑。

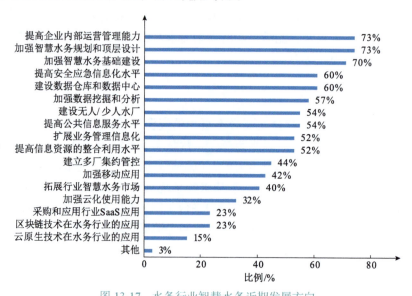

图 13-17　水务行业智慧水务近期发展方向

资料来源：《城镇水务行业智慧水务调研分析报告（2020 年）》

根据住房和城乡建设部数据，近年来我国城市供水量不断增长，供排水管网长度迅速增加。住房和城乡建设部发布的《2021 年中国城市建设状况公报》显示，2010～2021 年我国城市供水总量持续增长，至 2019 年已达到 673.34 亿 m³，较 2020 年增加 6.6%，全国城市供水管道长达 105.99 万 km，同比增长 5.26%。全国城市排水管道增加至 87.2 万 km，同比增速为 8.7%[①]。因此，智慧水务平台需要精准预测人口的增长和给排水设施的需求，有效安排和管理管网、用户、泵站、水厂等供排水设施。

目前，水务行业的"数据孤岛"现象依然普遍，打通数据壁垒，实现数据互联互通，集成"一张图"是近期发展智慧水务的重要任务之一。"一张图"不局限于单一站点、单一职能，而是针对供水厂供水、污水处理、输送污水进入受纳水体的生产全流程，匹配不同节点水环境监测站点提供的海量数据，从而进行系统分析，反馈和优化管理流程，实现节能降耗、减员增效、精细管理的目标。

但是，未来的智慧水务不应该局限于内循环，还需要在顶层设计阶段考虑水务环境、人口、市容绿化、建设用地、交通等涉水领域对水务设施的影响。CitySPS 平台赋能智慧水务"一张图"，计算并且预测用地混合度、产业用地分布、各时段人口数据、空间网格常住人口、路网与区域可达性、网格出行数量、出行分布、人口结构、房地产价格和气象数据，将数据汇总到云平台，并且通过 AI 大数据、空间分析等智慧化手段进行数据分析，构建涵盖水务、人口、土地、民生等的综合信息平台，摆脱从前各自为政的碎片化、补丁式信息化建设，用数据分析辅助管理决策，不断推进数字技术和实体经济深度融合（图 13-18）。

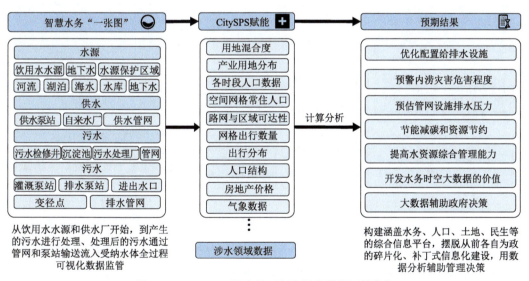

图 13-18　CitySPS 平台基于行业视角赋能智慧水务

从政策视角来说，CitySPS 平台通过对人口、建筑用地和路网集聚程度等数据的采集和处理，计算未来给排水设施的空间需求，协助智慧水务合理分配和规划水务设施，

---

① 住房和城乡建设部. 2022. 2021 年中国城市建设状况公报.

响应涉水领域政策。如图 13-19 所示，CitySPS 平台根据农村常住人口数据和网格供排水量计算出高精度网格化未来常住人口数量，进而合理规划污水处理设施数量，为选址提供数据支持，规划供排水管网，助力污水、黑臭水体治理，推进乡村振兴，这响应了《中共中央 国务院关于全面推进乡村振兴加快农业农村现代化的意见》的政策。CitySPS 平台可根据各时段人口数据和城区建筑用地数据计算和预测网格排水量，检测管网设施排水承载能力，确保老城区雨停后能够及时排干积水，并且结合气象数据，预测内涝灾害危害程度，及时预警，提高低洼地区排水防涝能力，杜绝"城市看海"现象，这响应了《国务院办公厅关于加强城市内涝治理的实施意见》的政策。

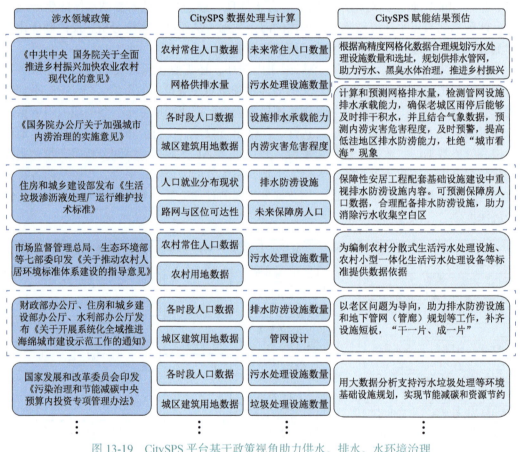

图 13-19　CitySPS 平台基于政策视角助力供水、排水、水环境治理

　　总之，CitySPS 平台可以助力智慧水务，在优化配置供排水设施、预警内涝灾害危害程度、预估管网设施排水压力、节能减碳和资源节约、提高水资源综合管理能力、深入开发水务时空大数据价值等领域得到广泛应用。

　　综上，智慧城市智能化平台的建设，是我国实现城市治理体系和治理能力现代化的重要途径。目前，我国多个城市广泛开展 BIM、CIM、国土空间规划"一张图"等信息化平台建设工作，取得了初步成效。但从平台的整体技术阶段层面来看，也面临由"城市数据采集""城市信息感知"初级阶段，朝着"城市知识系统""城市智慧决策"高级阶段跨越提升的关键挑战,因此需要实现城市系统发展规律认知和城市治理智慧决策综合应用两方面的关键突破。基于此,北京大学团队自主创新研发了 CitySPS 平台,在科学探索层面,构建由城市机理模型和数据驱动模型有机融合的全系统计量模型,既能够反映城市系统的内部结构和运行机理,又能够充分利用由人工智能技术支撑的城市大数据量化分析与计算能力;在实践应用层面,构建了多种空间规划场景和城市战略路径,实现城市多维度政策模拟与评估,具有场景覆盖面广、影响效应评估全面、政策联动性强等优势;在应用方式层面,既支持全流程一站式部署,又可以通过信息赋能、知识赋能、智慧赋能等方式,无缝接入 BIM、CIM、国土空间规划"一张图"等现有的城市信息化平台,高效拓展应用范围,为我国推进城市治理体系和治理能力现代化提供有力支撑。

参 考 文 献

陈彬, 王小东, 王戎骁, 等. 2019. 融合机理与数据的灰箱系统建模方法研究. 系统仿真学报, 31(12): 2575-2583.

党安荣, 王飞飞, 曲葳, 等. 2022. 城市信息模型(CIM)赋能新型智慧城市发展综述. 中国名城, 36(1): 40-45.

胡睿博, 陈珂, 骆汉宾, 等. 2021. 城市信息模型应用综述和总体框架构建. 土木工程与管理学报, 38(4): 168-175.

刘长岐, 孙中原, 孙成苗, 等. 2021. 城市信息模型(CIM)政策及动态研究. 建设科技, (8): 38-42.

汪科, 杨柳忠, 季珏, 等. 2020. 新时期我国推进智慧城市和 CIM 工作的认识和思考. 建设科技, (18): 9-12.

肖立志. 2022. 机器学习数据驱动与机理模型融合及可解释性问题. 石油物探, 61(2): 205-212.

尹丽英, 张超. 2019. 中国智慧城市理论研究综述与实践进展. 电子政务, (1): 111-121.